世界记忆名录

国家重点档案专题保护开发项目

民国时期广东邮政管理局侨批档案选编（1929—1949）

第一册

广东省档案馆 编

南方传媒 广东人民出版社
·广州·

图书在版编目（CIP）数据

民国时期广东邮政管理局侨批档案选编（1929—1949）/ 广东省档案馆编. —广州：广东人民出版社，2024. 2
ISBN 978-7-218-17296-5

Ⅰ. ①民… Ⅱ. ①广… Ⅲ. ①华侨—档案资料—汇编—广东 Ⅳ. ①D634. 3

中国国家版本馆 CIP 数据核字（2023）第 250584 号

MINGUO SHIQI GUANGDONG YOUZHENG GUANLIJU QIAOPI DANG'AN XUANBIAN（1929-1949）
民国时期广东邮政管理局侨批档案选编（1929—1949）
广东省档案馆 编

出 版 人：肖风华

项目统筹：柏 峰
责任编辑：周惊涛 陈其伟
装帧设计：书窗设计
责任技编：周星奎

出版发行：广东人民出版社
地 址：广州市越秀区大沙头四马路 10 号（邮政编码：510199）
电 话：（020）85716809（总编室）
传 真：（020）83289585
网 址：http://www.gdpph.com
印 刷：广东信源文化科技有限公司
开 本：889mm×1194mm 1/16
印 张：147.25 字 数：800 千
版 次：2024 年 2 月第 1 版
印 次：2024 年 2 月第 1 次印刷
定 价：4980.00 元（全五册）

如发现印装质量问题，影响阅读，请与出版社（020-85716849）联系调换。
售书热线：020-87716172

《民国时期广东邮政管理局侨批档案选编（1929—1949）》编委会

前言

侨批，又称银信，是指从清代以来直到二十世纪七十年代末，华人华侨通过民间渠道寄给家乡眷属的书信和汇款凭证的合称。侨批档案，是指侨批以及与之相关联的信件、账册、票据、证书、谱牒、照片、广告、匾额、印章等不同形式的历史记录。

侨批档案真实记录了侨乡和侨居地政治、经济、文化、社会生活、风土人情等各个方面的情况，展现了广大华侨华人刻苦耐劳、自强不息、团结互助的拼搏精神和爱国爱乡、乐于奉献的高尚情操，彰显了讲仁爱、守诚信、崇正义、尚和合等中华优秀传统文化的核心思想理念，见证了中华文明与世界其他文明之间持续不断的交流与融合，具有不可替代的遗产价值。国学大师饶宗颐曾赞誉侨批为「海邦剩馥」「侨史敦煌」，这正是对侨批档案价值的充分肯定。侨批档案先后于二〇一〇年、二〇一二年入选《中国档案文献遗产名录》和《世界记忆亚太地区名录》，并于二〇一三年六月入选《世界记忆名录》，成为世界记忆的重要组成部分。

二〇二〇年十月，习近平总书记到广东汕头参观侨批文物（档案）馆时指出，侨批记载了老一辈海外侨胞艰难的创业史和浓厚的家国情怀，也是中华民族讲诚信、守承诺的重要体现。要保护好这些「侨批」文物，加强研究，教育引导人们不忘近代我国经历的屈辱史和老一辈侨胞艰难的创业史，并推动全社会加强诚信建设。

作为中国的第一大侨乡，广东的华侨数量占全球华侨总数百分之六十以上，遍布世界一百六十多个国家和地区。与广东华侨的巨大数量相对应的是广东侨批业的兴旺发达。在近代广东侨批业发展的过程中，政府相关部门和机构围绕侨批、侨汇的经营与管理，形成大量的侨批业档案。这些侨批业档案大部分藏于广东省档案馆。馆藏侨批业档案数量多，内容丰富，保存状况良好，主要为二十世纪以来，广东的邮政、银行、侨务等管理机构形成的来往信函、电函、报告、统计表、调查信息、登记表、规章制度、金融汇兑记录等文书，清晰呈现了近代广东侨批业的整体状况及其变迁过程，展示了侨批业与侨乡区域社会经济的各方面联系，反映了广东地方金融、邮政状况，见证了侨批业与重大历史事件之关联，具有丰富的精神内涵和重要的历史价值。

为认真贯彻落实习近平总书记有关重要讲话、重要指示批示精神，充分展现侨批档案这一珍贵的世界记忆遗产价值，近年来，广东省档案馆摸查全省侨批分布及保管、保护情况，推动《广东省侨批档案保护管理办法》出台，抢救性征集散存于民间的侨批档案，推动侨批档案移送到各地档案馆集中保管，组织开展全省侨批档案数字化，还以课题项目推动侨批研究，编辑出版了一系列侨批相关的书籍，举办了侨批档案主题展览，制作了一系列的主题纪录片，在侨批档案的征集、保护、开发、利用、研究和宣传等工作上取得了一定成效。

在此基础上，广东省档案馆对馆藏侨批档案进行更加科学有序的整理与开发。二〇二二年，「广东省档案馆馆藏侨批档案开发（第一期）」被列入国家重点档案保护与开发项目。在国家档案局的指导下，广东省档案馆组织专家团队，对馆藏侨批档案进行系统梳理，从馆藏广东邮政管理局全宗中精选出一九二九—一九四九年间的四百余件档案，并将其编辑影印出版，涵盖了规章制度、稽查督查、调查统计三方面内容。我们相信，该批档案的出版，将有助于推动近代华侨史、家族史、经济史、社会史、金融史、邮政史、中外交通史和国际关系史等领域的研究，更清晰地揭示华侨华人与近代中国历史变迁之关系，对进一步传承和发扬华侨的爱国精神、民族精神，凝聚侨心侨力，服务中国式现代化建设也将发挥积极作用。

编者

二〇二三年十月

编辑说明

《民国时期广东邮政管理局侨批档案选编（1929—1949）》收录了广东省档案馆藏民国时期各级邮政管理机构监管广东地区侨批业相关的档案四百余件，时间起自一九二九年，迄至一九四九年。本书内容涉及有关机构关于广东、广西、福建等地区侨批规章制度、稽查督查与调查统计等方面的公函、电文、训令、呈文等。

本书选用馆藏档案原件全文彩色影印，未作删节，如有缺页，为档案自身原缺。档案中原标题完整或基本符合要求的使用原标题，原标题有明显缺陷的进行了修改或重拟，无标题的加拟标题。标题中的人名使用通用名，机构名称使用机构全称或规范简称。历史地名主要沿用当时地名，为保持地名统一仅将少数档案标题中「新嘉坡」改为「新加坡」，「马来雅」改为「马来亚」。

本书选用档案原则上先分类，再按照文件形成时间先后分别排序，一般以发文时间为准，少数无发文时间的采用收文时间。档案所载时间不完整或不准确的，作了补充或订正。档案时间只有年份和月份的，排在该月末；只有年份的，排在该年末；无年份的，排在全书末尾。

本书使用规范的简化字，对标题中的繁体字、不规范异体字等予以径改；对档案影印件中涉及个人隐私等敏感信息作技术处理。限于篇幅，本书不作注释。

由于档案保存年代久远，加之编者水平有限，在编辑过程中可能存在疏漏之处，考订难免有误，欢迎方家斧正。

编　者

二〇二三年十月

总目录

目录

规章制度

交通部邮政总局关于各地民业信局应一律挂号领照拟订办法给各邮务管理局、一等邮局的通饬（一九三〇年九月二十九日）

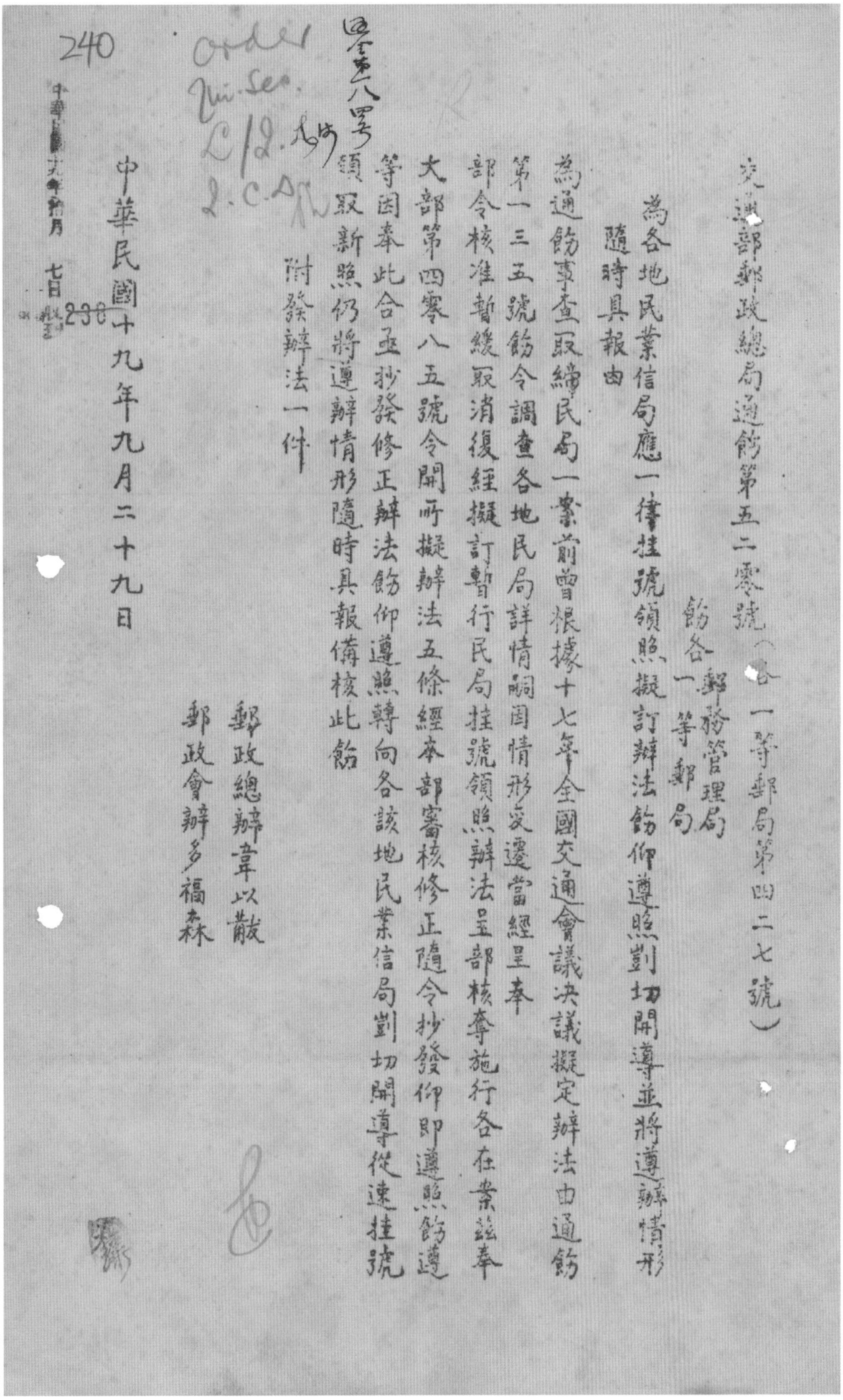

交通部郵政總局通飭第五二零號（各一等郵局第四二七號）

飭各郵務管理局
一等郵局

為各地民業信局應一律掛號領照擬訂辦法飭仰遵照剴切開導並將遵辦情形隨時具報由

為通飭事查取締民局一案前曾根據十七年全國交通會議決議擬定辦法由通飭第一三五號飭令調查各地民局詳情嗣因情形変遷當經呈奉部令核准暫緩取消復經擬訂暫行民局掛號領照辦法呈部核奪施行各在案茲奉大部第四零八五號令開所擬辦法五條經奉部審核修正隨令抄發仰即遵照飭遵等因奉此合亟抄發修正辦法飭仰遵照轉向各該地民業信局剴切開導從速掛號領取新照仍將遵辦情形隨時具報備核此飭

附發辦法一件

郵政總辦韋以黻
郵政會辦多福森

中華民國十九年九月二十九日

241

暫行民局挂號領照辦法

一、所發民局执照嗣後概由本總局填交各管理局轉發

二、民局已挂號者應將舊執照繳由各該管郵理局轉呈更換新照，其未挂號者應向所在地郵局請求轉呈挂號領照，其挂號期限以本年年底為止

三、每年換發新照一次以資信守

四、所有各區已挂號未挂號已請領新照未請領新照各民局之詳情應於本年年底分別列表呈報，又每月月報內亦應列入以資查考

五、所有民局收寄信件均須封作總包交由郵局寄遞

243

M. 12.- Min-chü.

Circular Memo. No. 520 (F.C.O. 427): Translation.

Instructions relating to registration of Minchü at Post Offices, conveying.

In accordance with the resolution passed at the National Chiaotung Conference for the abolition of Minchü, held in 1928, detailed particulars of Minchü were called for in Circular Memo. No. 135. However, owing to changed conditions, the proposed abolition of Minchü was, with the approval of the Ministry, postponed; but a set of provisional regulations governing the registration of Minchü at, and application for licences from, Post Offices was drawn up and submitted to the Ministry for approval. Ministry's Ling No. 408 is now received notifying that the proposed provisional regulations consisting of five articles have been examined and amended by the Ministry, and forwarding a copy of the amended regulations to this Office for attention and necessary action.

A copy of the amended regulations is enclosed and the local Minchü are to be tactfully persuaded to register at, and apply for licences from, the Post Office without delay. The action taken and results thereof are to be reported from time to time.

Wei E. Fah
Director General of Posts.

E. Tollefsen
Co-Director General.

Chung-hua Min-kuo 19th
Year, 9th Month, 29th Day.

242

Provisional Regulations governing Registration of Minchü at, and application for licences from, the Post Office.

240

1. Minchü licences will be issued by the Directorate General of Posts and sent to the respective Controlling District Head Offices for transmission to the Minchü concerned.
2. Minchü already registered with the Post Office shall surrender to the Controlling District Head Office their old licences which are to be submitted to the Directorate General of Posts for exchange, while unregistered Minchü shall apply to the Directorate General of Posts for registration and licences through the local Post Office. The time for submitting such applications extends to the end of the current year.
3. Licences shall be renewed once a year.
4. Separate lists of registered and unregistered Minchü, Minchü having applied for new licences and those not having done so shall be submitted at the end of the current year. Mention shall also be made for reference in the Monthly Report of District Occurrences.
5. All mail matter accepted by Minchü from the public shall be posted in clubbed packages at the Post Office for transmission.

交通部邮政总局关于暂行民局挂号领照办法第五条应行修正给各邮务管理局、一等邮局的通饬（一九三一年一月十四日）

交通部郵政總局通飭第五八一號（各一等郵局第四七九號）

飭各郵務管理局
　　一等郵局

為奉　部令前發暫行民局挂號領照辦法第五條應行修正通飭遵辦由

為通飭事查關於暫行民局挂號領照辦法一案曾經本總局第五二零號通飭在案惟是項辦法第五條有尚須增改之處復經呈奉交通部指令第五五四七號內開所擬增入原辦法第五條文但書語句核經本部審核修正隨令抄發仰即查照飭遵等因奉此合將是項辦法第五條修正條文隨令抄發仰即遵照辦理並仰將前發通飭第五二零號遵照改正再按照該條辦法未設其民局或信客營業所及之地點而無郵局處所設立者一經由民局開具清單呈送當地郵局時應即由各該地郵局長察看當地情形應如何推廣郵政之處仔細研究詳加條陳呈由各該管郵務長簽具意見轉呈前來以憑核辦並仰遵照此飭

計抄發暫行民局挂號領照辦法第五條修正條文一件

郵政總辦韋以黻
代理郵政會辦錢春祺

中華民國二十年一月十四日

中華民國廿年壹月廿壹日收到

附一：暂行民局挂号领照办法修正第五条

2

暫行民局掛號領照辦法修正第五條

五、所有民局收寄信件均須封作總包交由郵局寄遞但發自或寄交之地方如未設有郵務局所或信櫃或其地為村鎮信差投遞所不及准暫由民局自行寄遞惟中途經過之地方如設有二處或二處以上之郵局同時設有該民局之分局或代理人者仍應交由郵局寄遞其民局或信客營業所及之地點應由民局開具清單呈送當地郵局備查

附二：通饬及暂行民局挂号领照办法修正第五条译文

M. 12.- Min-chü.

Circular Memo. No. 581 (F.C.O. 479): Translation.

Provisional Regulations governing registration of Minchü at the Post Office: revised version of Article 5, notifying.

With reference to Circular Memo. No. 520, conveying instructions relating to the registration of Minchü at the Post Office, a proposal for modification of the stipulations of Article No. 5 of the above Provisional Regulations was submitted to, and has mutatis mutandis been approved by, the Ministry under its Chih-ling No. 5547. Copy of the amended text of this Article is forwarded herewith for attention and the necessary corrections are to be made in Circular Memo. No. 520.

When the lists of places, as called for in the last part of the amended Article No. 5 referred to above, with which the Minchü or Hsink'o conduct business but where no postal establishments function are received from the Minchü by the various Post Offices, the Postmasters concerned must look into the conditions at the places named and submit proposals to their respective District Head Offices as to how to extend postal facilities to such places, and Commissioners will, on receipt of such suggestions, submit them with recommendations to the Directorate for consideration.

The above instructions are to be carried out.

Wei Y. Fah
Director General of Posts.

Tsien Tsun Chi
Officiating Co-Director General.

Chung-hua Min-kuo 20th
Year, 1st Month, 14th Day.

Translation of amended text of Article No. 5 of Provisional Regulations governing Registration of Minchü at the Post Office.

5. All mail matter accepted by Minchü from the public shall be posted in clubbed packages at the Post Office for transmission with the exception of that emanating from or destined to places where no Post Offices, Agencies, or Rural Box Offices function, or where Rural Postmen do not call for delivery of mail matter, which may be temporarily handled by the Minchü themselves; but such mail matter as described above shall be sent through the Post Office, should the transmission pass through places en route where two or more Postal Establishments exist and the Minchü have branch offices or agents. Lists of places with which the Minchü conduct business shall be submitted to the Post Office for reference.

4

4

汕头一等邮局关于取缔民局批局私运外洋信函各办法致广东邮务长的呈（一九三一年五月二十一日）

International Minchu and Pichu mails, concerning.

52

收文 總號 一七三九四 日期 廿年五月廿六日
復文 總號 日期 年 月 日

汕頭一等郵局呈第四一九／五九八號 戊 十二

為陳議關於取締民局批局私運外洋信函各辦法 由

為呈報事竊自聯郵某某等國取銷總包郵件制度其他各國增加總包郵件資費及自我國聯郵信函資費增為每重二十公分收費二角後民局批局私運外洋郵件之風日見繁盛亟應施行嚴厲取締辦法使私運郵件者無利可圖則所有信函自必經由郵局寄遞如將拿獲走私郵件之酬金增至適當程度自可獲得海關及警署得力之協助罰款數目亦應增加務使私運人即施行賄賂亦無可圖利茲擬將拿獲私運郵件罰則改為每信處罰二角（如需要時可隨時增加之）另雙倍郵資罰款數目應不予以限額並不論其違犯次數至所有罰款全部均歸拿獲人所得蓋郵局既收取雙倍郵資又可使所有信函經由郵局寄遞獲益已自不少倘上述獎金（即罰款）數目以為過少並可與海關及警署協商另行改訂但須知私運郵件常

（一十甲）

第二頁

係數百件爲一起如拿獲私信一百件拿獲人即可得二十元之獎金爲數亦殊不薄也至與海關及警署合作緝拿私信辦法倘由各地郵局就地商訂效力甚微擬請由郵政總局分别與京滬各該高級機關商訂較易收效並擬凡緝拿私運郵件應祇限海關人員及警察施行郵務員工一律不准參與以防衝突查海關人員於執行其日常檢查工作時每有發現來往國外旅客行李內夾帶私運郵件情事是以緝拿私運郵件之舉對於海關人員寔無耗費額外工作至關於拿獲私運郵件之獎金數目及緝拿手續應由各該海關及警署之主管官吏分别轉飭所屬遵照執行此項緝拿手續務須極爲簡單以免緝拿者因規則之繁瑣及給獎之延滯而有憚煩之意茲擬將此項手續定爲凡緝拿私運郵件（如在五封以上作違禁論）應由海關及警署送交郵局掣回收據此項收據應繕備正副二紙收據內應將私信件數目的地名稱私運人或寄件人姓名地址拿獲人姓名

（三十甲）

及拿獲日期等項詳細載明該項收據副份由郵局收存至私運人每多數要求發還信件郵局寔無庸將其扣留亦不宜將其控告蓋此項辦法適足延長緝拿私運郵件之手續對於此項計劃之單簡及成效均有妨礙倘私運之郵件由私運人自行捨棄應作為欠資辦理隨同驗證據寄發並請投遞局將寄件人姓名查覆以上各節係辦理在郵局外私運郵件之辦法至在郵局內之走私郵件倘能強令民局批局寔行將寄發外洋信函一律用布袋封裝即可完全遏止蓋用布袋封裝無論在收寄時或在中途任何地方施行點驗均屬易易現在由內地寄交南洋羣島各處之民局總包郵件（郵費係按逐封繳納）每包內載信函之數目職局除交由郵件檢查員開拆外無從點驗最近職局曾發覺有某民局總包郵件三件包皮書明一百零六封而寔載有六百六十六封短欠郵費達廿八元之鉅在往時民局總包郵

55

費係按每包連皮重量核算郵局可隨時查核現在民局批局每將寄往安南荷屬東印第斯等處應繳納十足聯郵資費之信函封入香港新嘉坡等處總包內寄遞（因寄往香港新嘉坡及由各該處轉寄之郵費較廉之故）如實行改用布袋封裝則上述情弊亦可防止至民局批局總包郵件照向來習慣均於收到後即行給領是以民局批局就地投遞輒較郵局為快捷為此擬請

鈞局核准嗣後民局總包郵件收到後一律暫緩給領俟信差出發投遞後方予投派再查民局批局寄往南洋群島馬來聯邦各處之信函於去年五月間定為每件每重二十公分或其零數應收費五分即係該時聯郵信函資例之半數自本年二月聯郵信函資費較原日增至兩倍以後各界民眾遂多利用民局以圖節二角之郵資倘現在將民局總包郵件資例增加使仍為現行聯郵資例

第四頁

（三十甲）

56

之一半則民局比較郵局優勝之點既可減少且足令民衆惠顧民局之熱情爲之低降惟查民局與批局迥然不同批局經營匯歇生意民局則祇係辦理收寄國內外民局信函事務自銀價低跌及郵費增加以後此項民局顧客驟增郵局遂蒙鉅大之損失是以完全裁撤此項民局寔爲現在應予注意之問題也謹將關於民局批局私運郵件一事就職局長管見所及擬就上述取締各辦法呈請

鑒核是否有當仍候

訓示祇遵謹呈

廣東郵務長

附本呈譯文

管理汕頭一等郵局署副郵務長 湛恩

中華民國廿年五月廿壹日

抄呈 總局核示

第五頁

（三十甲）

57

Translation of Swatow-Canton Ch'eng No.419/598

International Minchü and Pichü mails, concerning.

Smuggling of international Minchü and Pichü mails has increased since certain countries abolished the clubbed package system and postage for others was increased, and also since the Union postage for public letters was raised to 20 cents per 20 grammes, and strong counter-measures are advisable. If smuggling is made unprofitable, this will drive all correspondence into Post Office channels. Energetic action of Customs and Police could be obtained by increasing the reward sufficiently. Fines could be increased so as to make it unprofitable for smugglers to counter with bribes. The fine suggested (subject to increase if necessary) is 20 cents per letter, plus double postage, without limit and without respect to the number of offences. The whole fine should be handed to the seizing officer, as the Post Office will gain enough if all mails are forced to go through the Post, and from the double postage. If the amount of reward (fine) is considered small, it must be pointed out that letters are usually smuggled in lots of several hundred, so that each hundred letters will bring $20. reward to the seizing officer. However, the amount could be revised if thought too small, in consultation with Customs and Police.

It is suggested that co-operation of Customs and Police at the ports concerned be arranged by the Directorate with the higher authorities at Shanghai or Nanking, as arrangements made locally are not so effective. The seizures should be made solely by Customs and Police, and the Postal staff forbidden to participate, to avoid friction. It costs the Customs no extra effort to make seizures as they must often discover packets of smuggled letters in the luggage of passengers to and from abroad while making the usual routine examination. The Customs and Police should be informed by their own authorities of the rewards payable, and of the procedure. The procedure, which should be very simple in order not to discourage searchers by elaborate rules and consequent delay in issuing rewards, would be as follows: Seized letters (over 5 in number to be considered as contraband) would be handed over to the Post Office by Customs or Police against receipt in duplicate detailing number and destination of letters, name and address of smuggler or sender, name of seizing officer, and date of seizure. The duplicate receipt would be retained by the Post Office. The smuggler need not be detained as, in most cases, he will be only too eager to reclaim the letters himself. No prosecution of smuggler is advisable as this would protract the seizure formalities and militate against the simplicity and success of the scheme. In the case of abandoned letters, these would be taxed and sent on under V.C. with request to be informed of senders name. The above procedure is for dealing with smuggling outside the Post Office.

Smuggling within the Post Office could be almost completely stopped if it was made compulsory for all Minchü and Pichü letters for and from abroad to be enclosed in "sealed cotton bags. This allows easy checking at time of posting and also at any place en route. At present clubbed packets from inland for Straits Settlements, etc. cannot be checked at Swatow as to number of letters enclosed (postage being paid per letter) unless opened by censor. In a recent case here 666 letters were found in 3 packets marked '106 letters', deficient postage amounting to $28. Formerly, when postage was levied solely on the gross weight, the Post Office could check postage at any time.

The

58

The use of unsealed cotton bags would also prevent the enclosing in clubbed packets for Hongkong, Singapore,etc. (postage to which and from thence onward is cheap) of letters for Annam, Dutch East Indies,etc., which have to pay full Union rate.

As regards local delivery of Minchü and Pichü mail, it is the practice here to deliver these on arrival, which gives them an advantage over our letters for local delivery. Authority to hold them back until postmen start out on delivery is requested.

Finally it is pointed out that the postage on Minchü and Pichü letters for Straits Settlements and Federated Malay States was fixed at 5 cents, i.e. half the Union rate in May, 1930. Following the doubling of the old Union rate in February, 1931, the public is largely availing itself of the Minchü to save payment of the 20 cents postage. If the rate for letter hongs were increased so that it again stood at half the Union rate, this would lessen the Minchu advantage over the Post Office and tend to diminish the public patronage of letter hongs.

However, the complete abolition of those Minchü dealing solely in correspondence, domestic and foreign, as distinct from remittance business dealt in by Pichü, is a question requiring attention since the fall in silver and increase of Union postage is pouring much custom into the lap of the Minchü to the great detriment of the Post Office.

20 MAY 1931

广东邮务管理局关于奉令饬知处置外洋寄交民局转寄内地信件之办法给汕头一等邮局局长的训令（一九三一年十一月十一日）

128

Hsün-ling to Swatow.

Clubbed letters from foreign countries to internal places, concerning.

廣東郵務管理局訓令第[illegible]號　檔案壬字第三十號

為奉令飭知處置外洋寄交民局轉寄內地信件之辦法　由

令汕頭一等郵局長

為令遵事現奉

部局訓令第五六七號內開案奉

大部訓令第二五二二號內開據廈門華僑銀信業同業公會呈請豁免轉寄內地信件郵費及已照國際郵例貼資何以又收國內寄費請示遵等情合行抄發原呈檢同原附件令仰詳核具復察奪等因奉此業經本總局詳加核議並經呈奉

大部批准處置該項信件办法二則合將該項办法抄列於後令仰該局即便遵照办理等因計開办法二則奉此自應遵辦除按照將各項辦

第二頁

法用到於該外合行特令仰即遵照办理毋违此令

許用

(一)國外寄來總包其包内信件如已照國際郵資例逐封購貼郵票民局於接收時又已逐封由郵局加蓋郵戳者是項信件之郵費既已照章逐封購貼郵局之辦理投遞手續亦已完畢則無論其携往何處已與舊信無異自可准其自由携往内地按照投遞處所送與收件人

(二)如未照國際郵資例逐封貼有郵票僅由寄發局彙封總包之内並將郵票總貼包外寄與各地民局接收者民信局將是項信件封寄内地仍應照納國内郵費並未便准其自由携往内地投遞以防偷漏

郵資或發生其他夾帶走私等情弊

廣東郵務長科登

中華民國廿年十二月拾壹日發

130

广东邮政管理局关于各局封发外洋邮件办法给各邮务长、一等局长、经手员工的通令（一九三二年五月九日）

廣東郵政管理局通令第三三六號

為通令事案奉 郵政總局通飭第八二五號內開查各局封發聯郵各國之郵件均經本總局發給特製封誌並外洋袋迭之蔴繩（文與清章內第二一〇八號以資與用該類物品值價頗昂公家每年耗費不貲原為防護安全起見乃迭據報告各局發給外洋之郵袋仍有被人開拆情事查其原因係封發時未將封誌着力夾壓適使竊取郵件人得將穿入封誌孔內之蔴繩設法抽出將郵袋拆開竊取郵件後另用封誌照式鉗封並無痕跡似此殊于防範殊屬不合嗣後各局封發外洋郵件及外洋實發郵件時應以上項蔴繩及其方式之封誌並為封閉務須將蔴繩穿入封誌孔內用大力將封誌着力壓平使其無法抽出與取適物此利用轉寄之郵件尤應特別注意辦理各郵務長各一等局長應親自督飭主管主任隨時督察倘發見經手員工疏忽即予懲處若郵件因此疏忽而致被竊者則懲處之外應負完全責任仰即遵照辦理等因奉此合亟令仰各經手員工一體懔遵切切此令

郵務長納白敕

中華民國廿一年 五月 九日

广东邮政管理局关于处理外洋信内夹有信函之违章邮件办法变通办理给广东邮区各局人员的通令（一九三三年六月五日）

廣東郵政管理局通令第四七三號

令本區各局人員

為通令事案查處理外洋信内夾有信函之違章郵件辦法業由通令第二六三號及第二七五號先後令行各局遵照有案現查各局收寄此項違章郵件日見增多若一概隨同驗証執據附往投遞局查驗未免耗費時日茲為變通辦理起見嗣後各局凡收寄外洋信件（除收寄香港非力濱群島及安南之信件應仍舊遵照通令第二七五號辦理外）如有違章投寄或封裝寄交他人信函之嫌疑而其封皮上有註明寄件人之姓名地址者應先按址着寄件人到局自行開拆眼同檢驗如驗明確係違章投寄或裝有寄交收件人以外之他人信函即着寄件人當面逐件補足郵票逐件分寄並應登記該寄件人及用書面警告如下次再犯應照通令第二六三號辦理照民局例處罰如寄件人不允開驗或不允補足郵票可將該件具文呈繳來局核辦若其封皮上未有註明寄件人姓名住址致不能着由寄件人到局開驗時則應照通令第二六三號後開一二三各節辦理即係隨同驗証執據附往投遞局查驗或逕寄本局核辦所有其餘辦法及對於此項違章信函寄件人之辦法仍照通令第二六三號辦理並無變更仰即遵照為要此令

中華民國二十二年六月五日

郵務長納自敦

交通部邮政总局关于检发批信事务处理办法给广东邮政管理局的训令（一九三五年十二月三十一日）

英文事由 Regulations concerning Pi-chu letters, forwarding.

交通部郵政總局訓令第一三四三／二七七八五號（檔案戊字第十二號）

令廣東郵政管理局

為檢發處理批信事務辦法一份令仰遵照由

茲為便利該區辦理批信事務起見，特制定處理批信事務辦法，隨令抄發，仰即遵照，並轉飭相關各局遵照。此令。

附發處理批信事務辦法一份

局長郭心崧

中華民國二十四年十二月三十一日

POSTAL COMMISSIONER 郵務長 8 JAN. 1936 KWANGTUNG

（三甲）

103

批信事務處理辦法

第一條　各批信局應於每年底填具聲請書檢同原領執照並附繳國幣五元送由主管郵局轉呈郵政總局換領新執照前項聲請書應載明批信局名稱開設地點營業人姓名年齡籍貫與何處往來營業有分號者其分號名稱地點及代理人姓名年齡籍貫如國內外均有分號者並應分別註明國內外字樣國外分號並須註明詳細地址不得僅填省名殖民地名稱或國名

第二條　執照如有毀損遺失得邀同舖保二家敘明緣由繳納手續費國幣五元聲請補發但須先登當地報紙十日聲明原領執照作廢

第三條　批信局之分號如有增設或閉歇情事得檢同執照附繳手續費

五元隨時聲請分別添註或註銷

批信局停業時應將原領執照繳由該管郵局轉呈註銷不得私自轉讓或頂替

第四條　巡員於查視局所途中應隨時調驗批信局執照並於執照背面註明調驗日期以資考核

第五條　批信及回批得用總包交寄但寄往荷屬及法屬地方之回批須將郵票逐件貼於批件之上寄往香港英屬南洋羣島馬來聯邦北婆羅洲及暹羅者得將郵票貼於總包之上於總包外批明內裝確實數目寄往國外之總包如已繳足掛號資費者得按掛號郵件寄遞

第六條　批信回批及押函之資費如左

105

一、批信

甲、寄往國內各地分號者按總包每重二十公分或其畸零之數收費五分

二、回批及押函

甲、由國內分號寄往總號轉發之回批得按總包每重二十公分或其畸零之數收費五分但寄往國內各地之押函應依每件每重二十公分或其畸零之數收費五分

乙、寄往美屬菲列濱法屬印度支那荷屬東印度之回批及押函按每件每重二十公分或其畸零之數收費二角

丙、寄往英屬南洋羣島馬來聯邦北婆羅洲暹邏之回批及押

函按每件每重二十公分或其畸零之數收費一角

丁、寄往香港之回批及押函按每件每重二十公分或其畸零之數收費五分

第七條　進口批信及回批經核對後加蓋日戳留待批信局派人到局於相關信件清單上蓋章領取如係掛號並須掣取收據但用總包交寄者須核對所貼郵票有無短少情事

第八條　出口回批經核對郵票加蓋日戳後分別按平常或掛號郵件辦理如平常回批與國外到達局向有編列號碼之習慣者從其習慣但總包交寄之回批須不時令其開拆檢驗以覘有無墨寄回批數目及短少郵票情事其散寄而情形可疑者亦同

第九條　往來國內各地之批信及回批其總包封發手續依掛號郵件套例辦理之

第十條　批信局如有私運批信及回批情事者除處罰兩倍郵資外第一次處罰國幣十五元第二次三十七元五角第三次七十五元並將執照註銷但進口批信總包如有短納郵資情事按欠資例辦理

批信局及其國內分號不得兼營國內信件倘有查獲除按各該件之資例激納兩倍郵資外第一次處罰國幣十五元第二次處罰國幣三十七元五角第三次處罰國幣七十五元並將執照吊銷

匿報回批件數或夾帶他件者除兩倍郵資外依前項規定減半處罰但每次匿報回批件數不逾總數百分之三者准予補納郵資免予處罰

[D.G.—59]　　108

第十一條　前條罰金應以百分之七十發給拿獲人百分之三十發給告發人無告發人者發給全數但郵政人員拿獲者依告發人例給奬

第十二條　罰金應登入營業收入第五項第三目帳內奬金登列營業支出第二項第四目第七節帳內報銷

第十三條　批信局倘有私運疊郵及夾信件事經拿獲後應用D字第二九二號單式塡具破獲違章郵件案由清單俟案情終結後寄經郵政管理局轉送郵政總局備核如不能於一個月內解決者在清單內註明「尚未辦結」字樣俟結束後再行補呈一份

前項清單應按次編號每年更新一次

第十四條　收寄及投遞批件之各局應依附表式樣逐日登記並按月依式

75.000/31.i.24.

编号 109

造具統計圖份一分寄郵政總局視察室一分寄郵政總局統計課一分作爲該區月報附件一分存檔

㈠中華民國　年　月份　地方寄發國內各地批信或回批統計表其表格如下

批信局名稱	總包數目	批信或回批數目	重量	郵資數目

郵局長　　簽字

年　月　日

㈡中華民國　年　月份　地方各批信局收發批信及回批統計表其表格

[D.G.—59]

110

如下

批信局名稱	批信			回批		
	原寄局名	總包數目	批信數目	到達局名	總包數目	回批數目

郵局長　　　發字

年　月　日

右表往來函內各地批信及回批不計算在內

(四)中華民國　年　月份　地方收發暹羅香港及各屬殖民地批信及回批

75.000/31.1.24.

111

統計表

各屬殖民地包括

子 英屬殖民地 British Colonies 南洋羣島 Straits Settlements

馬來聯邦 Federated Malaya States 北婆羅洲 British North Borneo

丑 法屬殖民地 French Colonies 印度支那 Indo-China

寅 荷屬殖民地 Netherland India 爪哇 Java

南婆羅洲 South Borneo 蘇門答臘 Sumatra

卯 美屬殖民地 U.S.A. Colonies 菲律濱 Philippine Islands

其表式如下

地

信

批信數目

簽字

月 日

[D.G.—59]

112

屬殖民地			荷屬殖民地				美屬殖民		
批	批	信	回	批	批	信	回	批	批
回批數目	總包數目	批信數目	總包數目	回批數目	總包數目	批信數目	總包數目	回批數目	總包數目

郵局局長

年

75.000/31. I. 24.

~~113.~~
112

港	暹羅				英屬殖民地				法
信	回批		批信		回批		批信		回
批信數目	總包數目	回批數目	總包數目	批信數目	總包數目	回批數目	總包數目	批信數目	總包數目

[D.G.—59]

114

香		
批	回批	
總包數目	回批數目	總包數目

(四)中華民國　年　月份　地方寄發暹羅香港及各屬殖民地回批郵資統計表

月份	暹羅	香港	英屬殖民地	法屬殖民地	荷屬殖民地	美屬殖民地
本月份						
上月份						
去年同月份						

郵局局長　　簽字

年　月　日

75.000/31.1.24.

交通部邮政总局关于批信事务处理办法给福建邮政管理局并抄发广东邮政管理局的指令（一九三七年四月二十日）

D.G.- Fukien Chihling

112

Pi too letters, treatment of, etc.

Copy to Swatow

照發

粤

指令 五六二四三 戊 十二

二五一八

福建

關於批信事務處理辦法令仰遵照

二十六年四月三日第三五五二／一一六三八號及同月九日第三五六四／一一六五三號呈件均悉。正核辦間，復奉大部發下廈門市銀信業同業公會呈一件，當經本局批復在案。惟查該局抄送查獲之[illegible]，其內件收[illegible]人或寄信人姓名多係各異，核與廈門市銀信業同業公會呈送[illegible]片，均係寄交同一收件人者，顯然有別。按僑民匯寄款項分交其親戚，該關係人收到匯款後所書回信，封入一回批內，當在情理之中，應毋庸處罰及徵收欠資。究竟廈門局所報查獲回批中夾帶之他件，與該會呈送之照片相同者，約佔查獲總數中若干成，仰飭查明，具報備查。

廣東郵政管理局 局長 24.4.26 DIRECTOR OF KWANGTUNG DISTRICT HEAD POST OFFICE

副令汕局第[illegible]號

廿六．四．三十．

二

再查批信事務處理辦法，係為便利處理批信事務而訂，並可隨時呈請本局解釋或補充。該辦法第十條第三節內總數二字，係指每包同批之總數，並非每次所有交寄之同批總數，各批信局不得有所誤會。一按批信局營業，為本局所特許，其因違章應受之處分，自可斟酌情形辦理。關於批信局處罰至第三次應將執照吊銷一節，可從寬按年度計算，但屢次故意違犯情節特重者，當另行斟酌辦理。總之，吊銷執照，係處分中之最重者，務應先行呈請本總局核奪，以昭慎重。合行抄發原批，統希遵照，並希飭遵照。本令已抄發廣東管理局知照。此令。

抄發本局批一件（未附）

中華民國二十六年四月二十日

中華民國廿六年四月廿四日收到

校對 繕寫

广东邮政管理局关于批信事务处理办法抄发相关指令给汕头一等邮局的训令（一九三七年四月三十日）

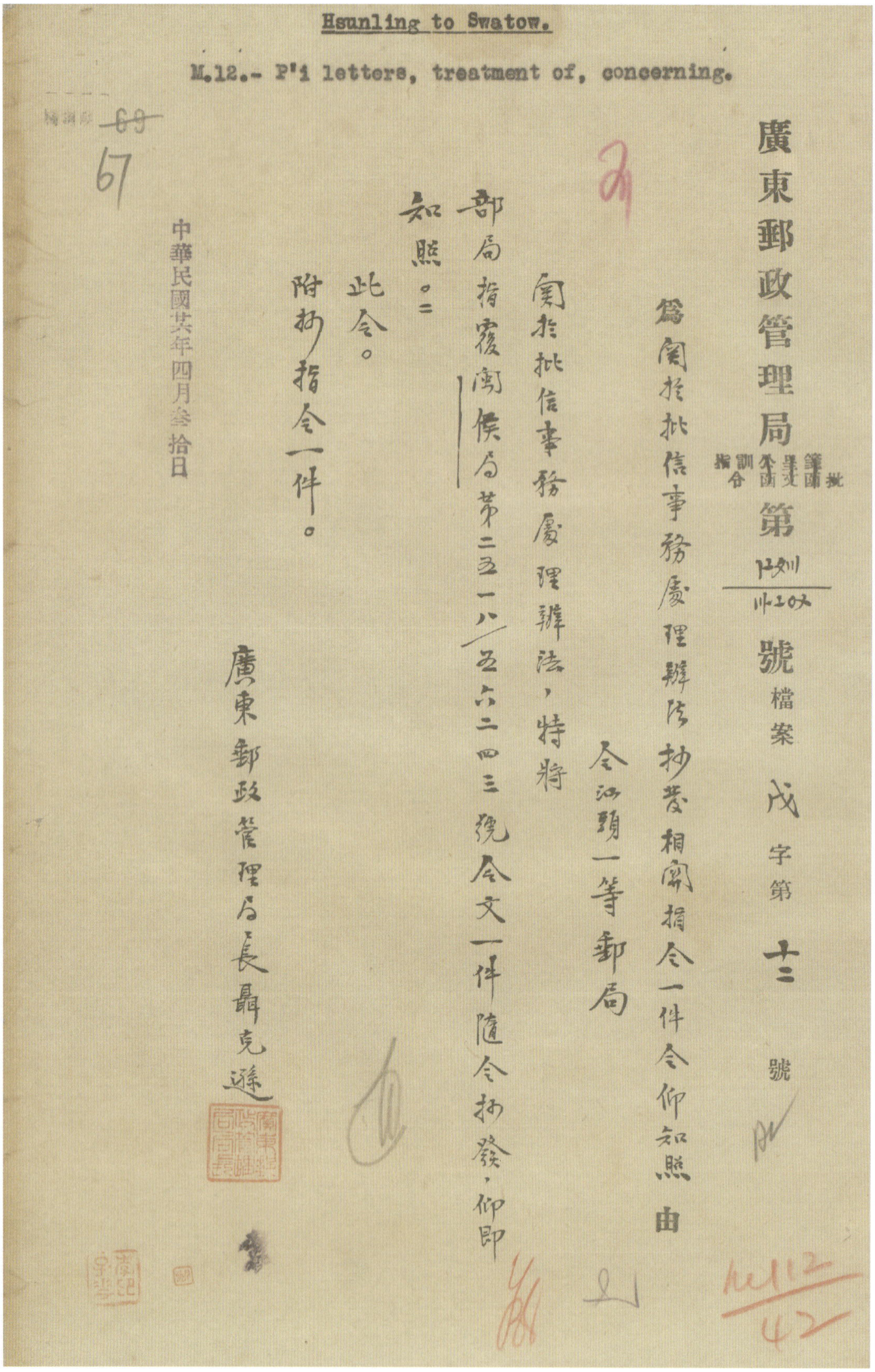

Hsunling to Swatow.

M.12.- P'i letters, treatment of, concerning.

~~69~~ 67

廣東郵政管理局訓令第　號

檔案戊字第十二號

為關於批信事務處理辦法抄發相關指令一件令仰知照由

令汕頭一等郵局

關於批信事務處理辦法，特將

部局指覆關係局第二五一八/五六二四三號令文一件隨令抄發，仰即

知照。此令。

附抄指令一件。

廣東郵政管理局長聶克遜

中華民國廿六年四月叁拾日

M.12 / 42

交通部邮政总局关于广东邮政管理局现行华侨汇款所收递送费及邮费之登记办法暂准继续办理给广东邮政管理局的指令（一九三七年八月五日）

[甲—3]

英文事由 Local method for recording fees on Emigrants' Remittance, Continuation of, authorising

交通部郵政總局 指令第三二三六五八七〇四號（檔案甲字第十五號）

令廣東郵政管理局

為該局現行關於華僑匯款所收遞送費及郵費之登記辦法暫准繼續辦理由

二十六年七月二十日第五三〇八／三二五一六號呈悉。該局對於華僑匯款所收之遞送費及郵費，採用專冊登記辦法，暫准繼續辦理，惟此項專冊格式若何，所收各費既不黏貼郵票，有無發生弊端之可能，仍應注意研究具報，并將該專冊格式寄呈一張，以備查核之。

此令。

中華民國二十六年八月五日

局長郭心崧

DIRECTOR OF KWANGTUNG DISTRICT HEAD POST OFFICE 9.8.36

10,000/11.vii.25.

广东邮政管理局关于华侨汇款各费登记办法致邮政总局局长的呈（一九三七年十月十六日）

Ch'eng to D.G.

35

A.15.- Accounting of fees on Oversea Chinese Remittance, concerning.

廣東郵政管理局呈第8818/件182號 檔案甲字第十五號

爲關於華僑匯款各費登記辦法，呈請鑒核由

案奉

鈞局廿六年八月九日第三二三六／九八七零四號指令開：

「該局對於華僑匯款所收之遞送費及郵費，採用專冊登記辦法，暫准繼續辦理。惟此項專冊格式若何，所收各費既不黏貼郵票，有無發生弊端之可能，仍應注意研究具報，並將該專冊格式寄呈一張，以備查核。」

等因。奉此，查該項華僑匯款總數及所收各費，均由職局向銀行在郵局所立往來帳內計算。其相關匯票及回帖，均作爲郵政公事處理，並無發生何項弊端之可能。奉令前因，理合備文檢同職局用以登記所收華僑匯款各項費用之專冊格式一頁，呈請鈞局鑒核。

謹呈

郵政總局局長。

附專冊格式一紙。

中華民國卅六年拾月拾六日

署廣東郵政管理局局長睦朗

廣東郵政管理局局長

第2頁

广东邮政管理局关于订正侨汇视察员及储汇运款员名称和发给侨汇视察员及特别书记员平粜米石办法等事项给广东邮区所属各局的通令（一九四〇年六月十一日）

廣東郵政管理局賬字通令 第三壹〇號

令本區所屬各局

關於後開各節，合行通令，仰各局分別遵照辦理，並轉飭所屬一体遵照辦理，此令。

華僑滙票事項：

（一）訂正僑滙視察員及儲滙運款員名稱：

各僑滙開發局所僱用之僑滙巡員，嗣後應稱為僑滙視察員（O.R. Inspector），以符定制，至各票款供應局所僱用之押款巡員，嗣後應改為儲滙運款員（P.R.S.B. Fund Escorts）不得稱為僑滙巡員，以明系統，至其待遇辦法，在未更訂前，准仍照僑滙視察員辦理。

（二）發給僑滙視察員，及特別書記員，平糶米石辦法：

各局發給僑滙視察員及特別書記員平糶米石，得分別遵照郵佐待遇辦法，以前如有上項已婚人員，只領半數者，得照補發。

（三）發給長期跑差平糶米石辦法：

各局發給長期跑差平糶米石、應照臨時差役平糶米石辦法辦理，即按月半數發給。

（四）辦理僑滙燈油費及雜費：

自本年六月份起，每月辦理僑滙達五萬元以上數額之局，得按月支領燈油費七元，雜費五元，支出之款，應具收據正副各二份，併繳解本管理局公款報帳。

（五）向不識字之收款人投派僑滙辦法：

45

二／照字通令第三二〇號

凡僑滙收款人，不諳書寫而又無圖章者，於收款時，應於滙票上印捺指模作證，前經本局規定，飭遵在案，惟現據報稱：有等收款人，對於印捺指模、殊示不滿，爲免除誤會起見，特更訂辦法如下：

(甲) 如收款人自願印捺指模者，得請其照辦，但不得强迫。

(乙) 如收款人不允印捺指模，得請其畫一符号於滙票上簽章欄內，如X或○等類、畫一符號時，應由收款人請一旁人作見證人，此見證人，須於滙票上簽字或蓋章，并書明所居地址。

(丙) 如知收款人係不識字者，於投派滙款時，可請其預刻印章，以便下次收款，但須向之聲明，此項圖章，須嚴密保管。

(丁) 如遇收款人，對於上述三項辦法，均不允照辦時，則滙款仍須照派，但該經手投派差工，須於相關滙票上簽字或蓋章證明。

局長 睦朗

郵區計核股股長陳鴻根代行

中華民國二十九年六月十一日

18 JUNE 1940

侨汇跑差抽查侨票工作大纲（一九四一年十一月二十八日）

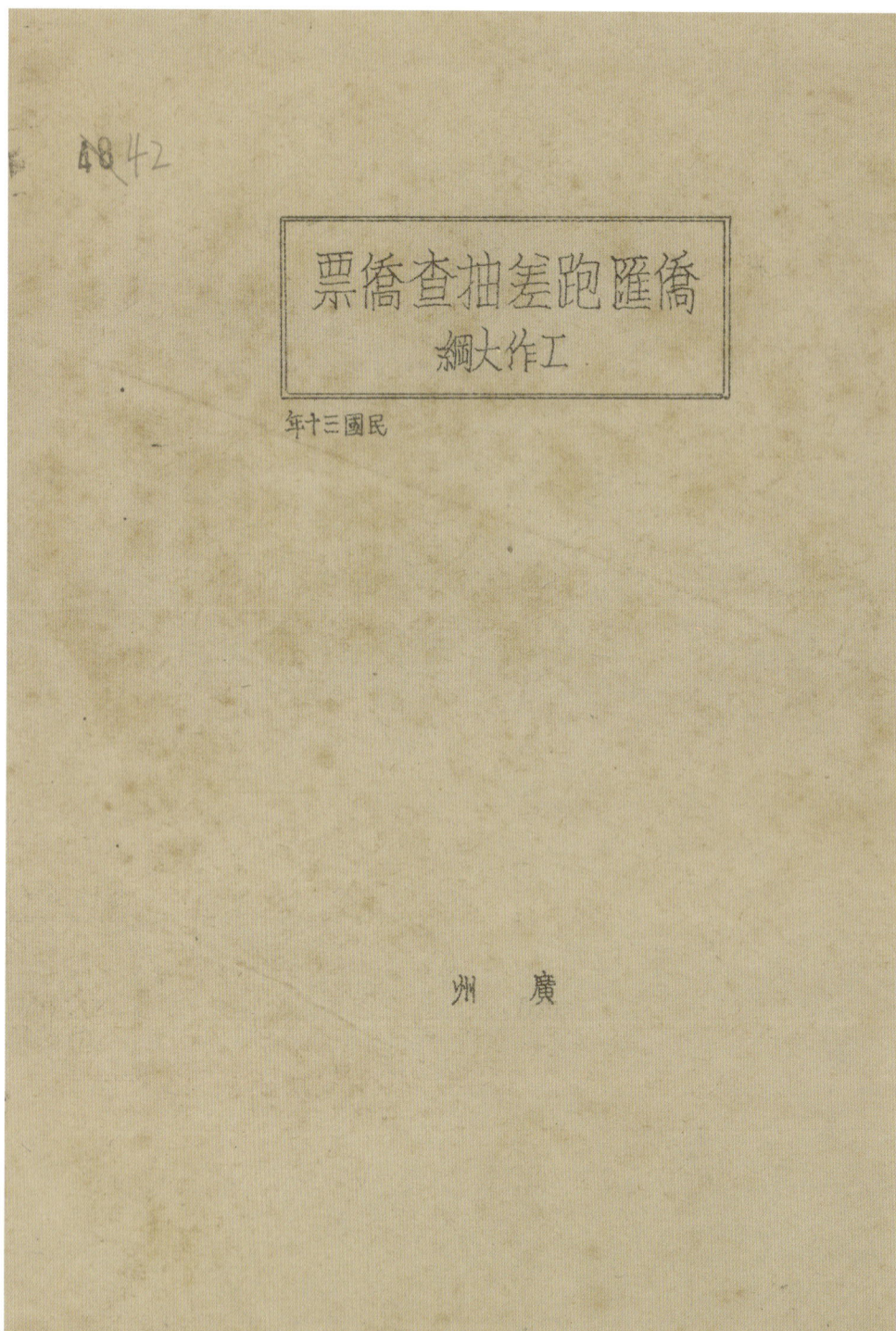

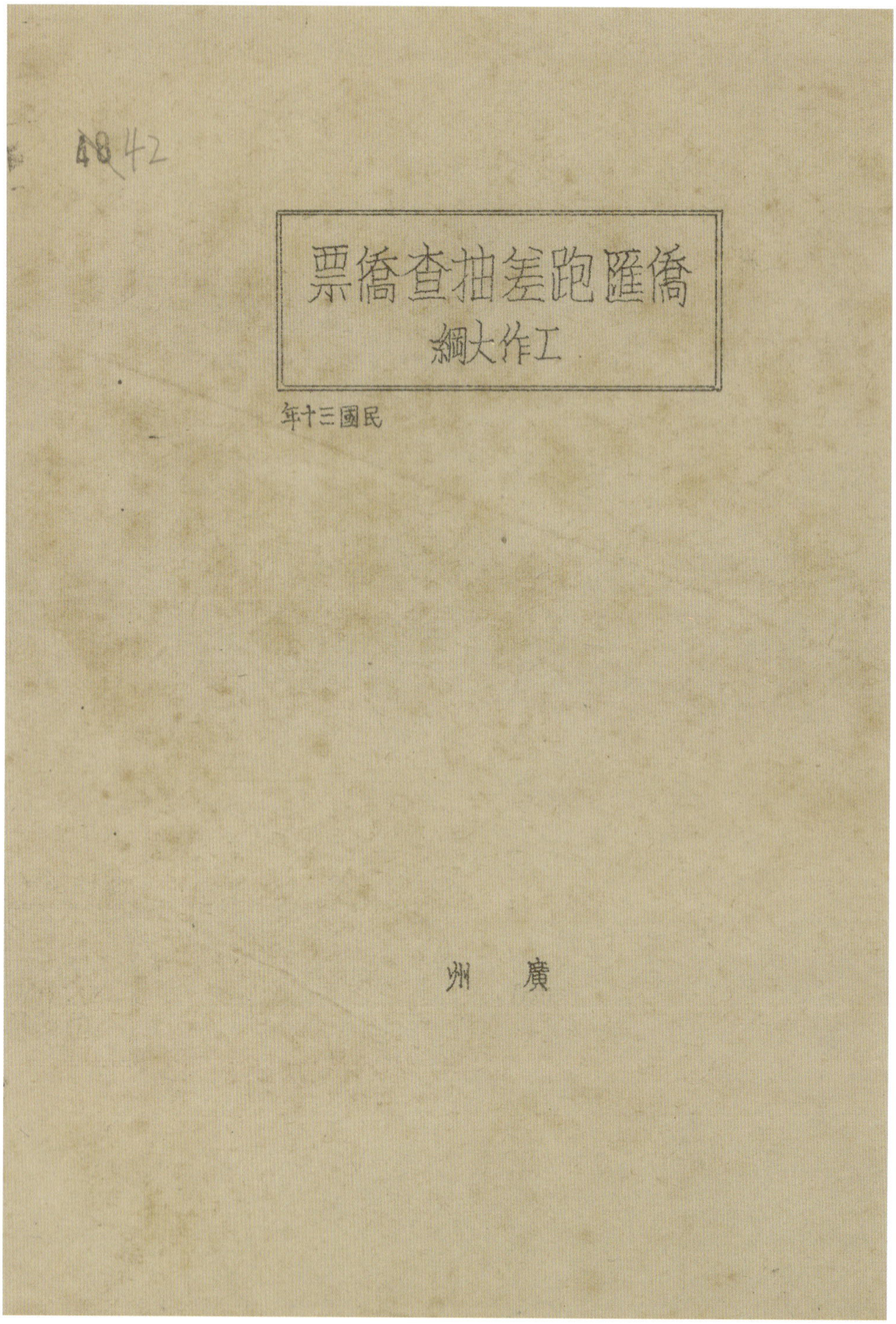

4842

僑匯跑差抽查僑票

工作大綱

民國三十年

廣州

僑匯跑差抽查僑票工作大綱

第一條　各局抽查僑票之僑匯跑差，專任抽查各該局內各僑匯跑差每日經派之僑票・并協助該管局長嚴密監視各跑差之行動・

第二條　抽查辦法：

（甲）每日檢出上一日各跑差經派之僑票存根，或收據，或各種登記等，分別按址前往收款人家中抽查・

（乙）該日各跑差所派僑票，如於一日之內能抽查完竣者，應全部抽查之・

（丙）該日各跑差所派僑票，如一日內不能查竣者，應檢出一部份抽查之・但所抽查之部份，應兼有各跑差經

式

派之件，不可偏重於一差而有所遺漏．

（丁）如覺有可疑之僑票，當首先抽查之．

第三條　抽查要點：

（甲）應請收款人查對當日收該號僑款時所蓋之圖章，或所簽之名字，是否無訛．

（乙）應向收款人詢查當日是否由郵局跑差依照僑票所列款數，交到妥收．

（丙）應向收款人查詢，經派之跑差有無向其索取茶資，或其他一切佣金，酬金等費．

（丁）應向收款人查詢，經派之跑差是否以禮貌待人，抑係惡言疾色，予人難堪．

1545

(戊) 應向收款人查詢，經派之跑差是否予收款人以一切便利，有無故意留難。

(己) 如僑款係由第三者代收（即交由某商店或某人轉交某某收），應逕向原收款人查詢該第三者（即代收款之商店等）有無扣除佣金。如有扣除，可婉勸該收款人在可能範圍內函知匯款人，嗣後匯款，可逕交彼親收，不再假第三者代收款，則可免被刻扣。但如收款人願意照常交由第三者收轉，亦應任之，切勿強其依從。

第四條　因此種跑差不派僑票，祇任抽查，得與一般收款人接洽之機會特多。故應隨時隨地兼任下列工作，俾一般收款

叁

人與郵局方面，藉此可得連絡：

（甲）應隨時設法從收款人處探詢關於現行投送僑票辦法，有何不滿意而應予改善之點，

（乙）勸告各收款人，如未向郵局登記印鑑者，應即前往登記，以資保障，雖現時未有匯款收領，亦可一律將印鑑交由該地郵局登記，以備有款由外洋匯返時，得以核對印鑑，而免誤兌，

（丙）應隨時注意本局發出之賬通令關於僑匯業務之興革，以備應付，

第五條 出發抽查時，應携備各種必需之件，如擬抽查之僑票存根，或收據，或各種登記，鉛筆，小册等件，若查得任何一點弊端，或應改善之處，及當地

4347

第六條　之特別情形等項，均須登記於小册內，俾回局報告該管局長查閱及核辦．如查出某跑差經派某號僑票，有僞章冒領，或挾款潛逃等情事，應即迅速折回郵局，密報該管局長辦理，切勿延遲．并將該跑差所有經派之僑票，一律檢出，全部予以抽查，澈底查明有無其他僑票亦在被冒領之列．此外若有刻扣佣金等情事，或各跑差有其他不法行爲，亦須密告該管局長辦理

第七條　如有僑匯專員（抽查）前往該局視察及抽查僑票時，該抽查僑票之跑差應將其平日抽查所得情形，提供與該專員連絡辦理．

（完）

伍

42
48

廣東郵區會計股股長謝利浦

中華民國三十年十一月廿八日

陸

邮政储金汇业局关于后方各区局兑讫之华侨汇票及清单等应予改寄办法给各邮政储金汇业分局、邮政管理局、一等邮局的通饬（一九四一年十二月六日）

郵政儲金匯業局通飭渝字第三七號
各一等郵局第十號

飭各郵政儲金匯業分局
郵政管理局
一等郵局

為關於後方各區局兌訖之華僑匯票及清單等，應予改寄辦法，飭仰遵照由

案查本局前因便於辦理統計起見，將後方陝西、甘肅、東川、西川、雲南、貴州及新疆等區內互發普通匯票、高額匯票及電報匯票之登記簿暨兌訖之匯票，及其月報清單（C-183），一律寄送重慶辦理，業經通飭港字第二二號飭遵在案。茲為事實上之需要，應自三十年十月一日起，所有上列各該區兌訖之華僑匯票，及相關月報清單（C-183），其為分發局者，並僑匯銀行清單，一律改寄重慶本局匯兌處辦理，毋庸再寄上海。至關於華僑匯款方面，一切公文表報，仍照原定辦法，概寄本局駐港通訊處（參閱本局三十年十月三十一日通代電渝字第三十號），合行飭仰遵照，並轉飭所屬一體遵照。此飭。

局長劉攻芸

中華民國三十年十二月六日

~~138~~ 150

通飭更正單

查本局通飭渝字第三七號第二行「貴州」下脫漏「廣西」兩字，特此更正。

總務股
文書組 已存

交通部邮政总局关于各区办理侨汇业务之员差调整办法给广东、广西、福建邮政管理局的代电（一九四二年九月八日）

D. G. Mail Telegram.

Adjustment of the O.R. employees in the Kwangtung District, concerning.

A. D.
STAFF. DIV.

13

交通部郵政總局代電第（粵）八〇八/一六五八六（桂）一八〇四/一六五八七（閩）七二七七/一六五八五號　（檔案辛字第二十號）

廣東、廣西、福建郵政管理局覽：

為關於該區辦理僑匯業務之員差調整辦法電仰遵照由

查現因時局變遷，該區僑匯業務較前大減，所有該區辦理是項僑匯業務之員差應分別遵照下列辦法予以調整：

一、該區僑匯事務員及僑匯專差（即僑匯跑差）之名額應由該局根據目前需要從嚴核減，並將目前所需名額呈報備案。

二、該區現有僑匯事務員及僑匯專差除擇其資歷較深、成績優良者酌量留用外，其餘超過此次新定名額之員差應一律解僱。為示體卹起見，該局裁汰是項員差時特准按下列數額發給一種解雇金：

服務滿二年及以上者發給等於解僱時月薪三個月之解僱金

服務滿一年而未滿二年者發給等於解僱時月薪兩個月之解僱金

服務未滿一年者發給等於解僱時月薪一個月之解僱金

上列解僱金並准比照本局通令常字第二三七五號之規定加發百分之百。此項特別辦法祇限於此次裁汰之一批僑匯員差。至其留用之員差各項待遇，除僑匯專差嗣後應一律改按本局第一六九二號通代電規定臨時差例辦理，其詳細辦法不另行規定外，僑匯事務員應改按「僑匯業務員」其各項待遇，按附發之「僑匯業務員待遇暫行辦法」辦理。

三、自經此次調整後，僑匯員差如有出缺或必須增添時，應以郵政正規員工逐漸派補。

除將本代電及附件抄發郵政儲金匯業局知照外，以上各節統仰遵照辦理。郵政總局齊秀渝印

附一件

中華民國三十一年九月八日

中華民國卅一年九月廿六日

FILE

僑匯業務員待遇暫行辦法

(一)薪級：僑匯業務員薪級如下：

第十五級	三十元	第七級	七十八元
第十四級	三十五元	第六級	八十八元
第十三級	四十元	第五級	九十八元
第十二級	四十五元	第四級	一百零八元
第十一級	五十元	第三級	一百十八元
第十級	五十七元	第二級	一百二十八元
第九級	六十四元	第一級	一百三十八元
第八級	七十一元		

以上薪水應照郵政人員例扣除各項捐稅

(二)晉級：

服務成績	晉級期限
特別優長	一年六個月
優長	二年
中常	二年六個月

(三)考績：各僑匯業務員之服務成績（參看第(二)項）由各郵政管理局局長兼儲金匯業分局局長每六個月核定一次

(四)津貼：僑匯業務員得依規定發給(一)平價米或代金(二)戰時食糧津貼（最低額依郵務佐例

14

1.

核發）其他津貼概不發給

(五)調遣：僑匯業務員調遣或出差所需旅費按郵務佐例支給

(六)假期：事假，在抗戰期間以不給事假為原則如因不得已之事故必須給假者每一曆年內亦不得逾二十四天假期內不發薪津

病假：每一曆年內得憑局醫憑單准給不逾十四天之病假照支薪津假滿未愈得酌量續給病假惟不發薪津

婚喪假：均不得逾五天照發薪津

(七)保證：僑匯業務員入局時應依郵務佐例提供保証其因所任職務必須提供較高數額之保証者應由主管管理局局長兼儲金匯業分局局長責令增加保証數額

(八)獎勵金：僑匯業務員服務至每年年終得給予等於薪水一個月又四分之一之獎勵金並依規定加發補助其服務期間不滿一年者得按照服務月數比例發給

(九)解雇：郵局停止雇用僑匯業務員或僑匯業務員自動向郵局呈請辭職時均應於二個月前正式通知對方僑匯業務員辭職不遵是項規定者不予發給第八項規定之獎勵金但無論係局方解雇或僑匯業務員自動辭職均不發退職及養老撫卹等金

(十)附則：以上各項遇有必要時郵政總局得隨時加以修改

交通部邮政总局考绩处关于裁汰侨汇员差办法函达查照给广东邮政管理局的公函（一九四二年九月十五日）

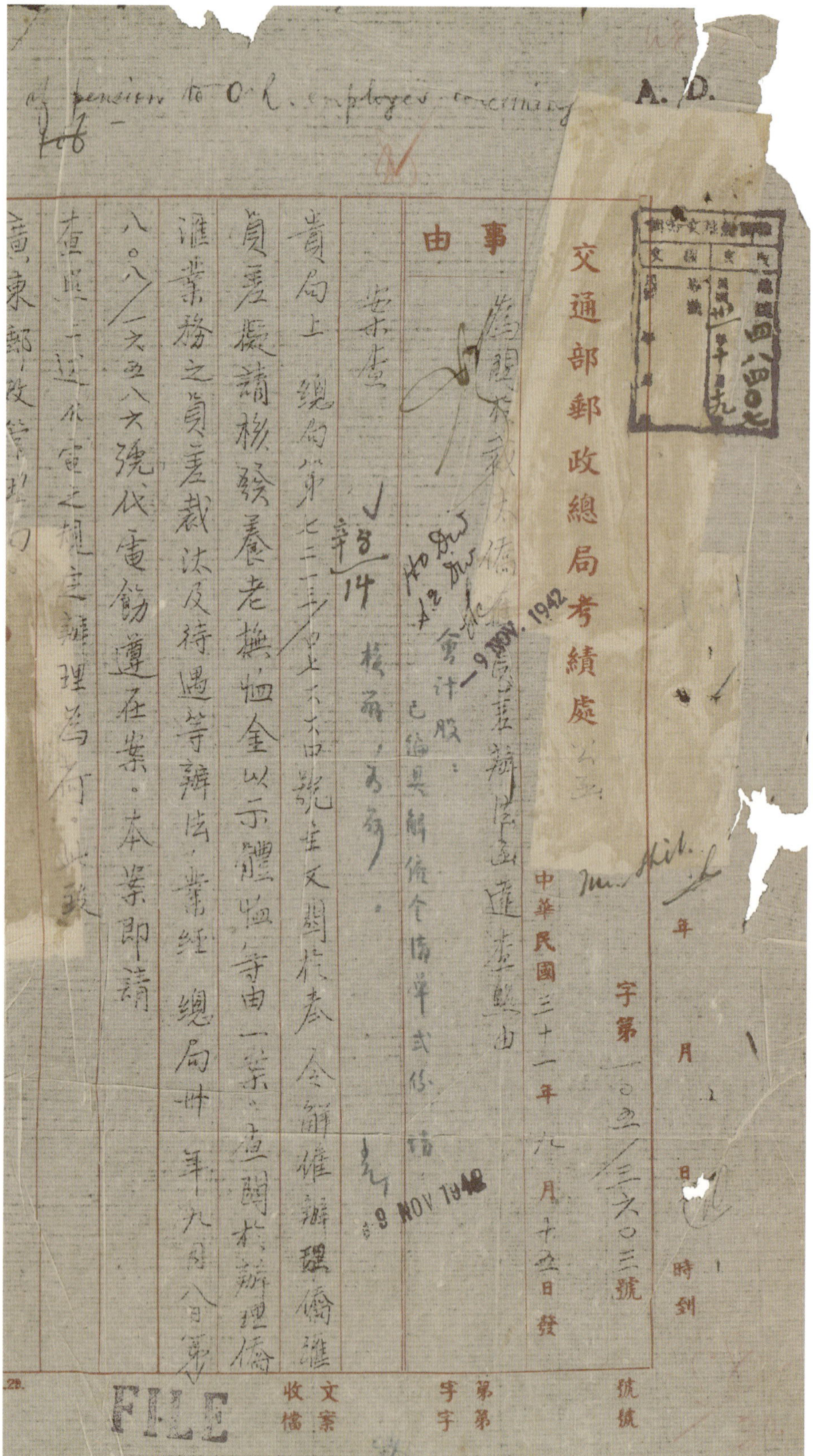
交通部郵政總局考績處公函

事由 關於裁汰僑匯員差辦法函達查照由

中華民國三十一年九月十五日發

字第一〇五一/三六〇三號

安啟者

貴局上總局第七二一/四三一六號呈文關於奉令解僱辦理僑匯員差擬請核發養老撫恤金以示體恤等由一案，查關於辦理僑匯業務之員差裁汰及待遇等辦法，業經總局卅一年九月八日第八〇八/一六五八六號代電飭遵在案。本案即請查照上述決定之規定辦理為荷。此致

廣東郵政管理局

會計股：已編具解僱金清單式份請核閱

pension to O.L. employees concerning

A.D.

FILE

9 NOV 1942

汇兑组华侨汇票开发封发及催查回批枱办公细则（一九四三年一月二十二日）

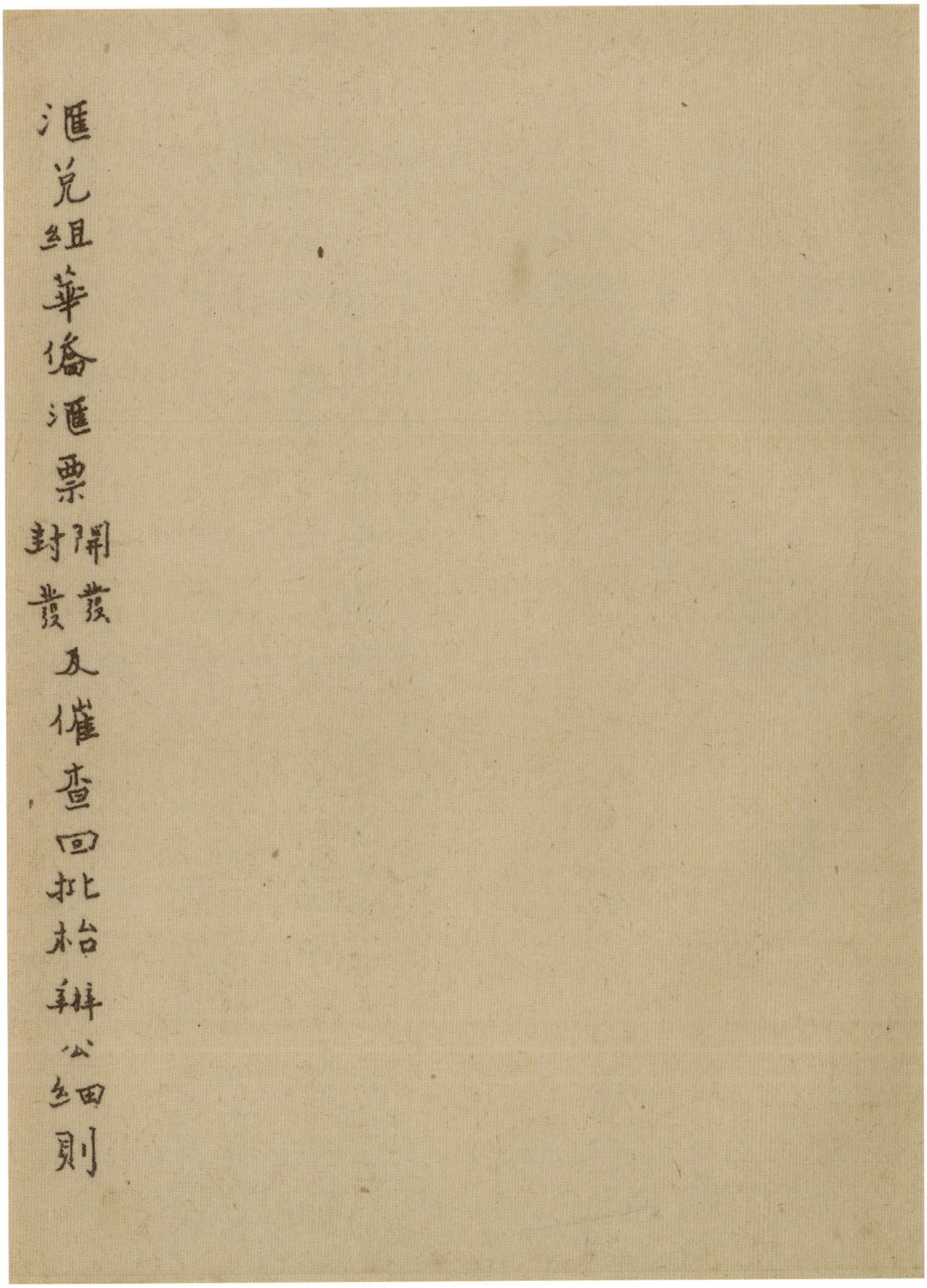
滙兌組華僑滙票開發封發及催查回批枱辦公細則

匯兑組華僑匯票開發封發及催查回批股辦公細則

（甲）主要工作

A 開發僑票　B 封發僑票　C 催查回批

D 襄辦國內滙票開發股各項事務

（乙）附屬工作：

A 登記僑票虧空案件

B．經收入口查驗單

C 登記各局未見僑票及經轉匯單

D．協助各股工作

（甲）、主要工作分述如左：

（A）開發僑票：開發僑票其手續可分後列十項。

1. 開拆：當各外埠銀行之整包滙票由本局收發組交到時，先察看是否寄交本分發局，如無錯誤，方可次第開拆，否則立刻轉寄前途。

2. 登記：開拆以後，應即將各匯款表之號數及件數登記於收到及開發僑票登記簿上，然後列表呈報組長，再由組長呈報股長，核示是否開發，以便辦理。開發時應於簿上銷號。

138

3.驗对印鑑：匯款表上銀行負責人之簽字是否與各該原滙銀行寄来之印鑑單相符，應行細予对照，倘有不符或遺漏，則須立刻向該原滙銀行查詢，并停止開發其匯款表内所列之滙票。

4.點核件數：即鑑核对無訛後，即點核滙票之件數是否與匯款表所列之號數相符，有無重號或跳號，倘有錯誤，應立刻向各該原匯銀行查詢。

5.劃分兑付局名：細察各匯款表上所列每件匯票之收款人地址，應属何局兑付，於局名之下，用紅墨水筆劃一紅線，或另書局名於相関欄上。如係民信銀號之匯票，則須用炭紙二張，於特定（兑付局）欄内，用鉛筆書上。此外对於淪陷區及非淪陷區之僑票，於劃分局名時，尤應妥為審刻，以免延誤。蓋現淪陷區僑票統已奉令停兑，僅開發後存局待命。若非淪陷區則仍可繼續投派也。

6.蓋日戳：於每一匯票及存根之特定（開發局日戳）欄内，匯款表之（備註）欄内及各匯款人之家信上，蓋一清晰日戳。倘無家信，則可於收款人地址單上加蓋。

7.核对：（甲）(1)核对每件匯票上所列之(a)匯款表號(b)匯款號(c)收款人姓名及(d)款額是否與匯款表及匯款人

~~143~~

(1)

家信上所列者一一相符。(2)將已劃分兌付局名之僑票，再度複核其有無錯誤。(3)核明各僑票存根批信與相關匯款表上有無加蓋相關發局日戳。各項核對無訛後，即在匯款人家信上依匯款表所劃示或書明之兌付局名，用顏色筆（紅或藍）劃示或另書明，然後蓋上發票員章於特定欄內，交與主管員複核。(五)將每一匯款表詳細核對其匯款額及匯費等總數，各項有無錯誤，倘有不符，應即予更正，再由回批枱分別通知原匯銀行及儲匯局。

8 更改兌付局名： 開發僑票，或因地址偏僻，致誤寄遞，該收到局所於接收發覺後，經即另為轉寄前途，并發寄「經轉華僑匯票詳情表」通知本局，本局收到該項表件後，即知各相關僑票原來畫示之兌付局名，實有錯誤，故應立即根據該項經轉表，將匯款表上劃示局名，予以更正，俾免他日催查回批無着之病。至於該地區隸屬局所名稱，尤應隨手登記於開發僑票地名登記簿上，藉避異日開發時之誤。

9.查詢偏僻地址： 如有偏僻或不通郵地方，無法查悉確屬何局投派為宜，應即繕發「查詢地址公函」向該地附近局所查詢，以資辦理。

139

10、補發副票：各先付局所開或因僑票遺失焚燬或被劫等等情形，向本分發局呈請補發副票或副存根時須先查核清楚，方可照呈補發。補發時須於各該相關匯款表上註明何時補發及按何局第幾號呈或公函補發等字樣，於該副票尤須特為註明，隨手復將各重要事項登記於特備之登記簿上，以便日後稽查之用。各項手續清楚後，方行蓋章於副票上，送呈主管員、組長及會計股長簽署後，始行寄發。倘或匯款表寄至時，因相關銀行疏漏或其他原因，件數致有缺少，為便利公眾及關發起見，亦可補發副票，俟收到原票時再將原票註銷。其手續與前例同，但僅由發票員及主管員蓋章便妥。至於本格儲存之空白及蓋印副票，均有特簿登記存續，取用時尤須加以登記，資免疏漏之虞。

(B) 封發僑票　封發僑票其工作手續可分為後列八項：

1、分發　將已核對妥之僑票（即已經蓋有發票員與主管員印章及日戳之票）按批信面上所書之局名分置於相當分發欄內。

2、整理：(a) 將票分妥於分發欄後，即將每一局之票

(2)

檢查其是否全屬該局所派，倘有別局之僑票混雜在內，應將此票抽出，置回其他相當分發欄內。(b)當將某一局之僑票檢查時，應即順手點明件數，以免耽延時間，每足三十件，則用一樣膠圈套紮(餘照類推)，隨用便條將該局名及件數暫行登記。

3 計數：(a)將某一局之僑票檢查及點明件數後，即將各票所列之欵數統計若干(如屬五元以下之零碎數目，可除去之，如屬六元以上之數，則增作十元計)一並暫行登記於便條上，如該局各票總計不足五十元之數，亦可不必登記，祇登記局名及件數，以便於封發各局之票數不符時，得以核對。(b)便條上登記之數字，應分別其局名及隸屬何局供應段內，以便寫撥欵通知單時參攷之用。此項登記於開發各段局所僑欵登記簿上。

4 繕寫清單：上述各項辦妥後，即取「寄發僑票清單」部，將各票號碼逐一登列，各票號碼字頭如C或A等切勿遺漏，各銀行之簡寫英文字母，如IP，KL等亦應清楚列入。每一清單單入三十件，共列多少，於清單末頁總一總碼，入妥後，須細心翻點件數，是否符合，以免有重號或漏登之弊，全批寫妥後，即簽名及加蓋日戳於清單上，并將正頁撕出，與僑票一并用封套裝上

140

5. 封寄：(a) 封發僑票如在三十件數內，可用小封套，
如六十件數內可用大封套，超出六十件時可用紙包裹之。(b) 封面
上所書局名、單號及件數，須與封內之僑票清單所書各項相
同。(c) 照上述情形辦妥後，應逐套將其號數及件數登記於「寄
發僑票登收部」上，并將各局件數統計是否與所開發件數相
符，然後方可將封口黏固或包裹完整，倘兩數或有不符，須逐一細
查，待查出後方可固封，點妥交差送收發組寄發。(c) 如僑票匯
於「本市」「石井」「石牌」「泌涌」等處投派者，須逐一填寫收款人地址
及匯款人姓名於核對語上，然後登入各清單，毋須用封套裝封，
但須分別緊紮成束，然後交差送匯票總投派。(d) 封寄別區僑
票，則應將該僑票發匯驛行名稱、匯款表號數、匯款號數、款數
及寄往局所名稱登列於 Chit Book 上，送交文書股由公函寄往

6 繕發撥款通知單及登記本局投派票款：(a) 本市
石井、石牌及泌涌等處僑票票款額總數須總計確切，用寄
登記報告會計股長。(b) 封發各局僑票款額總數，須分別按
其該管供應局開列「撥款通知單」寄往，以便該供應局發款。
如該局屬本局供應者，則將「撥款通知單」送往本局票款
組。

~~141~~

(3)

7. 經轉僑票：倘遇其他僑票分發局轉寄由本局代轉僑票，應先審别該票經轉局名，然後列入清单寄往，并將(a)收到日期(b)開發局名(c)僑票列號(d)轉寄局名(e)寄往清单號數详為登於經轉僑票部，以備檢查。

8. 登記票款供應局轄下局所名稱：各票款供應局轄下局所遇有変更增減，應隨手登記，以資參攷。

(C) 催查回批

催查回批之工作手續，可分後列五項：

1. 繕發催查回批单 (a)檢查各銀行匯款表，如有開發各局投派之僑票，歷時已久，其相關回批仍未見返者，應繕發催查回批单，向該相關局所查詢。(b)此種查回批单係三联式，將相關各欄填妥後，以第一張逕寄該相關兑付局，請其查辦，其餘兩張以鉄夾夾起存檔。(c)經過若干時日，該兑付局尚未將相關回批退繳，或未將催查回批单答覆，則將該号催查回批单第二張從鉄夾上取下，加蓋「第二次催查」印誌，連同空白副回批及兑訖僑票証明書，寄往該局追查。(d)經過相当時日，該第二次催查回批单仍未查覆，回批又未退繳，即應由本局賬字

訓令飭令該相關局所遵辦。(e)如第一次備查後，先付局將

備查回批單答復及將相關回批退繳(或將原票退回)，該存

檔之兩張查單，應行取出註銷，該局查覆之第一張則應存

檔備查。

乙 繕發查詢延遲回批公函：(a)以封發各局之「寄

僑票清單(D-5/6/2)」為根據，將本局封往各局之僑票在相關銀行

匯款表上檢閱其回批已否退妥，如未退妥，可即辦理催查事宜。

如已退妥回批者，應細察其由何時何號退回批單(D-5/7/2)退還，

並核對其退回批日期，有無延遲，如有延遲，應即繕發查詢之

「退回批公函」向相關局所查詢。(b)先付局將該公函答復寄回之

應先由主管負核閱辦理後，然後分別貼存於相關公函存卷

上。

丙 整理銀行匯款表 將各銀行寄來之匯款表，

分為「已妥」(即全表內各號回批皆已清退或作無法投遞退妥者)

及「未妥」(即全表內尚有未退回批者)兩項，按各行名稱整理

(4)

141
歸檔

4.整理封寄僑票清单　封發僑票存檔之「轉寄僑票清單(D-516乙)應按其局名分别順序存檔，勿使凌亂。

5.整理退繳回批清單　(4)各局退繳之回批經開拆點核後，如有回批號碼錯列或漏列退回批清單(D-526乙)號碼錯列，重號或跳號等情事，應用印備之公函通知相關局所照為更正。(5)已辦妥之退繳回批清單應按局名分别歸檔，勿使凌亂。

(D)襄辦國內匯票開發稽各項事務

1.襄辦核算本區轄下各局之每月遞發匯票登記部内之發匯專号之起訖順序及匯款与匯費總數之有否錯誤。

2.襄核各局匯款所收之匯費，補水費之有否錯誤。

3.各局開發匯票總數，應月終扎結總數，列成清单，指與審核賬務兩組對較校。

4.其他本稽之查詢公函，旬報表，登記各局每月開發匯票最後号碼，以與下月核對等事項，均屬襄辦之内

142

~~139~~

（乙）附屬工作：

(A)登記僑票虧空案件：關於僑票虧空案件往往因經辦人員之舞弊，關係甚大，故應慎為登記，至其處置辦法及補發副票手續，尤為他日查核要項，更宜加以注意，其登記手續分下列九項：(1)發生局所呈報日期(2)發生局所名稱(3)呈文號數(4)犯案員姓名及職務(5)僑票匯款表號及匯款號碼(6)款額(7)處置辦法(8)補發副票日期(9)其他特殊事項。

(B)經收入口查驗單：入口查驗單之清理，足以減少案件之累積，故須加以登記，有時該件至已答復清楚，封付寄出，而中途失落，倘缺登記，則稽查無着，輾轉因循，坐延時間，茲凡本組各枱所有一切入口查驗單由收發組或查單枱交至時，首由本枱將其編號登記，再行分發相關各枱俟其答復完畢，然後方由本枱寄發。其登記手續，分後列

(5)

九、統計

(a) 編號（本組自編）

(b) 收到日期

(c) 何局發來

(d) 原寄局編列號數

(e) 廣州入口編列號數

(f) 該查驗單摘由

(g) 經手人姓名

(h) 辦妥交寄日期

(i) 交由何組、枱寄遞及簽收

(C) 登記各局未兌僑票及郵轉匯單：由本區直轄各局由賬呈到表呈報之收到到未兌僑票及郵轉匯單其數目等各項，均須妥為登記并統計，以資查考

(D) 協助各枱工作：必要時協助本組各枱辦理一切經辦事宜

(E) 本人對於上述諸端，均已熟讀無遺，職責所在，亦已深曉。如有工作錯誤或因溺職而致受賑錢上之損失者，本人并願負其責。

143

~~138~~

(下)本辦公細則繕寫三份：一份為本裕存檔，一份存會計股股長室，一份交組長存檔。遇有變動之處，各冊均應隨時用紅筆修正。交代時由卸任及接任人員會同簽署其上。

核記：

編冊：陳定謀

會計股股長 謝利溥章

四等四級郵務佐

中華民國卅一年十二月廿叁日

中華民國卅二年壹月廿貳日

移交人姓名	等級	移交日期	接辦人姓名	等級	接辦日期

(6)

汇兑组回批及无法投递侨票枱办公细则（一九四三年一月二十二日）

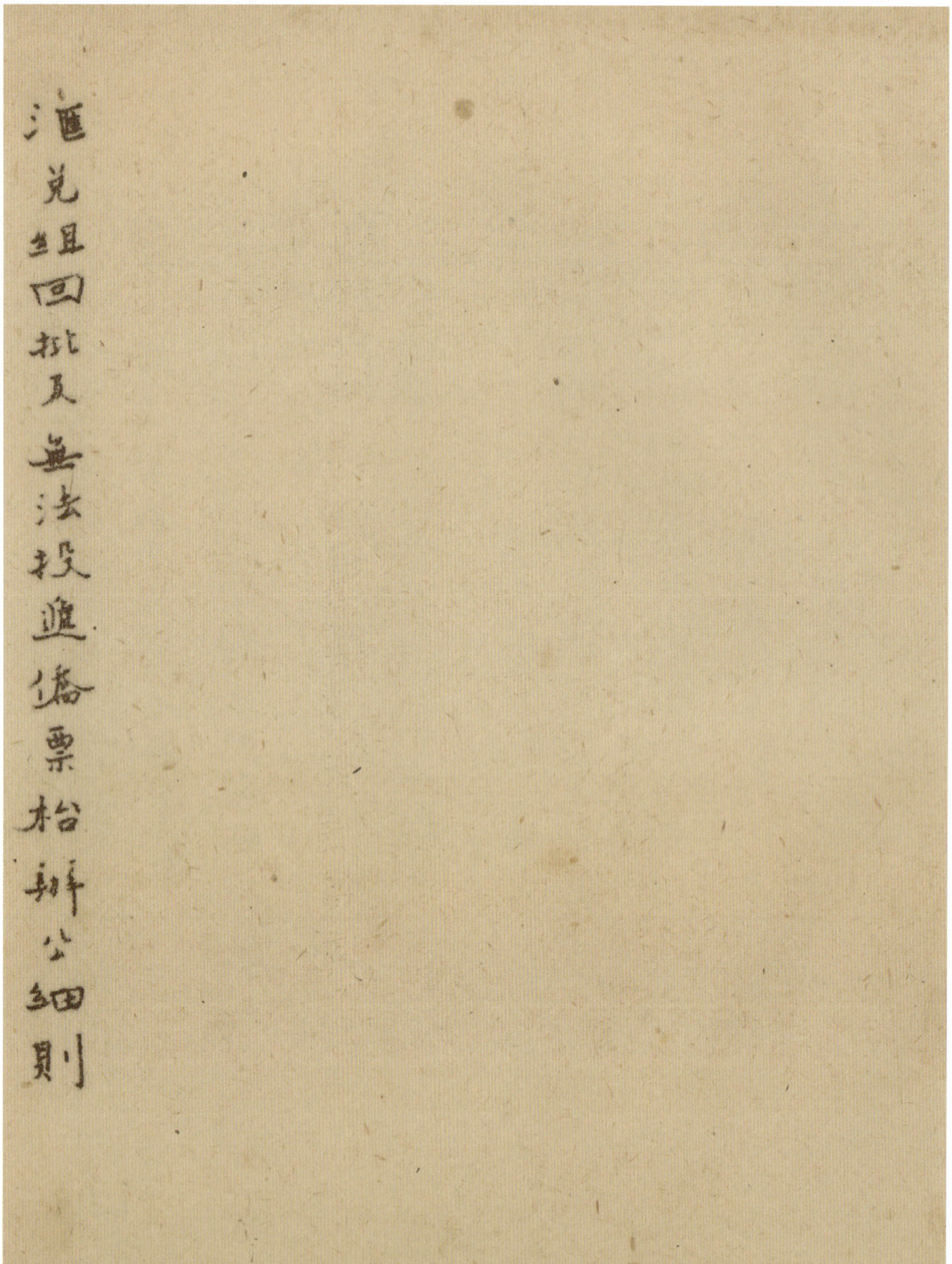

滙兑組回批及無法投遞僑票枱辦公細則

（工作總目）

（一）退寄回批

（二）繕領匯票單

（三）發放到匯款表通知單

（四）覆核匯款表數目

（五）發正誤通知單

（六）發驗証通知單

（七）繕列開發僑票計算總單

（八）退無法投遞僑票

（九）注銷其他分發局代退回批單

（十）襄辦國內匯票各種事務

（十一）襄助帳務組每月發給薪金米代金及獎勵金等

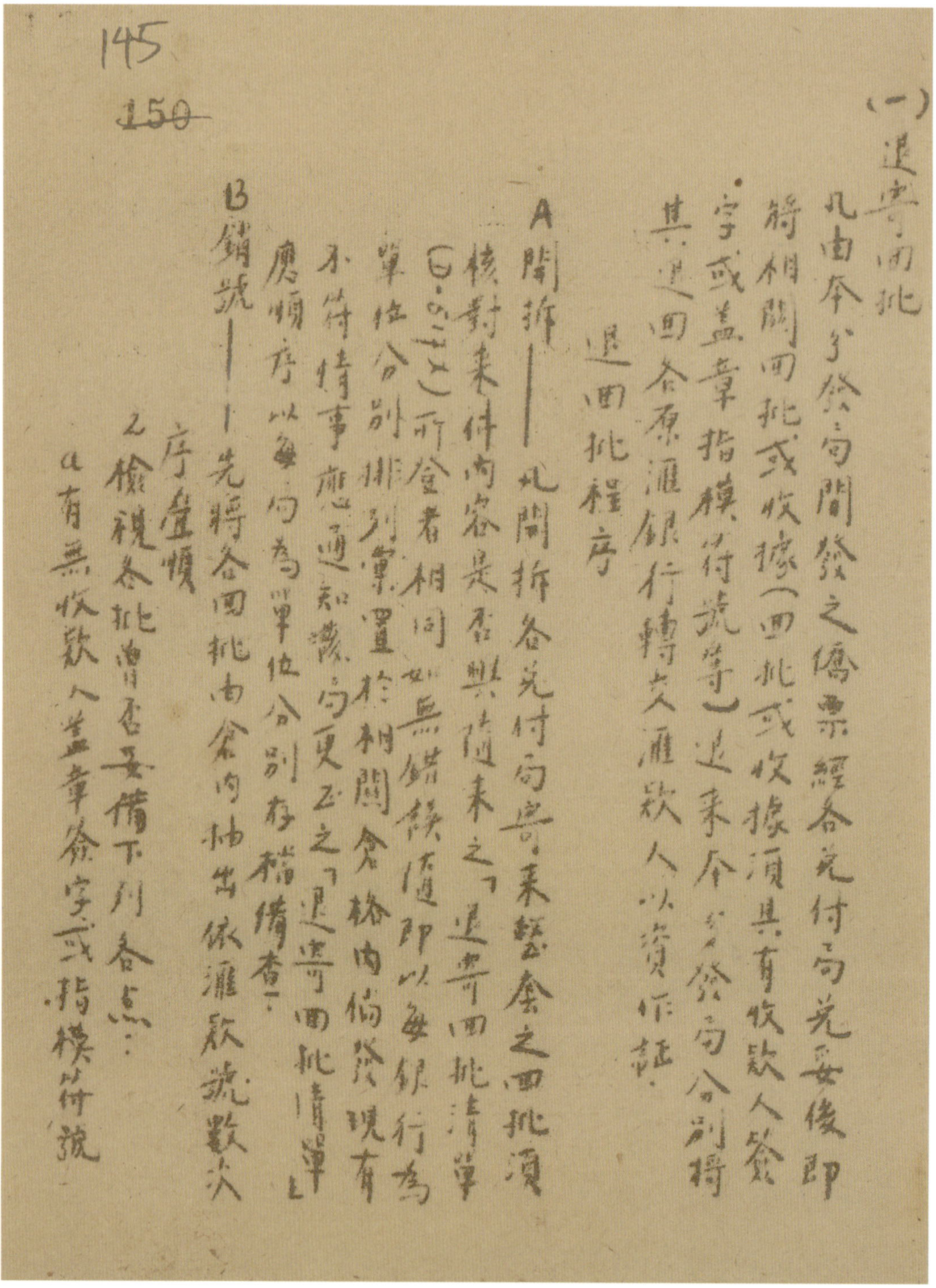

145

~~150~~

（一）退寄回批

凡由本分局發向開發之僑票經各兌付局兌妥後即將相關回批或收據（回批或收據須具有收款人簽字或蓋章指模符號等）退來本分局發局分別將其退回各原滙銀行轉交滙款人以資作證。

退回批程序

A開拆——凡開拆各兌付局寄來整套之回批須核對來件內容是否與隨來之「退寄回批清單（B.O.三七）所登者相同如無錯誤隨即以每銀行為單位分別排列置於相關套格內倘發現有不符情事應即通知該局更正之「退寄回批清單」應順序以每局為單位分別存檔備查。

B銷號——1.先將各回批由套內抽出依滙款號數次序整頓

2.檢視各批曾否妥備下列各点：

a.有無收款人蓋章簽字或指模符號

及三号無盡先時向日戳

C 有無附寄第三者之信函或夾附其他禁品

3 逐件與相關滙款表所列之號碼收款人姓名

及滙款額等核對

4 核對後即蓋日戳在相關滙款表之回批退

還日期欄內以表示已將回批退回東銀行。

及退回之日期

C 入——已銷號回批應逐件將滙款號碼登入「退回批

清單（[illegible]）」此項清單須繕寫二份一份

隨回批退存銀行一底單，重慶備滙處向其餘一份存

檔備查但如將澳門或信銀號收據則祇繕二份不須

寄往重慶備滙處向如請見本京滙豐銀行者則

繕回批餘多外上列清單之副本送東亞銀行外其餘一張則寄

[illegible]

（本一式要求滙豐銀行）

D 封發——已入單回批須按下列辦法送東亞銀行：

1 在回批Z面上并無任何特別標誌暗號用線

包寄遞

146

~~149~~

2 在回批上有「航」標誌者，須逐件付口交逐件貼郵票，然後用銅釘貫穿於左角釘成一束（不用封面），再加十字形縫牢，黏其相關清單上，須加蓋「本表回批分別貼郵票」字樣，然後另套入公事袋（？）封內，與同回批打紮寄遞。

3 在回批上有「空」字下方英文地址轉交標誌者，此係代某銀行代理之回批，須封繳包按址寄遞，惟八年度改用紅色「空」字，此類回批清單（七一六二）此清單寄交該管銀行，不必隨回批寄交代理處」

4 在回批上有「空」字下刊英文地址轉交「又前兩標識者，則照以上各項之方法寄遞。

5 航空回批：在回批上並有上述四種以內之一種標識，另加「飛機」符號者，則照上述相關某一項之方法另加納航空費，由航空郵遞。

近因時局情形，交通之定期班航空現已無一定期，間開行更且有完全停止，是以該項回批不祇由普通寄遞而已。

6 代其回批一一兌付，向無有將回批設送往別一八分

該款如無印者，倘同計可代為轉退原來銀行退貴方，法與上相同，但上述應由代退之匯兌單通知該原分公司以憑銷號。

E.貼票——粘貼以後除有註明標誌之回批逆件粘貼外，其餘粗要回批之件數照向郵局貼票八分，每件十分，每件一元；香港及廈門每件十六分；澳門民信銀號收據照原包重量計算，每重二十公分貼十六分，如剩類推之。如係航空退者另加航空郵費。

F.公記——每次寄之回批須分登入文寄之簽收部內，以係華僑銀行者則登入「華僑銀行回批簽收部」，如西貢及金邊東方匯理銀行、香港太信行公司、澳門大信銀號、西貢東亞菲律濱交通銀行等合款簽收部。如有退屬於某一行者則登入某一行之簽收部內，惟馬尼剌及仰光則另款簽收部。簽記之手續：1.寄發日期 2.字文銀信名稱 3.清單號碼 4.回批件數 5.合計銀數 6.航空退者應註明重量或包封數 7.航空費 8.合共銀數。

147

~~148~~

（附注）南洋群岛一带现既失陷，与该地各银行来往之通讯断绝，而梅市广东汇兑局及玉梅华侨银行已迁至重庆，人如有该行回批又无法投递侨票

一　惟以梅市广东汇兑局转交入该行之回批照公付号递，免贴邮票，是以南洋一带大部地之华侨银行回批又无法投递侨票，「前」「后」等件携带交邮局寄递，一封已不贴邮票递寄梅市广东汇兑局转华侨银行，非香港华侨银行者，则仍照贴邮票寄回香港该行

附则

1. 回批封面如有收款人地址者，须用墨涂去。

乙 所有回批应先用纸，然后用坚韧之纸包封，外加绳索作井字形捆，使须在递运转运亦不能伤及回批。

（二）请领邮票单——本组应存有领购邮票相当数量，以便退批之需，如不敷用，可再向本组组长请领每次所需之数，应照登记册缮具领回邮票单乙纸，送交本组组

長及會計股股長核簽後憑單向收支組領回郵票如係由航空寄遞其返寄航空回批所用之郵票應照登記冊繕備單六張一張交收支組領票一張存檔四張交帳務組報帳但遇仰光之回批其回批費則於半月或月底將所用之數登入華僑銀行之各收部及郵票簿內須回郵票但馬麗豐及仰光之航空郵費東方滙理銀行信行公司民信銀號菲律賓銀行西貢東亞則可按每半月或一月結算一次繕具單交收支組領回郵票如馬麗豐及仰光之領航空郵票單繕具六張辦法與前相同

（三）繕發收到滙款通知單——各銀行滙款表經閱發給妥辦交來本館後應即依「收到各銀行滙款表銷號部」上銷號并分別繕發「收到滙款表通知單」（日一六〇七）寄回原滙銀行表示該號清單已經收妥并無遺失。

（四）覆核滙款表——將既經銷號之滙款表核算下列之各數是否無誤：

1 回批費

148 ~~147~~

乙 合共總數

3. 國幣折合外幣数

繕發更正誤通知單——尾合計核對後，如發覺有數目不符，經更正後即發「更正誤通知單」（式樣另附）寄重慶儲滙總局請其照數更正。應繕二張，交本組組長及會計股股長核簽後，該通知單寄重慶儲滙總局一張，存檔備查。

（六）繕發驗証通知單——如發覺滙款表上所列款額與滙票上所列不符，或滙款表上所列款額與滙款人家信不符，或滙款表有失漏、跳號或重號等情事，即發「驗証通知單」（式樣另附）向該相關銀行查詢。此項單式應繕五張：二張寄原滙銀行，一張寄重慶儲滙總局，一張寄華僑銀行總行，一張存檔。如東方滙理銀行、信行公司、民信銀號、菲律賓交通、西貢東亞等，即非華僑銀行者，只繕四張。

（七）繕列開發僑票計算總單——將滙款表內各數以每一銀

[illegible]
字匯款之兑付局為倫敦區一組及非倫敦區二項分別列入該兩項之
總單總單內分匯款數匯費回批費合共等數各數須詳細列
明分兑付局須小心分析是以頭檔檢時間後項計算總單每
月總單一次每單總具三張一交本組核對相符核後一張交賬
務組復R/S式寄重慶儲匯總局報帳一張連同相關匯款表
副張由本組寄上海儲匯局清理一張交賬務組存檔備查

八、退無法投遞僑票——

1. 審查各退票上所列之退匯緣由是否合理
2. 將空白回批逐件抽出
3. 銷號「與上述退回批辦法相同但須加「R.T.」字樣於匯款表上
4. 將原來匯款數目逐件照原來價率折回外幣
5. 如因情形特殊或因郵局不能投遞之件應退回匯費否則不退匯費
6. 將各退票亦分析為倫敦區之兑付局或非倫敦區之兑付局可退來者分別」各將退票之匯款數匯費匯款表號匯款號碼及折合外幣等數詳細

149

分別結入退滙清單（[illegible]）內，該清單結四
張，一張隨合原滙款人家信及批條（退回原滙銀行
寄遞方法與退回批同），二張連注銷滙票交核
對股（核對後一張連同滙票寄上海儲滙局，一張交入
帳務組，一張存檔備查）。

下。
信行公司代信銀號及西貢、東西等退票，則不必折
合外幣，除華僑銀行外，退回各行之無法投遞
票，如因情形特殊，我國郵局不能投送，亦不必退
回滙費。
（退無法投遞之僑票各手續繁雜，須小心辦理，
尤以顧存時間）

（九）
注銷其他分發局代退回批單——現因交通情形
變更，各支付局每多有將本局向銀行開發之票先交後
將回批就近寄往另一分發局，該分發局收到後即代退
寄退，後即將該回批清單副頁及退各行回批總單
各一張寄來本館，接到即按各該銀行號碼注銷。
注銷辦法與B第四節略異，在該相關滙款表「回批
退還日期」欄內注入代退日期及代退分發局名稱，見

總單號第二號[illegible]計算第三單今[illegible]字樣備查

（十）襄辦國內匯票各類事務——本稿有餘暇時襄助國內匯票稽核各匯票及繕寫各種報告表等宜

（十一）襄助帳務組每月發給薪金米代金及獎勵金等項——帳務組於每月終核發月薪於每月上旬及中旬發給米代金兩次計每次發給之前一日上午先往該組襄助按冊分發包封至是日上午再往該組襄助發給。

本稿對於上述諸端均已熟讀無遺職責所在亦已深曉如有工作錯誤或因瀆職而致受銀錢上之損失者本人并願負其責。

本辦公細則~~冊~~繕寫三份一份為本稿存檔一份存會計股長室一份交組長存檔遇有變動之處各冊均須隨時用紅筆修正又人代時由卸任及接任人員會同簽署其上。

核訖：　　會計股股長 [印]

編冊：何繼聲　四等四級郵務佐

150

~~145~~

中華民國卅二年壹月廿貳日

中華民國 年 月 日

移交人姓名	等級	移交日期	接辦人姓名	等級	接辦日期

汕头一等邮局关于抄缴「批信事务处理办法」及「承领执照须知」致广东邮政管理局办事处主任的呈（一九四五年六月九日）

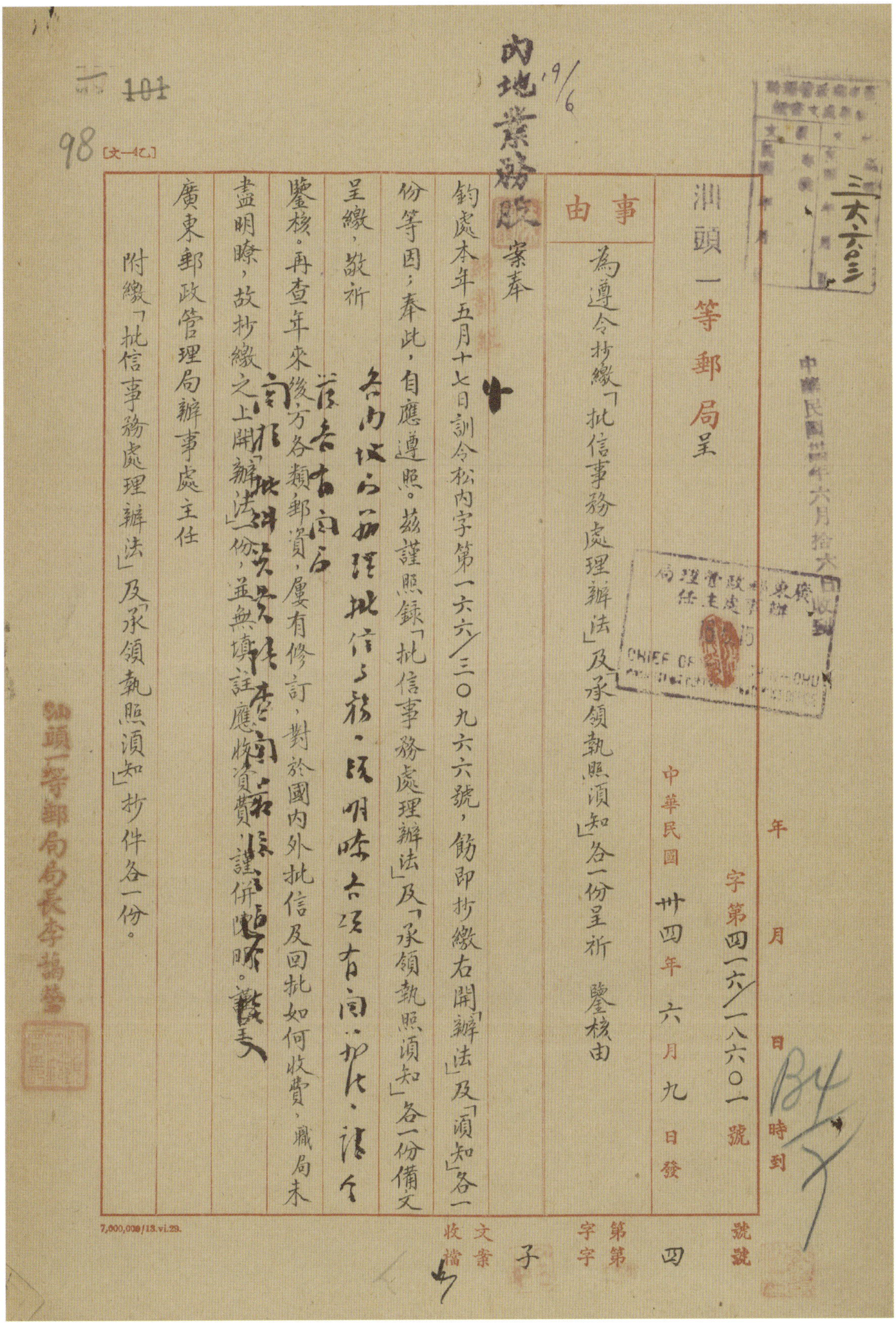

汕頭一等郵局呈　字第四一六/一八六〇一號　中華民國卅四年六月九日發

事由：為遵令抄繳「批信事務處理辦法」及「承領執照須知」各一份呈祈鑒核由

案奉

鈞處本年五月十七日訓令松内字第一六六/三〇九六六號，飭即抄繳右開「辦法」及「須知」各一份等因；奉此，自應遵照。茲謹照錄「批信事務處理辦法」及「承領執照須知」各一份備文呈繳，敬祈

鑒核。再查年來後方各類郵資，屢有修訂，對於國內外批信及回批如何收費，職局未盡明瞭，故抄繳之上開「辦法」份，並無填註應收資費，謹併陳明。謹呈

廣東郵政管理局辦事處主任

附繳「批信事務處理辦法」及「承領執照須知」抄件各一份。

汕頭一等郵局局長李福勳

照録

批信事務處理辦法

三十五年二月十四日奉部向視字第二七二五号訓令酌加修改呈
交通部卅五年三月五日郵京字第一〇九二號指令准予備案

第一條 各批信局應於每年底填具聲請書檢同原領執照並附繳國幣四佰元手續費送由主管郵局轉呈郵政總局換領新執照前項聲請書應載明批信局名稱開設地點營業人姓名年齡籍貫與何處往來營業有分號者其分號名稱地點及代理人姓名年齡籍貫如國內外均有分號者並應分別註明國內外字樣國外分號並須註明詳細地址不得僅填省名殖民地名稱或國名

第二條 執照如有毀損遺失得邀同舖保二家敘明緣由繳納手續費國幣四佰元聲請補發但須刊登當地報紙十日聲明原執照作廢

第三條 批信局之分號如有增設或閉歇情事得檢同舊執照附繳手續費國幣

第一頁

99 102

郵政公事用紙

3,800,000/13.vi.29.

式，繳元隨時聲請分別添註或註銷

批信局停業時應將原領執照繳由該管郵局轉呈註銷不得私自轉讓或頂替

第四條　郵務視察員於查視局所時應隨時調驗批信局執照並於執照背面註明查驗日期以資查考

第五條　批信及回批得用總包交寄但寄往荷屬及法屬地方之回批須將郵票逐件粘於批件之面寄往香港英屬南洋群島馬來聯邦北婆羅洲及暹羅者得將郵票貼於總包之外面並於總包皮上批明內裝確實件數

寄往國外之回批總包如已繳足掛號資費者得按掛號郵件寄遞

第六條　批信回批及押函之資費如左

一　批信

~~104~~

101

[文-5乙]

甲　寄往國内各地分號者按總包每重二十公分或其畸零之數收費貳十元

二　回批及押函

甲　由國内分號寄往總號轉發之回批得按總包每重二十公分或其畸零之數收費貳十元但來往國内各地之押函應依每件每重二十公分或其畸零之數收費貳十元

乙　寄往美屬菲律濱法屬印度支那荷屬東印度之回批及押函按每件重二十公分或其畸零之數收費佰九十元　續重一百二十元

丙　寄往英屬南洋群島馬來雅邦北婆羅洲暨暹羅之回批及押函按每件每重二十公分或其畸零之數收費九十五元

丁　寄往香港之回批及押函按每件每重二十公分或其畸零之數收費貳十元

第三頁

郵政公事

166通令卅五、五、一日改訂國際郵資

掛号費[illegible]快遞[illegible]

[illegible]四十元AR貳百元

3,600,000/13.vi.29.

~~105~~ 102

[文一5乙]

第四頁

第七條　進口批信及回批經檢對加蓋日戳留待批信局派人到局於相關信件清單上蓋章領取如係掛號並須掣取收據但用總包交寄者須核對所貼郵票有無短少情事

〔批注：應由相關郵局於接收時妥為核對如係總包並須核對所貼郵票有無短少〕

第八條　出口回批經檢對郵票加蓋日戳後分別按普通或掛號郵件辦理如普通回批與國外到達局向有編列號碼之習慣者從其習慣但總包交寄之回批須不時令其開拆檢驗以覘其有無匿報回批數目及短貼郵票情事其散寄而情形可疑者亦同

〔批注：相關郵局核對所貼；批信局來人；查〕

第九條　往來國內各地之批信及回批其總包封發手續依掛號郵件套例辦理之

第十條　批信局如有私運批信及回批情事者除處罰兩倍郵資外第一次處罰國幣六千元第二次一萬五千元第三次叁萬元並將執照吊銷但進口批信總包如有短納郵資情事按欠資例辦理

〔批注：不得；如有查獲；按件征收；應責令繳納違約金〕

郵政公事用紙

3,800,000/13.vi.29.

~~106~~

103

[文—5乙]

批信局及其國內分號不得兼營國內信件倘有查獲除按各該件之資例征收兩倍郵資外亦應責令繳納違約金第一次處罰國幣六千元第二次處罰國幣一萬伍千元第三次處罰國幣叁萬元並將執照吊銷其

匿報回批件數或夾帶他件者如有查獲除按件征收兩倍郵資外依前項規定減半繳納違約金但每次匿報回批件數不逾總數百分之三者准予補納郵資免予處罰納違約金

第十一條 前條違約金應以百分之七十發給拿獲人百分之三十發給告發人無告發人者發給全數但郵政人員拿獲者依告發人例給獎

第十二條 違約金應登入營業外收入四〇一科目內獎金登列營業外支出五一二科目目第七節帳內報銷

第十三條 批信局倘有私運匿報及夾帶情事經查獲後應用D字第二九二號單式

第五頁

郵政公事用紙

3,600,000/13.vi.29.

~~107~~

104 [文一五乙]

造具（郵件查扣報告）郵件案由清單）俟案情終結後寄經郵政管理局轉呈郵政總局備核如不能於一個月內解決者在清單報告內註明「尚未辦結」字樣俟結束後再行補呈一份

前項清單應按次編號每年更新一次

第十四條 收寄及投遞批件之各局應依附表式樣逐日登記並按月依式造具批信統計表（D-37乙）三份以一份寄郵政總局視察室一份寄郵政總局統計課一份作為該區月報附件一份存檔

（一）中華民國　年　月份　地方寄發國內各地批信或回批統計表其表格如下

批信局名稱	總包數目	批信或回批數目	重量	郵資數目

3,600,000/13.vi.23.

~~108~~

105

[文一5乙]

第七頁

郵局長　　簽署

年　月　日

(二)中華民國　年　月份地方各批信局收發批信及回批統計表其表格如下

批信局名稱	批信			回批		
	原寄局名	總包數目	批信數目	到達局名	總包數目	回批數目

（右表往來國內各地批信及回批不計算在內）

郵局長　　簽名

年　月　日

郵政公事用紙

3,500,000/13.vi.29.

~~103~~
106
[文一5乙]

右表往來國內各地批信及回批不計算在內

(三)中華民國　年　月份　地方收發暹羅香港菲列濱及各屬殖民地批信及回批統計表

各屬殖民地包括

子. 英屬殖民地 British Colonies　　南洋群島 Straits Settlements

馬來雅邦 Federated Malaya States　　北婆羅洲 British North Borneo

丑 法屬殖民地 French Colonies　　印度支那 Indo-China

寅 荷屬殖民地 Netherland India　　爪哇 Java

南婆羅洲 South Borneo　　蘇門答臘 Sumatra

卯 美屬殖民地 U.S.A. Colonies　　菲律濱 Philippine Islands

其表式如下

第八頁

郵政公事用紙

3,600,000/13.vi.29.

110

107 [文一5乙]

殖民地		荷屬殖民地				美屬殖民地 菲律濱			
批信		回批		批信		回批		批信	
總包數目	批信數目	總包數目	回批數目	總包數目	批信數目	總包數目	回批數目	總包數目	批信數目

郵政公事用紙

郵局長 簽署

年 月 日

第九頁

3,600,000/13.vi.29.

111

108

[文一〇乙]

暹		羅		英屬殖民地				法屬	
回批		批信		回批		批信		回批	
總包數目	回批數目	總包數目	批信數目	總包數目	回批數目	總包數目	批信數目	總包數目	回批數目

郵政公事用紙

第十頁

3,600,000/13.vi.28.

—109

[文一once乙]

(四)中華民國　年　月份地方寄發暹羅香港及各屬殖民地（菲律濱）回批郵資統計表

月份	暹羅	香港	英屬殖民地	法屬殖民地	荷屬殖民地	美屬殖民地
本月份						
上月份						
去年同月份						

香港			
回批		批信	
總包數目	回批數目	總包數目	批信數目

第十一頁

郵局長　　簽署

年　月　日

郵政公事用紙

3,600,000/13.vi.28.

附二：承领执照须知

照錄

承領執照須知

一　本執照有效時期為一年即自　年一月一日起至十二月三十一日止

二　各批信局應於每年底填具聲請書檢同原領執照並附繳國幣四百元送由主管郵局轉呈郵政總局換領新照

三　前項聲請書應載明批信局名稱開設日期開設地點及營業人姓名年齡籍貫有分號者其分號名稱地點及代理人姓名年齡籍貫如國內外均有分號者並應分別註明國內外字樣國外分號並須註明詳細地址

四　本執照如有毀損遺失得邀同舖保二家敘明緣由繳納手續費國幣四百元聲請補發但須刊登當地報紙十日聲明原領執照作廢

五　批信局之分號如有增設或閉歇情事得檢同舊執照附繳手續費國幣弍

第一頁

郵政公事用紙

112

110

[文一82]

3,600,000/13.vi.28.

113
111
[文一8乙]

百元隨時聲請分別添註或註銷

六　批信局停業時應將原領執照繳由該管郵局轉呈註銷不得私自轉讓或頂替

七　批信局及其國內分號如有兼營國內信件私運批信及回批匿報回批件數夾帶他件或其他違章取巧情事得由郵局按情節輕重照章處罰以違約金或吊銷其營業執照

八　本執照於郵務視察員查驗時應即呈驗

本執照查驗日期　　　郵務視察員簽名蓋章

第二頁

郵政公事用紙

3,600,000/13.vi.29.

陆能柱关于恢复办理华侨汇票和重拟「发展储汇及寿险办法大纲」给华伯局长的半公通函（一九四六年一月十四日）

廣東郵政管理局半公通函　財字第二號（總三）

華伯局長鈞鑒：第一號半公通函發出後，各方面對於儲匯之發展，多所獻議，足徵不遺，良用感佩！現各地情況愈趨良好，將來郵政儲匯之發達，必不可以道里計。本局現恢復辦理華僑匯票，本省首批僑匯共有四萬萬五千萬元，需要頭寸甚鉅，各方皆應乘時發展儲匯業務，以減少調撥之麻煩，而適應時勢之需要。憶從前通粵保險之初，嘗有發展儲匯及壽險辦法大綱」，隨前辦事處第九號財字半公通函附發，各局長神而明之，推行甚效。現在人事變遷，亦有檔案全失者，茲特重新擬定，隨函送達，藉供參考，尚希注意，並候

公祺。

附發展儲匯及壽險辦法大綱」乙件。

陸能柱啓

中華民國三十五年一月十四日

23

9 FEB. 1946

附字半公函第二號之附件第一頁

發展儲匯及壽險辦法大綱

儲金和匯業有相連關係，有了儲金，便有匯業；有了匯業，便有儲金，這理由很易明白。往昔儲金是希望存款人把一筆款子存入郵局，永遠不提，好讓郵局將這筆款子移作別項投資，滋生利息。現在環境變遷，希望人人將資金呆存，供郵局利用，是辦不到的。但資金的運用，斷不限於本地，款要移劃劃匯，在移動之際，亦當然要利用匯票，如果把當地的游資先行吸入，來作儲金，存戶要將存款匯出去的時候，為求便利起見，自然交郵局辦理，就可以增加匯費的收入。反之，兌支匯票的時候，尤其是數目很大之華僑匯票，如向收款人游說，宣傳郵局儲金的便利，勸收款人將所收款項存入郵局，若辦理得宜，收款人對於所受匯款之全部，不必即用，總會將匯款的全部或一部存入郵局，郵局儲金的數字，可增加了。

現在辦理儲金的人，人人祇係怕麻煩，以為一般存戶對於他們的款項，今天存入，明天提出，或有當天便提出，這當郵局是他們的錢櫃子，郵局得不到他們的好處，只增加辦事人員的手續。這種觀念是錯誤的，這種心理是要不得的！我們須認清自己的工作，我們既然辦理儲金，儲金的工作只有存和提兩[illegible]，我們

但對事不對人，只認是某一筆款項存入，某一筆款項提出，不
屬於某一存戶之存入提出，自然可以道除這種顧慮心理。還
有，我們的存戶數目只要天天增多，存戶移動他們的款項，於
我們是沒有關係。因為甲戶支付入，乙戶提出，丙戶提出時，丁戶
又存入，我們給是利用人家的資金來維護自己的營業。所
以辦理儲金，固當注意吸入某一大戶之鉅款，充裕頭寸，但究不
零星小款造成的龐大數字是最容易調度。譬如某大戶存入儲金
一百萬元，數字是可觀，但是我們要預備他來提，最少要
留百分之五十以資預備，直百分之百作預備金，那麼可以運用的
最多不過五十萬元吧。但那一百萬元的儲金是一百個戶口造
成的，我們最多留百分之二十作預備金已足夠，其他就此
提洽存的作用，絕對不會困難，可運用的資金可以在八
十萬以上。所以積極的儲金，首先要在增加儲戶着想。

發展儲金辦法

發展儲金須要做許多工作，最好由局長本人與當地人
士紳得相當聯絡，但由襄辦辦理亦可，現擇其要點辦
法如下：

（一）調查當地的機關、團體、善堂、學校、祠祠、鄉公所
及其他公眾事業之基金或清款，勸其將款存入郵局。

（二）當地如有學校，可向之商洽以收學生膳宿等費，使
之存入郵局為儲金。

（三）與當地商會、同業公會及當地大商店經理保持密切聯絡。

24

部二十年公通函第二号之附件第二页

劝其将流动资金存入邮局，如收[illegible]动时即设法请其由邮局汇出，或藏

收汇费或用套汇方法，俾得便利，适使可以吸收汇款，损[illegible]的，如

有汇款收到时，则劝其存入邮政储金。

四、有学校地方，学生收到家人汇款时，尤当极力宣传，劝其将

款存入邮局，随时支取（以上系本年

五[illegible]年[illegible]储金[illegible]号（办法详见前办事[illegible]第三九三

号通令之三）

发展汇业办法

发展汇业之要旨，大致与储金同，其办法如下：

一、先宜调查当地物产运销情形及金融动向，当地的物产

向别处推销，别处到当地的货物，其汇款[illegible]吸收[illegible]汇票的

先支当地需要某种货物[illegible]是否可某地，使查明某地的

便是汇票的开发[illegible]当地的金融情形，全由邮[illegible]通知

邮局是余款[illegible]汇款局[illegible]如系本局汇款局，应极力招徕

与之直接与商号联络，[illegible]汇票，本局[illegible]款局[illegible]汇

宜极力招致开发汇票，如款系[illegible]款局，[illegible]

票。如款系[illegible]款局，可[illegible]汇方[illegible]该局[illegible]

可能范围内，设法汇款，款目同时[illegible]，以便[illegible]必要

时可联电报。

二、匯票：三聯發兩許多方法，確在那邊所用的，無論何種當
源
先(A)收匯款人的款子設法通知付款局先支，這都是匯票有：
送匯：送匯款局順程得反，可以先將匯款項二，次須由宗
規收款人的信用而定，交收款人，然後將付交款，用同電報，
通知匯款局向付款局收取匯費後，按和當電費，送匯最好
由餘款局向缺款局做，因為缺款局一方面頭寸，而給款局做匯
好要消化頭寸，如果缺款局是做不到，何看餘款局做匯
六、增加匯款局的多餘頭寸來有利，以做送匯時先要明
瞭匯款局的情形，倘若沒有電款須向管理局以發來滙而無
這要具體說，局急需調濟何時送匯，不論有無盈餘的，到達經情形。
及可以做的，更進一步，電報也可以先收，如果送匯
可先行電請該務部辦核示，不得草率從事。
無匯查款期，以三天為限，最遲不得過五天，通知查詢須用申請人
這回送匯的匯費原可照規定征收，不必言明，但在發收款人的請求查
可稱行書交，通知匯款局照收，關於送匯三字款，除匯款人在位
其可用明碼，但若外，其餘應通用最近費用之代替代碼請費以
資須填密，其電文式樣如下：
規定P.S.Y. Postas（地名）請個某街ムム號ムムム收国幣十萬元，匯費ム元（或国幣
定收字樣）電費ム元，收妥電匯業已（日期）（如電匯只收匯費可聲明字足要天
凡做送匯須先行呈准，未呈准前不得擅做，每次應以電字
呈報，其相關電底亦應以副份呈上級行股查核，送匯所收付之款、
項及匯費、電費均須分別符倣款繳款辦理，隨時收付之匯、電費

25

新寧華公通信第二號之附件第三頁

及收費不得併入匯款數內，須另行繳納，在該款通知單內註明，使款費亦須應請交易之商人同時以電報通知對方。

(3)套匯：套匯是套取匯費的盈餘的意思。現在有許多局所招攬到好些匯款，但因為兌款局是缺款局，不敢承做，適得放棄。如果懂得套匯，就可免除這種事實。套匯分兩種，一種是直接套匯，一種是間接套匯。

(1)直接套匯式：例如由江門局攬到匯往石岐款十萬元，照千分之五收費，已經知道匯往石岐是個缺款局，一定不能兌出，同時知道銀行匯往石岐是按千分之三收費的，我們可將匯往石岐局之請款，同時將十萬元交銀行匯往石岐，收費的計算，我們還可賺千分之二。

(2)間接套匯式：例如由江門局匯大埔局款十五萬元，按千分之十五收費，已知道大埔局該款不能兌出，但由江門局本身亦頭寸短絀，不能將該款如數直接匯去，查得黃岡局尚有餘款，足夠供應此批匯款，並查得黃岡至大埔銀行行市是按千分之三千收費，就可以拍電黃岡局請其匯十五萬元至大埔兌交，那嗎，匯費的結算，也可以賺千分之七五

最要注意的是銀行的滙率，關於這一點，各局可以調查清楚，交與本報，務求準確，以免虧蝕滙水。

三、增收滙率：現在規定之滙率，未必適合當地的情形，如為虧款局，攬收大宗滙款，當減收滙費，以廣招徠，但須注意兑款局是否為缺款局，如同為缺款局，則不宜減收費，或者酌增費以輕對方負担，倘兑付局為餘款局，則不妨減費，但減費之程度，萬不能低過當地之銀行，至五萬元以下之滙款，更可以減費，節頭寸過多之一時消化不來，亦可酌增滙費，關于滙費之增減，當照總局尋文呈報備案。

發展壽險辦法

發展壽險，關係國民經濟甚大，總局各局歷來努力招徠，開辦以來，一件契約亦不能得着者所在多有，非急起直追，不能完成任務。各局當照下開辦法極力推廣：

一）與當地機關、團體、工廠、工會等極力聯絡，宣傳壽險之利益，成立團體契約。

二）當地如有集會，局長宜親往或派人參加，乘機宣傳，並在公共場所多貼關於壽險之標語，以資宣傳，可呈請總局繕發。

三）壽險當從本身做起，公餘之暇，努力招攬。

（一[illegible]）

批信事务处理办法（一九四六年三月五日）

奉部局卅五年十二月十三日局視字第二九四二號訓令增加為四千元

批信事務處理辦法（呈奉交通部三十五年三月五日部郵京字第一〇九六號指令准予備案 局視字第二七二五號訓令）

第一條　各批信局應於每年底填具聲請書檢同原領執照並附繳手續費國幣四千元送由主管郵局轉呈郵政總局換發新執照　前項聲請書應載明批信局名稱開設日期與地點及營業人姓名年齡籍貫　有以公號者其分號名稱開設日期與地點及代理人姓名年齡籍貫　如國內外均有分號者應分別註明國內外字樣並須註明詳細地址

第二條　執照如有毀損遺失得邀同舖保二家敘明緣由繳納手續費國幣四千元聲請補發但須刊登當地報紙十天聲明原領執照作廢

第三條　批信局之分號如有增設或閉歇情事得檢同原執照附繳手續費二千元隨時聲請分別添註或註銷

批信局停業時應將原領執照繳由該管郵局轉呈註銷不得私自轉讓或頂替

第四條　郵務視察員於查視局所時應調驗批信局執照並於執照背面註明查驗日期以資查考

第五條　批信及回[illegible]得用總包交寄但寄往荷屬及法屬地方之回批須將郵票逐件黏貼至寄往香港英屬馬來雅北婆羅洲及暹羅者得將郵票貼於總包外面並於包皮上批明內裝確實件數

寄往國外之回批總包如已繳足掛號資費者得按掛號郵件寄遞

第一頁

通令285改訂

第六條 批信、回批及押函之資費如左：

（一）批信：

（甲）寄往國內各地分號者按總包每重二十公分或其畸零之數收費叁百元

（二）回批及押函：

（甲）由國內分號寄往總號轉發之回批得按總包每重二十公分或其畸零之數收費壹百元但來往國內各地之押函應依每件每重二十公分或其畸零之數收費壹百元

（乙）寄往菲律濱法屬印度支那荷屬東印度之回批及押函按每件每重二十公分或其畸零之數收費叁百元

（丙）寄往英屬馬來雅北婆羅洲暨暹羅之回批及押函按每件每重二十公分或其畸零之數收費壹百五十元

（丁）寄往香港之回批及押函按每件每重二十公分或其畸零之數收費壹百元

由令改訂

第七條　進口批信應由相關郵局於接收時妥為核對如係總包並須核對所貼郵票有無短少及加蓋日戳留待批信局派人到局於相關信件清單上簽蓋章領取如係掛號並須繳費取收據

第八條　出口回批經相關郵局核對所貼郵票加蓋日戳後分別按普通或掛號郵件辦理如普通回批與國外到達局向有編列號碼之習慣者從其習慣但總包交寄

15

財字1412號令由九月一日起改一千一百元

1417號通令每一件郵折合國幣以前

第十條：批信局得就當地郵政局所投遞界以內自行派人
帶送批信及回批

第十一條：往來批信局總分號間之批信及回批不在當
地郵政局所投遞界以內者概應納費交
郵寄遞批信局不得擅自派人帶送

第十二條：如送達批信之地方批信局並未設立分號
者應將該項批~~局派人前往具領後~~信納費交郵寄往該地郵局作為存
~~局就地~~局候領郵件由批信局派人前往具
領後自行就地投送其收取之回批亦應
納費交由該地郵局寄回總號不得自
帶

16

第十三條：寄往未設分號地方之批信，如有必要，批信局得按件貼納國內郵資，交由郵局查驗蓋銷郵票，並加蓋「國內互寄郵資已納，特准批信局專人帶送」等字樣之戳記後，准予發還，自帶回批，需自行携回總號者，亦同。惟自帶之批信及回批不得享受總包納費之利益。其帶運人並僅以批信局總號指定之專人，經相關郵政管理局發給正式證明文件（黏貼相片）者為限（格式隨附）

之回批須不時令批信局來人開拆查驗以覘有無匿報回批數目及短貼郵票情事其數奇而情形可疑者亦同

第十三條 往來國內各地之批信及回批其總包封發手續依掛號郵件套例辦理之

第十四條 批信局不得私運批信及回批如有查獲除按件征收兩倍郵資外應責令繳納違約金第一次國幣陸仟元第二次一萬伍仟元第三次叁萬元並將執照吊銷但進口批信總包如有短納郵資情事按欠資例辦理

批信局及其國內分號不得兼營國內信件倘有查獲除按件征收兩倍郵資外亦應責令繳納違約金第一次國幣陸仟元第二次壹萬伍仟元第三次叁萬元並吊銷其執照

17

匯報回批件數或夾帶他件者如有查獲除按件征收兩倍郵資外依前項規定之違約金減半征收但每次匯報回批件數不逾總數百分之三者准予補繳郵資免納違約金

第十五條 前條違約金應以百分之七十發給查獲人百分之三十發給告發人無告發人者發給全數但郵政人員查獲者給發九成給獎百分之五十充獎（參看局視字一八〇六號訓令）廿五.七.廿五.

第十六條 違約金應登入營業外收入四一〇科目內獎金登列營業外支出五一六科目內報銷

第十七條 批信局倘有私運匯報及夾帶情事經查獲後應用D字第二九二號單式造具郵件查扣報告（即拿獲郵件案由清單）俟案結後寄經郵政管理局轉呈郵政總局備核如不能於一個月以內解決者在報告內註明尚未辦結字樣俟結束後再行補呈一份

第三頁

第十四八條 收寄及投遞批件之各局應依附表式樣逐月[illegible]月依式造具批信統計表（D-37X）三份以一份呈寄郵政總局視察室一份寄郵政總局總計課一份存檔

（一）中華民國　年　月份　地方寄發國內各地批信或回批統計表其表式如下

批信局名稱	總包數目	批信或回批數目	重量	郵資數目

年　月　日　　　　郵局長　簽發

（二）中華民國　年　月份　地方各批信局收發批信及回

批統計表其表式如下

批信局名稱	批信			回批		
	原寄局名	總件數目	批信數目	到達局名	總件數目	回批數目

郵局長　　　簽署

年　　月　　日

（右表注本國內各地批信及回批不計算在內）

(三)中華民國　　年　　月份　　地方收發暹羅香港菲列賓

及各屬殖民地批信及回批統計表

各屬殖民地包括

18

(子)英屬殖民地　British Colonies

馬來雅　Malaya

北婆羅洲　British North Borneo

~~20~~ 21

（丑）法屬殖民地 French Colonies

印度支那 Indo-China

（寅）荷屬殖民地 Netherlands India

爪哇 Java

南婆羅洲 South Borneo

蘇門答臘 Sumatra

其表式如下

第十五頁

法屬殖民地				荷屬殖民地				菲律濱			
回批		批信		回批		批信		回批		批信	
總包數目	回批數目	總包數目	批信數目	總包數目	回批數目	總包數目	批信數目	總包數目	回批數目	總包數目	批信數目

郵局長　　　簽署

~~22~~ 21

香港				暹羅				英屬殖民地			
回批		批信		回批		批信		回批		批信	
總包數目	回批數目	總包數目	批信數目	總包數目	回批數目	總包數目	批信數目	總包數目	回批數目	總包數目	批信數目

年　　月　　日

19—22

四、中華民國　年　月份　地方留守暹羅、古巴、菲律濱及各屬殖民地回執滙資統計表

月份	暹羅	古巴	英屬海峽殖民地	荷屬爪哇殖民地	菲律濱
本月份					
上月份					
去年同月份					

郵局局長　呈　月　日

簽署

20

~~19~~

寄往國外各類郵件之郵資查訂如下

卅五年九月一日起信函起重三百元續重二百元 單明信片二百元

雙明信片四百元

新聞紙書籍等每五十公分廿元

掛號費伍佰 快遞掛號費壹仟 平快伍佰 回執叁佰 查詢或

補執伍佰 撤回或更改地址七百五十元

第二三七號通令 第一節 查國際郵資自本年九月一日起調訂，業經本局

由第二三二號通令飭遵在案，茲奉

部令 所有寄往國外回批亦

應同時照改等因

交通部邮政总局关于批信事务处理办法业经酌予补充呈部令准抄发知照给广东邮政管理局的训令（一九四六年十二月二十五日）

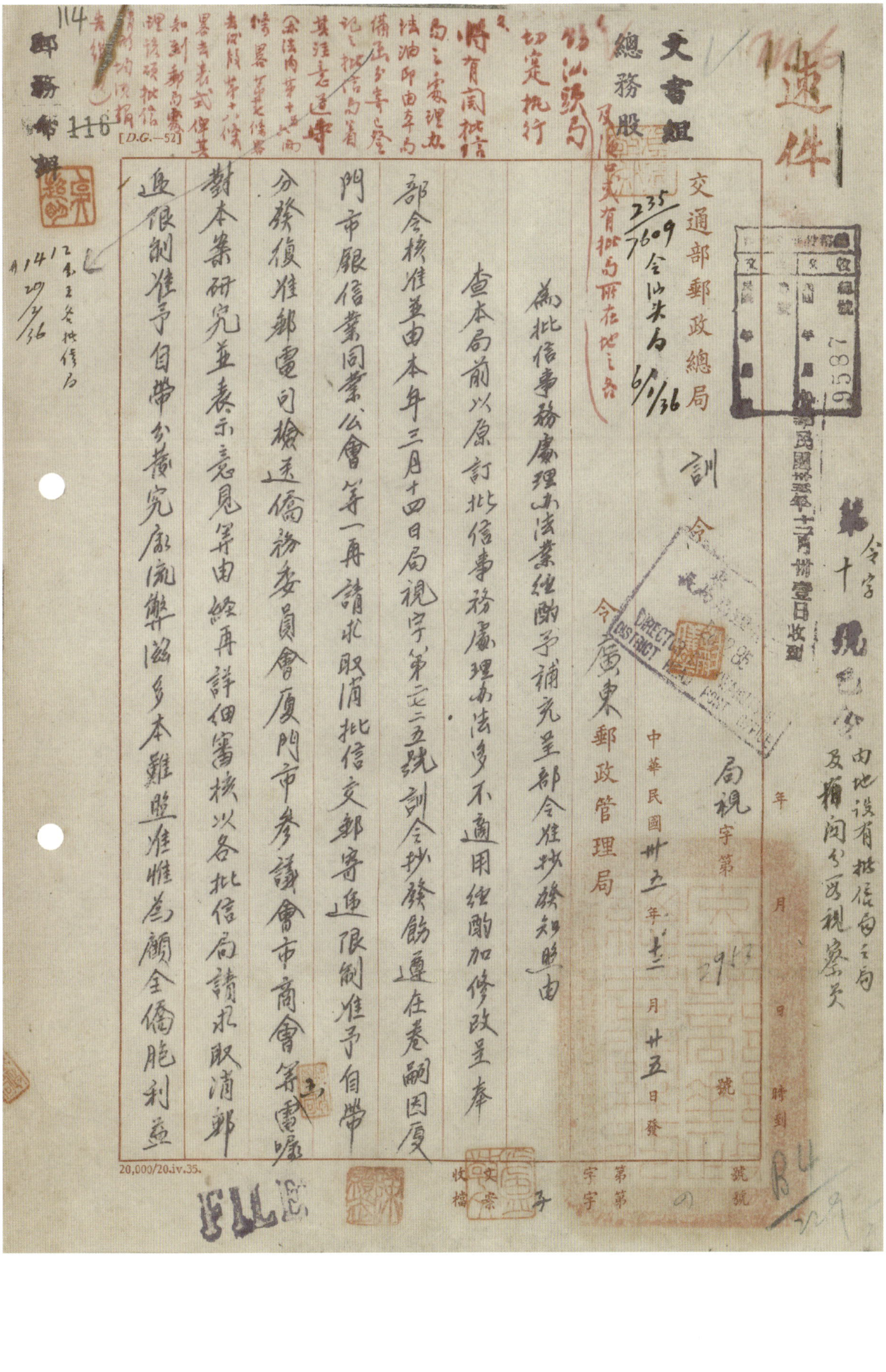
交通部郵政總局
訓令
局視字第　號
令廣東郵政管理局
為批信事務處理辦法業經酌予補充呈部令准抄發知照由
查本局前以原訂批信事務處理辦法多不適用經酌加修改呈奉
部令核准並由本年三月十四日局視字第七二五號訓令抄發飭遵在卷嗣因廈
門市銀信業同業公會等一再請求取消批信交郵寄遞限制准予自帶
分發復准郵電司檢送僑務委員會廈門市參議會市商會等電囑
對本案研究並表示意見等由經再詳細審核以各批信局請求取消郵
遞限制准予自帶分發究屬流弊滋多本難照准惟為顧全僑胞利益
中華民國卅五年十二月廿五日發

115

編號 117 〔文—5甲〕

內地業務股

飭各視察員切实办理第四條汕头局所在地之批信局執照應由該視察員調驗

加速僑滙起見業將此項办法酌予補充經呈奉 交通部卅五年十二月十三日部郵字第一三〇號指令開「呈件均悉准予備案除抄附修正條文分別復請僑務委員會中央海外部厦門市參議會雪蘭莪中華滙業公會厦門市商會轉知各批信局就近與郵局洽商办理外仰即知照並轉飭知照」等因奉此除分令外合行抄發修訂批信事務處理办法令仰遵照並轉飭遵照此令

附抄修訂批信事務處理办法一份

局 長 徐繼莊

第二頁

郵政公事用紙

100,000/14. II. 35.

修訂批信事務處理辦法（呈奉交通部卅五年十二月十三日郵郵字第一三〇號指令准予備案）

（一）

第一條　各批信局應於每年底填具聲請書檢仝原領執照（並附繳手續費國幣四千元）送由主管郵局轉呈郵政總局換發新執照

前項聲請書應載明批信局名稱開設日期與地點及營業人姓名年齡籍貫有分號者其分號名稱開設日期與地點及代理人姓名年齡籍貫如國內外均有分號者應分別註明國內外字樣並須註明詳細地址

第二條　執照如有毀損遺失得邀同舖保二家叙明緣由繳納手續費國幣四千元聲請補發但須刊登當地報紙十天聲明

~~120~~ 117

[D.G.—59]

原領執照作廢

第三條　批信局之分號如有增設或閉歇情事得檢同原執照附繳手續費二千元隨時聲請分別添註或註銷批信局停業時應將原領執照繳由該管郵局轉呈註銷不得私自轉讓或頂替

第四條　郵務視察員於查視局所時應調驗批信局執照並於執照背面註明查驗日期以資查考

第五條　批信及回批得用總包交寄但寄往荷屬及法屬地方之回批須將郵票逐件黏貼至寄往香港英屬馬來雅北婆羅洲及暹羅者得將郵票貼於總包外面並於包皮上批

300,000/16.vii.29.

~~119~~
118

明內裝確實件數

寄往國外之回批總包如已繳足掛號資費者得按掛號郵件寄遞

第六條　批信回批及押匯之資費如左

一、批信

甲、寄往國內各地分號者按總包每重二十公分或其畸零之數收費一百元

二、回批及押匯

甲、由國內分號寄往總號轉發之回批得按總包每重二十公分或其畸零之數收費一百元但來往國內各地之押

(二)

119

121

[D.G.—59]

工應依每件每重二十公分或其畸零之數收費一百元

乙、寄往菲律濱、法屬印度支那、荷屬東印度之回批及押工

棧每件每重二十公分或其畸零之數收費三百元

丙、寄往英屬馬來雅、北婆羅洲、暹邏之回批及押工棧每

件每重二十公分或其畸零之數收費一百五十元

丁、寄往香港之回批及押工棧每件每重二十公分或其畸

零之數收費一百元

第七條　進口批信應由相關郵局於接收時妥為核對如係總

包並須核對所貼郵票有無短少乃加蓋日戳留待批信局

派人到局於相關信件清單上蓋章領取如係掛號並須

300,000/16.vii.29.

~~122~~

120

（三）

掣取收據

第八條　出口回批經相關郵局核對明貼郵票加蓋日戳後分別按普通或掛號郵件辦理如普通回批與國外到達局向有編列號碼之習慣者從其習慣但總包交寄之回批須不時令批信局來人開拆查驗以覘有無匿報回批數目及短貼郵票情事其散寄而情形可疑者亦同

第九條　往來國內各地之批信及回批其總包封發手續依掛號郵件寄例辦理之

第十條　批信局得就當地郵政局所投遞界以內自行派人帶送批信及回批

121

~~123~~

[D.G.—59]

第十一條　往來批信局總分號間之批信及回批不在當地郵政局所設通界以內者概應納費交郵寄遞批信局不得擅自派人帶送

第十二條　如遞達批信之地方批信局並未設立分號者應將該項批信納費交郵寄往該地郵局作為存局候領郵件由批信局派人前往具領後自行就地投送其收取之回批亦應納費交由該地郵局寄回總號不得自帶

第十三條　寄往未設分號地方之批信如有必要批信局得將件照納國內郵資交由郵局查驗並蓋銷郵票並加蓋「國內互寄郵資已納足特准批信局專人帶送」等字樣之戳

200,000/16.vii.29.

~~121~~
122

記後准予發還自帶回批需自行携回總號者亦同惟
自帶之批信及回批不得享受總包納費之利益其帶
運人並僅以批信局總號指定之專人經相關郵政管理
局發給正式証明文件（黏貼相片）者為限　（四）
第十四條　批信局不得私運批信及回批如有查獲除按件
征收兩倍郵資外應責令繳納違約金第一次國幣
六千元第二次一萬五千元第三次三萬元並將執照吊銷
但進口批信總包如有短納郵資情事按欠資例辦
理
批信局及其國內分號不得兼營國內信件倘有查獲除按

~~125~~
123

[D.G.—59]

件征收兩倍郵資外亦應責令繳納違約金第一次國幣六千元第二次一萬五千元第三次三萬元並吊銷其執照

匿報回批件數或夾帶他件者如有查獲除按件征收兩倍郵資外依前項規定之違約金減半征收但每次匿報回批件數不逾總數百分之三者准予補繳郵資免納違約金

第十五條 前條違約金應以百分之七十發給查獲人百分之三十發給告發人無告發人者發給全數但郵政人員查獲者發給百分之五十充獎

第十六條 違約金應登入營業外收入四一〇科目內獎金登列營業外支出五一六科目內報銷

300,000/16.vii.29.

124

（五）

第十七條　批信局倘有私運匿報及夾帶情事經查獲後應用D字第二九二號單式造具郵件查扣報告（即拿獲郵件案由清單）俟案結後寄經郵政管理局轉呈郵政總局備核如不能於一個月以內解決者在報告內註明「尚未辦結」字樣俟結束後再行補呈一份

第十八條　收寄及投遞批件之各局應依附表式樣逐日登記並按月依式造具批信統計表（D-202）三份以一份寄郵政總局視察室一份寄郵政總局統計課一份存檔

（一）中華民國　年　月份　地方寄發國內各地批信數目批統計表其表式如下

~~127~~ 125

[D.G.—59]

批信局名称	總包数目	批信或回批数目	重量	郵資数目

郵局長　　簽署

年　月　日

（二）中華民國　年　月份　地方各批信局收發批信及回批統計表其表式如下：

批信局名称	批信			回批		
	原寄局名	總包数目	批信数目	到達局名	總包数目	回批数目

郵局長　　簽署

年　月　日

300,000/16.vii.29.

~~128~~

126

（右表往來國內各地批信及回批不計算在內）

（三）中華民國　年　月份　地方收發暹羅香港菲列濱及

各屬殖民地批信及回批統計表

各屬殖民地包括

子、英屬殖民地　British Colonies

馬來雅　Malaya

北婆羅洲　British North Borneo

丑、法屬殖民地　French Colonies

印度支那　Indo-China

寅、荷屬殖民地　Netherlands India

（六）

~~129~~ 127

[D.G.—59]

爪哇 Java

南婆羅洲 South Borneo

蘇門答臘 Sumatra

其表式如下

民地		菲律濱			
批	信	回	批	批	信
批包數目	批信數目	批包數目	回批數目	批包數目	批信數目

郵局局長 簽署

年 月 日

300,000/16.vii.29.

~~130~~
128

英属殖民地				法属殖民地				荷属殖	
回	批	批	信	回	批	批	信	回	批
侨汇数目	回批数目	侨汇数目	批信数目	侨汇数目	回批数目	侨汇数目	批信数目	侨汇数目	回批数目

（七）

129

~~131~~

[D.G.—59]

殖民地回批郵資統計表

四、中華民國　　年　　月份　地方寄發暹羅香港菲律濱及各屬

香港				暹羅			
回批		批信		回批		批信	
銀元數目	回批數目	銀元數目	批信數目	銀元數目	回批數目	銀元數目	批信數目

300,000/16.vii.29.

130 ~~132~~

（二）

一

月份	退還	不妥	寄外埠之信	寄本埠之信	待投之信	催件調查
本月份						
上月份						
較同期						

郵政局長　　　　簽署

年　月　日

交通部邮政总局关于修正批信事务处理办法给福建邮政管理局并抄发广东邮政管理局的指令（一九四七年一月二十九日）

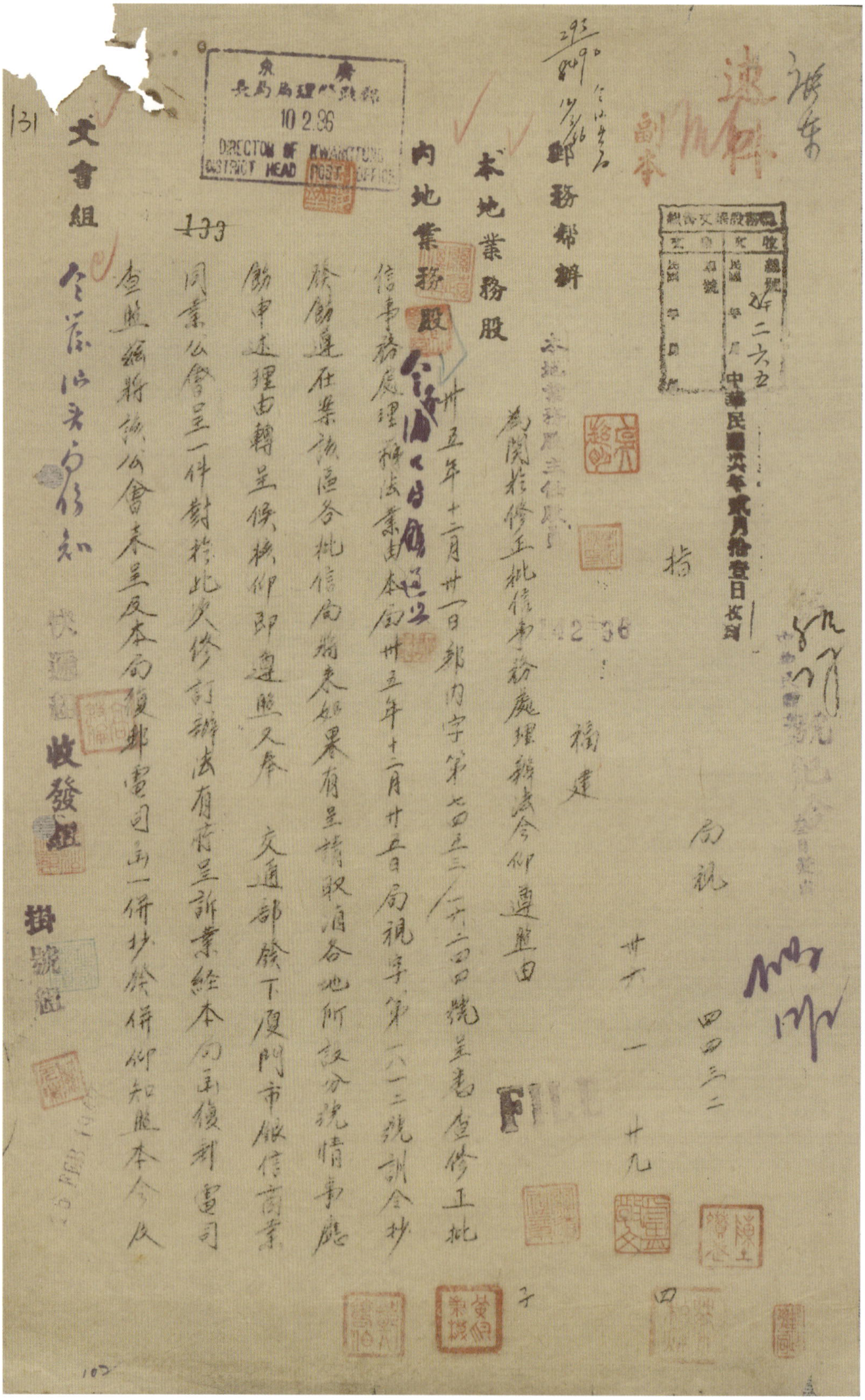
交通部郵政總局收文 總號二六五 中華民國卅六年貳月拾壹日收到

速辦 副本

郵務科辦

本地業務股

內地業務股

指令 福建郵政管理局 局視 四四三二 卅六 一 十九

為關於修正批信事務處理辦法令仰遵照由

卅五年十二月廿一日郵內字第七四五三/八一二四四號呈悉查修正批信事務處理辦法業由本局卅五年十二月廿五日局視字第一八一二號訓令抄發飭遵在案該區各批信局擬來如果有呈請取消各地所設分號情事應飭申述理由轉呈候核仰即遵照又本交通部發下廈門市銀信商業同業公會呈一件對於此次修訂辦法有所呈訴業經本局函復郵電司查照茲將該公會來呈及本局復郵電司函一併抄發併仰知照本令

文書組

收發組

掛號組

132

~~134~~

附件乙抄發廣東郵政管理局知照此令

附抄𠩄廈門市銀信商業同業公會呈及本局復郵電司函

各一件

局長

二

附一：厦门市银信商业同业公会关于交通部邮政总局所颁修订处理批信办法四条窒碍难行并提邮资弥补办法恳请采纳致交通部部长的呈（一九四六年十二月三十日）

138

136

厦門市銀信商業同業公會　卅五年十二月卅日

為對郵總局所頒修訂處理批信辦法四條窒礙難行并提郵資彌補辦法　懇請採納施行由

案奉

鈞部郵字第一三〇號批開「呈悉本案飭據郵政總局呈以各批信局請求取銷郵遞限制准予自帶分發有違郵政法之規定且原流弊滋多本難照准現為顧全僑胞便利起見擬將現行批信事務處理辦法酌予補充修訂呈請鑒核俾資遵辦等情查該修訂辦法對於各批信局尚無不便之處除令准備案外合行抄附修正條文批仰轉知該銀信業公会暨該各批信局就近與郵局洽商辦

~~139~~ 137

[D.G.—59]

理」并附修正條文一件計開

(一)批信局得就當地郵政局所投遞界以內自行派人帶送批信及回批

(二)往來批信局總分號間之批信及回批不在當地郵政局所投遞界以內者概應納費交郵寄遞批信局不得擅自派人帶送

(三)如送達批信之地方批信局并未設立分號者應將該項批信納費交郵寄往該地郵局作為存局候領郵件由批信局派人前往具領後自行就地投送其收取之回批亦應納費交由該地郵局寄回總號不得自帶

(四)寄往未設分號地方之批信如有必要批信局得按件貼納國內

300,000/15.vii.29.

~~140~~

138

（二）

郵資交由郵局查驗盖銷郵票并加盖「國內互寄郵資已納足」特准批信局專人帶遞等字樣之戳記後准予發遞自帶回批需自行携回總號者亦同惟自帶之批信及回批不得享受總包納費之利益其帶運并僅以批信局總號指令之專人往相関郵政管理局發給正式証明文件黏貼相片者為限

等因奉此查綜觀以上四修正條文不但對批信局請求取銷限制自帶僑信未嘗諒解且復变本加厲實曾束縛批局之營業幾不足惜僑滙前途則大堪駭憂茲再歸納縷陳於下

（一）批信局乃為南洋僑胞傳遞銀信取得信用及敏捷之悠久歷史

[D.G.—59]

地位此項營業僑與南僑有密切關係僅惟閩之廈門粵之汕頭兩處之并非全國性其輔助郵局傳遞僑信有義務而無權利其性務如此故早歲當局特許設立給領執照準情酌理如無違法自應予以廣爲便利

(二)從前對內地各縣僑信皆係批信局自帶分發即所謂「撤回自帶」即根據民廿四年六月七日交通部郵總局指令第1878/1041令郵會局以指令第1879/1184號轉飭各批信局「寄遞內地批信辦法」內第一條「來往內地各批信及回批得由批信局自行派人帶送」有案可稽

(三)現在內地各郵局所搜檢勒罰之信皆照國際郵例貼足郵

300,000/16.vii.29.

~~142~~
140

資僑信照萬國郵例凡貼足郵資者均可通行無阻無所謂總號分號界內界外例如廈門貼郵三百分安海泉州同安晉江石獅東石推而至於各省亦均貼三百分又如菲律濱所屬各州府怡朗宿務等處照郵例寄到中國是菲幣壹角二占但由怡朗宿務先寄菲律濱時只貼二分迨至菲律濱埠頭後再貼一角扣去二分之數並無再例外貼郵又如馬來亞郵管局体貼僑工對僑信總封半折優待是皆盟邦郵管局對僑信之分發處已便利而我中國郵管局反欲處處多貼層層留難殊屬難解

(三)

(四)依照修正條文第四條以照國際郵例貼資者須按件再貼

141

[D.G.—59]

國内郵資作為「國内互寄」并須張張蓋戳報領身份證方准自帶此種辦法不但為世界郵章所無且以僑信每輪盈千累萬郵局批工人事工力有限実無辦法做到何苦節外生枝使僑信之傳遞因而遲緩滯積影響整個僑滙

基上理由批信局之要求自帶分發者第一為求僑信之敏捷以副其久年之信譽第二為營業既為政府特許任務又係輔佐郵政推行郵運自應給予自由及保障者以馬來亞之總封折半回文有礙郵資之收入儘可籌一彌補辦法就其回文貼足郵資各批信局當能樂從似此方能招致外滙并使僑胞欣慶祖國銀信能暢通僑基於政治

300,000/16.vii.29.

~~144~~

142

之侨眷隣（邻）涇（经）情向近日莅厦之邮政专员林卓午氏当面请愿外合行

呈请

钧部俯赐如请施行仍照钱前原案准各批信内自带侨信勿予限

制实感公便谨呈

交通部部长俞

厦门市银信商业同业公会理事长朱成団

（四）

附二：交通部邮政总局关于回复已纳国际邮资侨信国内互寄时应否补纳邮资及批局自带批信时有无简化办法给邮电司的函（一九四七年一月二十五日）

局視字　一六四四

准

貴司本年一月八日養條移送廈門市銀信商業同業公會呈一件關於已納國際郵資僑信國內互寄時應否補納郵資以及批局自帶批信時有無簡化辦法以利僑信寄遞二點囑查明見復等由准此茲奉復如下㈠關於補納國內郵資一節查南洋各地僑胞所寄批信雖均經逐件貼足國際郵資但均係寄由國內批信局轉交故其郵資效力自應以投交各該批信局總號之時爲終止該項總包由各批信局具領開拆將內裝批信分揀後若干批信尚須填具詳細住址由各批信局另行分封總包交由所在地郵局寄至內地各分號收領與郵件重行交寄無異自應另納國內郵資以維

134
~~138~~

二

郵政權益但郵局方面仍特准以總包交寄按總重量納費並不逐件計算與回批由各地分號彙寄至廣汕等地總號享受同樣待遇其他如寄往英屬馬來雅北婆羅洲暨暹羅之回批更予各批信局以減半納費之利益是郵局對於各批信局已極優待

（三）關於自帶手續一節查修訂批信事務處理辦法第十條之規定僅令批信局每件補貼國內郵資由郵局蓋銷證明即可發還各批信局由各該局派專人自行投送其辦法原極簡便至批信局帶送批信及回批專人所用之文件業經本局規定格式飭由閩粵兩管理局依式填發凡非攜有此項證件之人不得帶送批信以資防範各批信局祇須一次請求即可永久領用亦無任何不便相應檢還原呈復請

135

~~137~~

查照為荷此致

郵電司

附還廈門市銀信商業同業公會原呈一件

郵政總局啓

中華民國卅六年壹月廿五日

三

广东邮政管理局关于代办所经办汇票酬金华侨汇票汇费及存入储汇分局存款息列帐办法给广东邮区各局的通令（一九四七年三月五日）

63

64

廣東郵政管理局通令　會字第五十七號

令本區各局

為代辦所經辦匯票酬金華僑匯票匯費及存入儲匯分局存款息列帳辦法令仰遵照由

案准

郵政儲金匯業局會計處本年二月十七日京會三字第十四號通函內開：

「查各郵政代辦所開發匯票酬金及墊款兌付小款匯票超過開發數額應得之酬資（見本局本年一月五日京匯一通字第一四八/五二七號訓令）應改列四〇一一九手續費支出代辦所經辦匯兌酬金子目內，以符實際。又各區之華僑匯款匯費應列入四〇〇五一一二匯費華僑匯款費子目內，及各區存入儲匯分局存款利息應列四〇一一一二內部往來利息收入分局往來息子目內。以上各點均自卅六年一月份起實行，即希查照辦理」

等由，准此。查關於代辦所開發匯票酬金及墊款兌付小款匯票超過開發數額應得之酬資暨各局存入儲匯分局存款利息報帳辦法，業經本局財字第二四二號通令及會字第四九號通令先後飭遵在卷。茲准前由，合行通令，仰各遵照。

此令。

署局長黎儁燊

會計股股長黃秉模

帳務股

中華民國三十六年三月五日

CLASS POSTMASTER 13.3.47

13 MAR. 1947

邮政储金汇业局关于处理侨汇及外汇手续给各邮政管理局、邮政储汇分局的训令（一九四七年三月十七日）

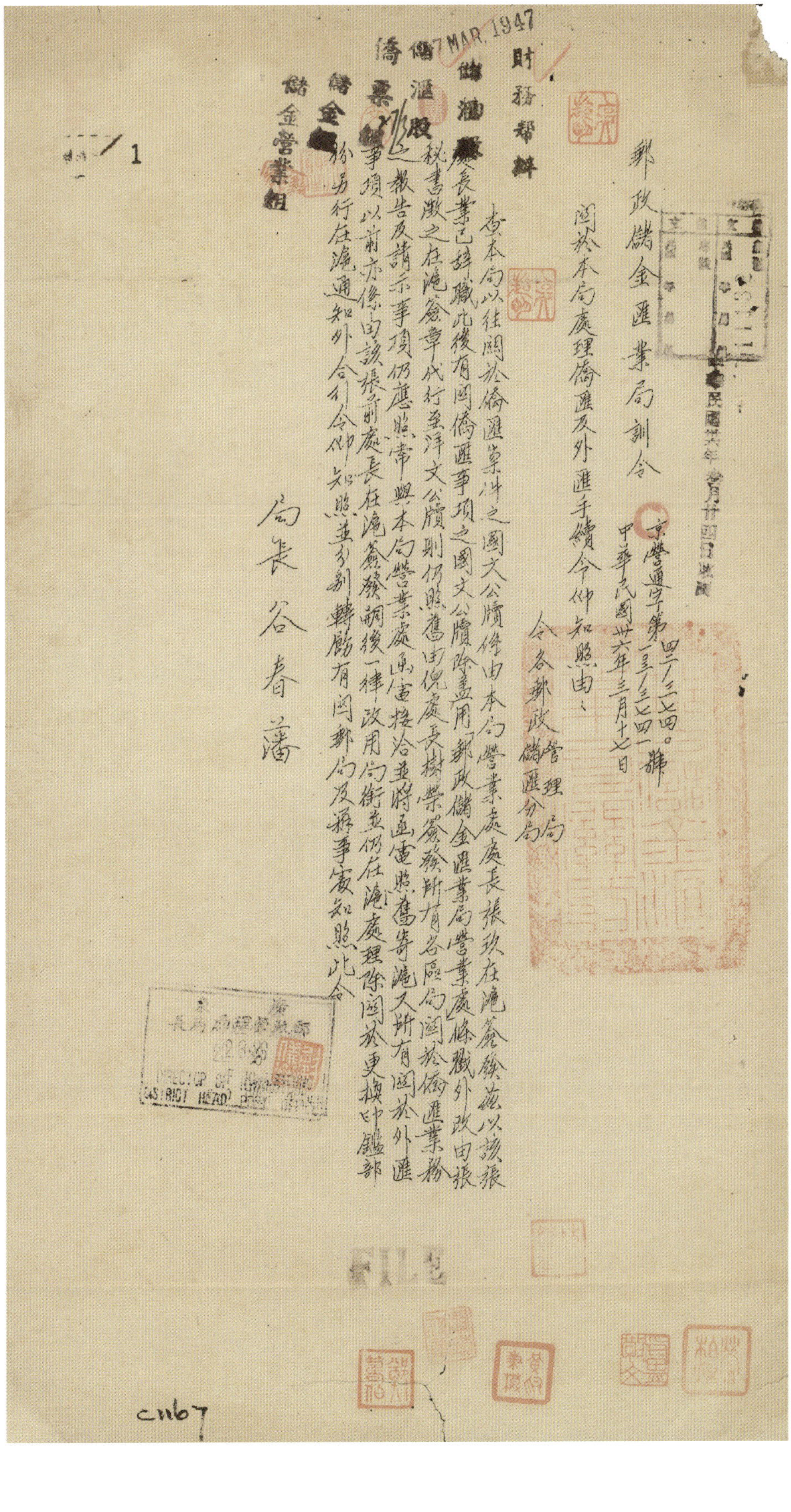
郵政儲金匯業局訓令

京營通字第四八二七四〇、一三八三七四一號

中華民國卅六年三月十七日

關於本局處理僑匯及外匯手續令仰知照由

令各郵政管理局、郵政儲匯分局

查本局以往關於僑匯案件之函文公牘係由本局營業處處長張玖在滬簽發施以該張處長業已辭職，此後有關僑匯事項之函文公牘除蓋用「郵政儲金匯業局營業處」條戳外改由張秘書璥之在滬簽章代行，至洋文公牘則仍照舊由倪處長樹棠簽發，所有各區局關於僑匯業務報告及請示事項仍應照常與本局營業處函電接洽，並將函電照舊寄滬，又所有關於外匯事項以前亦係由該張前處長在滬簽發，嗣後一律改用局衔，並仍在滬處理，除關於更換印鑑部份另行在滬通知外，合行令仰知照，並分別轉飭有關郵局及辦事處知照。此令

局長 谷春藩

17 MAR 1947

FILE

C1167

交通部邮政总局关于批信事务处理办法给福建邮政管理局的指令（一九四七年四月二日）

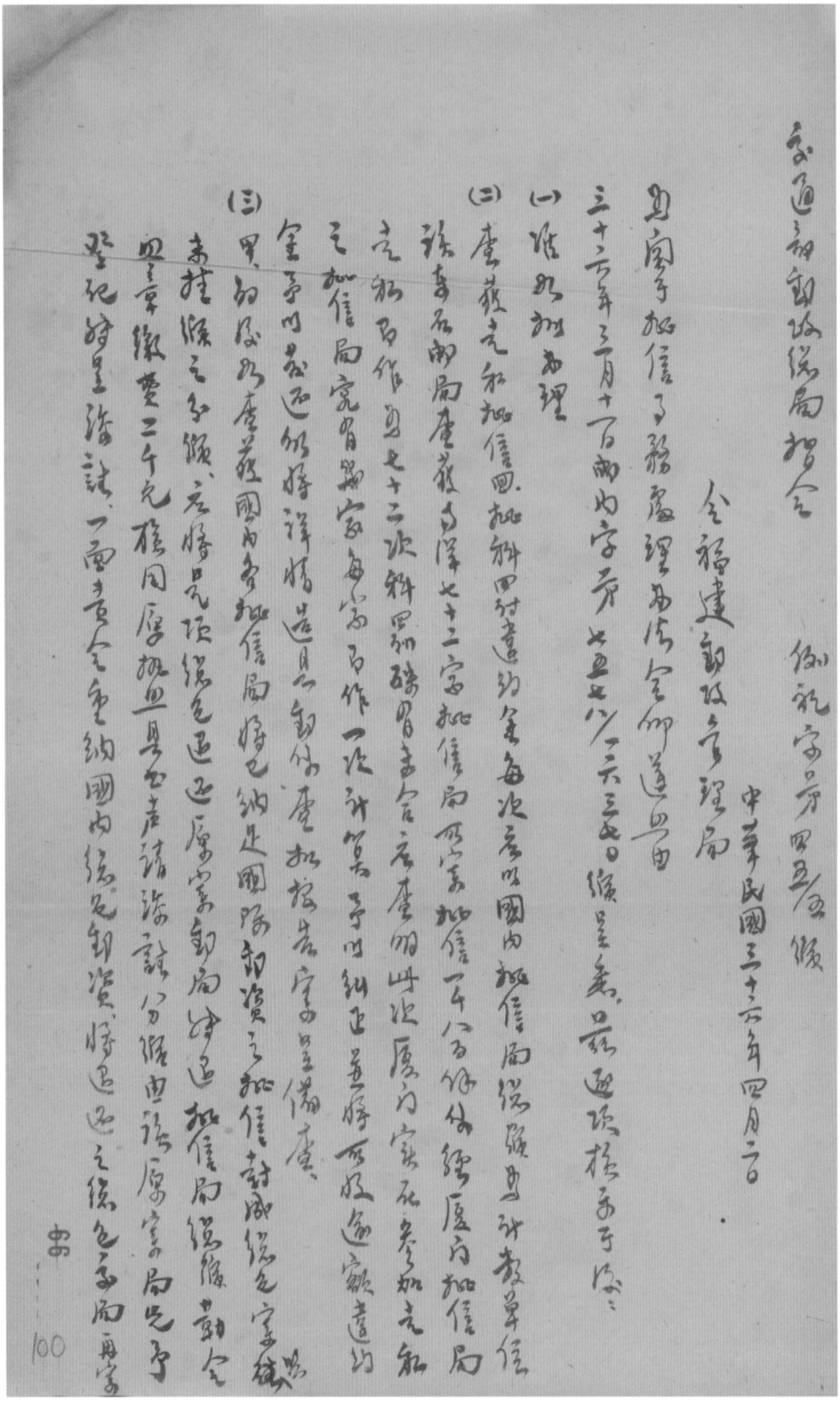

交通部邮政总局指令　　邮视字第四五〇号

令福建邮政管理局

呈为侨批信事务处理办法仰遵照由

三十六年三月十日渝内字第七五〇八/十六三五号呈悉。兹将各项核示如次：

(一)准如拟办理

(二)查获走私批信照批解四封违约金每次应以国内批信局总号为计数单位。该年在邮局查获某洋七十二家批信局所寄批信一千八百余件经历次批信局走私，自作为七十二次办理罚款，当应查明此次历次寄私者加走私之批信局究有几家，每家自作一次计算，予以纠正，并将所收违约金予以发还，仰将详情造具邮件查批报告寄呈备查。

(三)里，司法处查获国内各批信局将已纳足国际邮资之批信封成总包寄来，挂号之总包，应将各项总包退还原寄邮局转递批信局总号，并令照章缴费二千元，核同原批并具函申请派员分饬由该原寄局也予登记。特呈请试，一面责令重纳国内总包邮资，将退还之总包予局再寄

100

以上各节四则，但毋庸送审党委。乙、广州局勤会奉经核准经费照之拨筹方能缴纳建筑费，核算每年应拨经费六千元以下为限。

（四）该局所拟接收筹组各邮信局组分须向业务拨信四拨款目缮核明之条文济之各项条件，核查事行，准予试办，唯应与有关当局迅速办理，以免耽延。

（五）该局章程应于一个月内送广东省管理局

除将本令抄发广东省管理局知照外，仰即遵照。

此令。

部长 曾养甫

福建邮政管理局关于抄寄该局呈请交通部邮政总局处理批信事务疑点给广东邮政管理局的公函（一九四七年四月十日）

福建邮政管理局公函　邮内字第一〇八/三一八二六号

为寄本局呈邮政总局邮内字第七五七八/一六二七〇号呈文副份一份函送　中华民国三十六年四月十日发

贵局查照由

案奉

邮政总局本年四月二日制批字第四五一五号指令（原令已抄发贵局）后将本局上

总局第七五七八/一六二七〇号呈文照抄一份函送　贵局查照，奉此，相应

照抄一份随函送请　贵局查照办理，为荷。

此致

广东邮政管理局

附一份

福建邮政管理局　启

附：福建邮政管理局关于处理批信事务疑点呈请核示致交通部邮政总局的呈（一九四七年三月十一日）

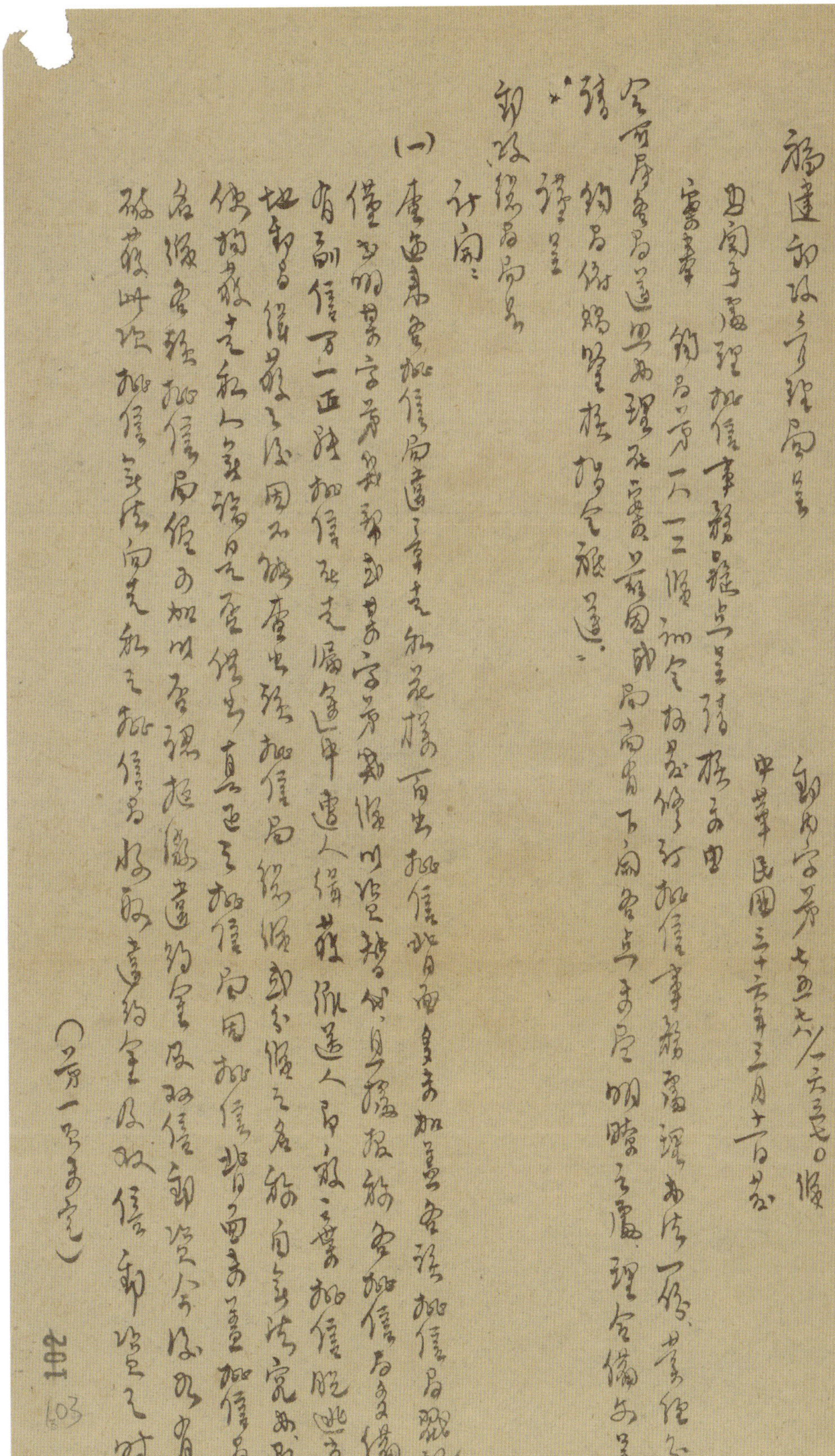

福建郵政管理局呈

郵內字第七五九六/一六三七〇號

中華民國三十六年三月十一日發

由　關于處理批信事務疑点呈請核示由

案奉　鈞局京一六一二號訓令抄發修訂批信事務處理辦法一份，業經分令所屬各局遵照辦理在案。茲因職局尚有下開各点未甚明瞭之處，理合備文呈請　鈞局俯賜鑒核指令祗遵。

謹呈

郵政總局局長

計開：

（一）廣西東興批信局違章走私，前據百色批信局由百色來加蓋營業批信局戳記
僅[illegible]營業字第[illegible]號[illegible]，且[illegible]批信局[illegible]
有副信另一函，請批信[illegible]遣人[illegible]營業批信[illegible]
收郵局信[illegible]之原因不[illegible]批信局[illegible]之[illegible]自無法究辦，即
使[illegible]走私人[illegible]自己[illegible]直至批信局由批信背面來蓋批信局
各級[illegible]批信局[illegible]加以管理，擬[illegible]遣[illegible]及[illegible]信郵資[illegible]收[illegible]
[illegible]批信[illegible]向[illegible]私之批信局[illegible]遣[illegible]收[illegible]郵資之時

（第一頁未完）

（二五）

倘各该批信已贴足外洋邮费，则邮局无须按照章第四五二条第三项之规
定将该等批信由当地邮局退回寄件地投递收件人，其未贴纳或未贴足国际邮资者，则作为已
投为处理，查按向收件人收取欠资邮资。
且于上项之原则起见，则将暹罗寄来之批信总包于到达各批信局总包所在地邮
局时（指广州及汕头而言）即通知各批信局派人来局，或由局按址，随由邮局经手人
员加盖邮局日戳外，并须令批信局即将其总包所用之戳记（如〔厦门正大〕等字
样）逐件加盖批信局戳记，方准领回。倘各批信由总包至分包间不再由邮局
寄递中途，经邮局发现之时，即按批信上所盖之所须戳记向其追缴应递约
费，并按件办其收信邮资。此项办法是否可行，乞核示。

（二）

查按照侨批信之办理办法第十四条之规定，对于寄发之私批信，除按件约收两信
邮资外，应予全数缴纳。邮资约定，惟此项邮资约定究以侨批包每一包缴
纳某单信（即厦门侨批属内地之侨批）为单，尚无明文规定。为免纷歧，当理起见，拟以侨
批包单信不论死何属于发批信或回批，应一律照某向每宗每一磅年以计
四则之项为限，限于之汇兑，邮资征收，不准继续营业。至于私批信一律
除拟由发发所在地邮局先按照私批信数目，并回批邮资，并须由当地发须具结缴
回，与该由相关邮局将情转递侨报所在地之邮局按照数目分别追缴约定。此点是
否可行，恳祈明白规定，以便办理。又自应递寄局之邮局，对于发私批信一批，计

104

（三五）

件份，由南洋七十二家批信局郵寄到厦，經厦门郵局盖戳後，分交各批信局，發往厦门

批信局用走私方法私運來厦，派遣來厦居多，以南洋批信局七十二家統計，

此向走私人辦理遣约金額一百萬擲仟元，又批信郵資若干，估計達百元，

業經走私人收散，若尚無署名，此項辦理其有不公之處，仍乞核示。

（三）據照規定，凡未掛號之批信局不得經營國內批信業務，應向已掛號之批信局接洽，

委由各該局為遞經理局，代各批信局辦理，經各該批信局每月陽歷遞每

將批信寄由未掛號之各批信局，經該批信局寄遞，遇有信件，寄交未經掛號各批信局

之批信，向無經理批信，均經照此國際郵資，由局經理遞交私人辦理，運交各司

由批局據律總處，已核寄於上年十月間，厦門被革批信局曾派人赴未掛號各局寄遞

運最兼私運信函，經未掛號各局遞寄，經見經向該走私人盤詰，檢出遞最情據

之低及私信二件，據請查核，經令厦门局查究，旋據厦门局报明，該被革批信

局信未經掛號，經無私營批信業務，未會准厦门郵局掛號，批信業由該號走私人携運來厦

勸令該號停止營業外，並將所收批信照國內郵資及辦理遞約金三六元，上項遣

約金及罰之處，據請察核，前來等情，據此，查上項遣約金既經該局辦理，據請

准即照予免之處，乞核示。

（四）厦门來各批信局走私之風甚熾，為嚴密防範起見，曾令厦门局，一年來對

南洋寄來批信均已派郵遞厦门局，時查由該厦门局寄至各批信局寄遞，向

拆驗批信，日期較明，所照郵章辦，並將該局經理批把派遣及查行時實施

105

（四页）

汇兑须派送之批信数目，与该分局所投递者，查该批信局当日或无迟延，于次日到局投寄应须之批信（譬如某一批信局於某日将新南洋菲岛批信一千号，其中属厦门须须派递者三百号，而属内地者各须派递者七百号，该厦内须须将批信经回头理之信件，应即到局投寄内地批信七百号，而由内地各须须所在地之邮局（如吾该安溪、永春、同安、金井等等局）于投新厦内须包之时，每名等查批信局各须到局查询批信局所投数，另予以登记，并于相当时间之内，查其未局投寄相等数目之回批，如属厦内投寄内地各须之批信，以及内地各须投寄厦内须须之回批总数，与登记之数目相差过钜，即系私回批，应予查究。上项办法是否可行，乞核示。

福建邮政管理局局长郭篆琛

~~105~~ 106

汕头一等邮局关于汕头市批业公会请求简化国内互寄批信及回批纳费办法的呈（一九四七年五月二十七日）

汕头局呈　第三/二〇五九號

卅六年五月廿七

為據本市批業公會請求簡化國內互寄批信及回批納費辦法，呈祈核示。

（正）鑒：竊據職局郵務視察員黃伯良本月二十六

日呈略稱：「據批業公會理事長黃稱：所定國內

互寄批信及回批納費手續，如逐件貼票蓋

銷，再加蓋印戳，殊屬費時費事，應予簡化，擬於

批信進口時，並總封數，即將批信及回批之國內

互寄次數費，同時作一次總繳，將票蓋銷，無須逐

封貼票，祇在批信上加蓋「國內互寄郵資費已納足」

特准批信由本人帶送之戳記，以資辨別，請核轉呈

92
~~91~~

核准等情。查所拟不无理由，拟请转呈核夺。
等情。据此。查该批业公会所请简化国内互寄
批信及回批纳费办法，在另方面即省邮票印刷
费及邮件盖销邮票之物力人力甚多，如若严
加稽核，自不致发生弊端。拟请准予照办（下略）

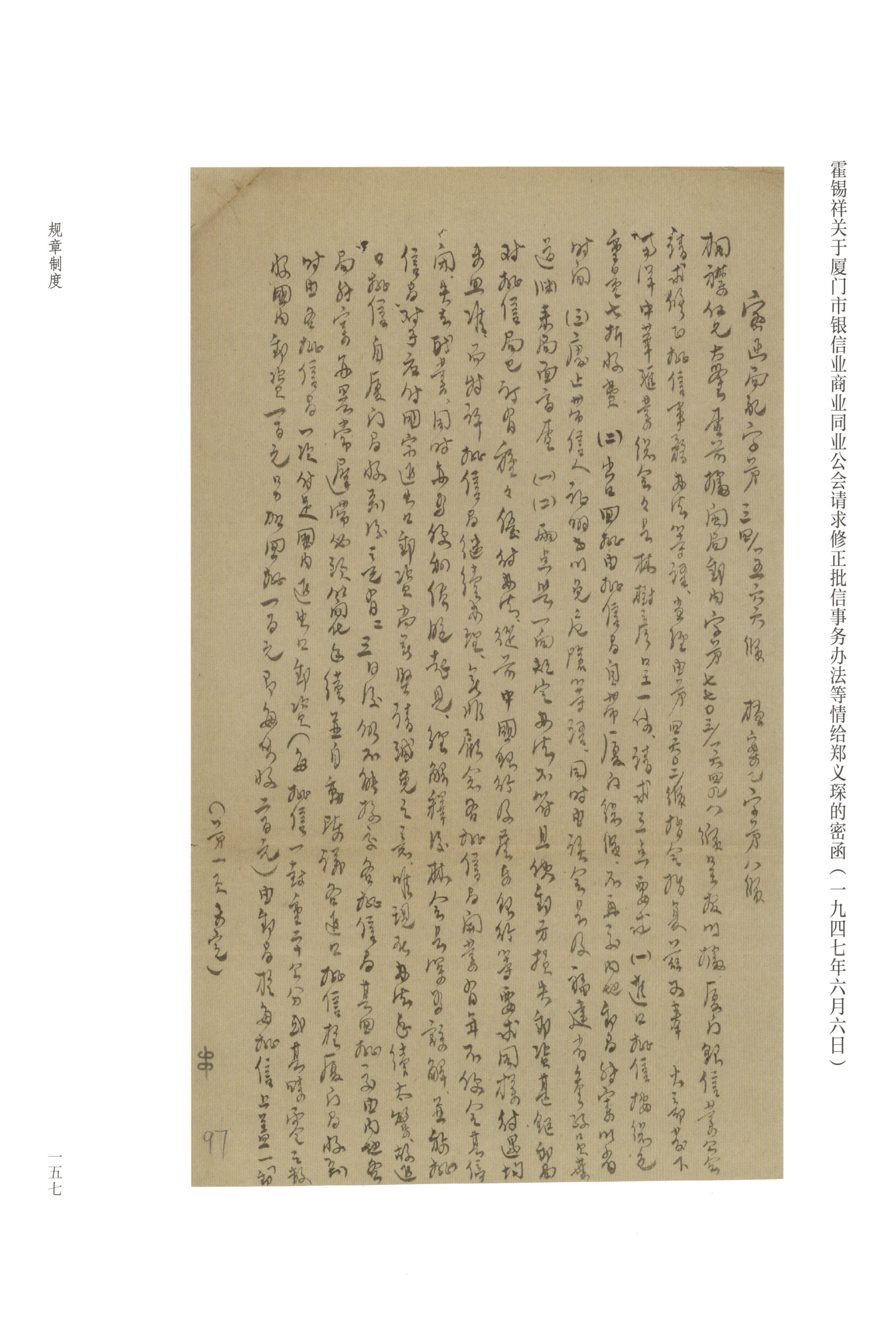

霍锡祥关于厦门市银信业商业同业公会请求修正批信事务办法等情给郑义琛的密函（一九四七年六月六日）

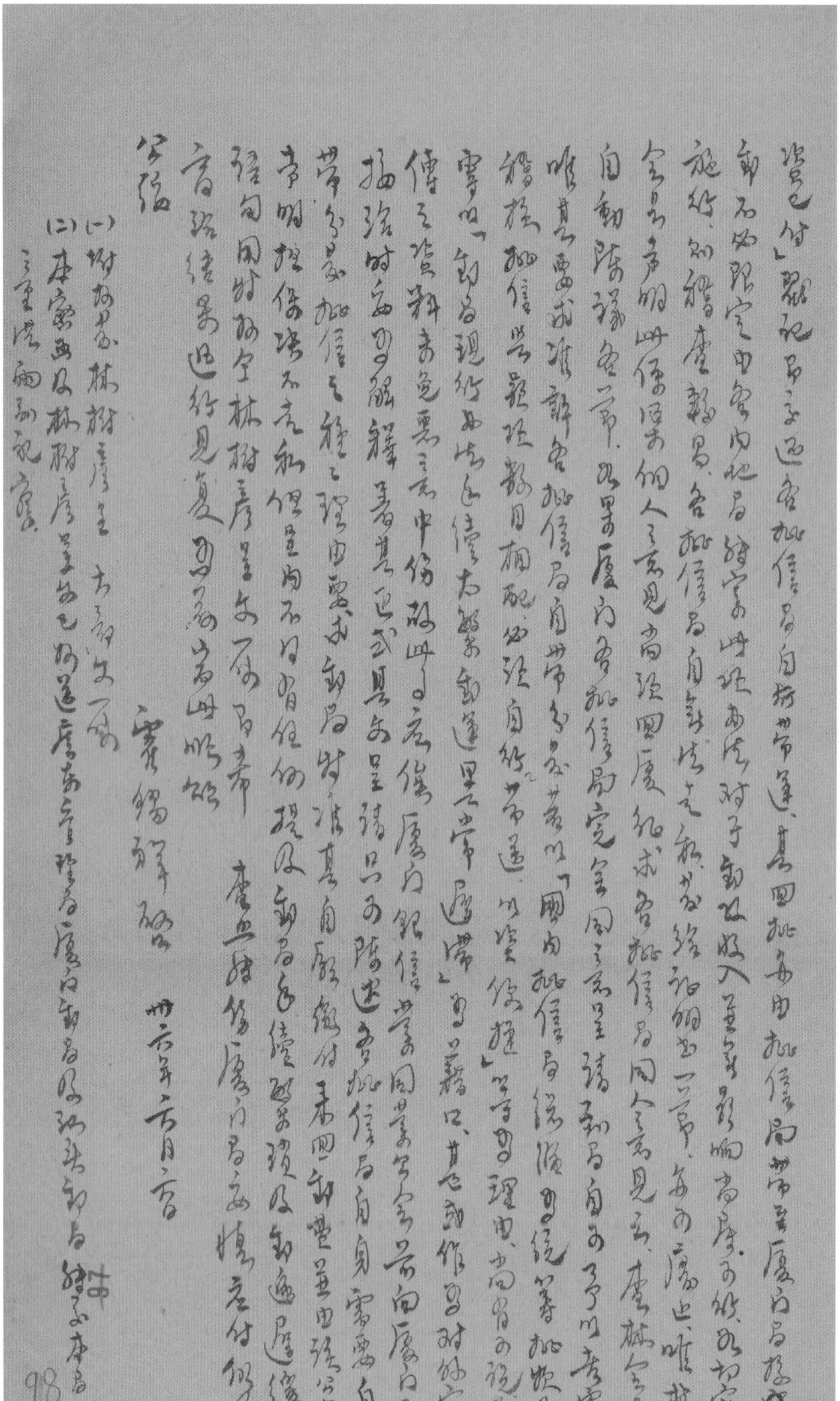

附：南洋中华汇业总会会长林树彦关于厦门市银信商业同业公会请求改善侨批事宜致交通部部长的呈（一九四七年六月二日）

照錄南洋中華匯業總會會長林樹彥上 交通部呈文

謹呈者：本人此次代表新嘉坡南洋中華匯業總會回國考察各僑鄉調查僑批信匯情形，沿途經過國內各縣匯業界交換意見，於五月廿七日到達厦門，時適逢福建省各屬批業商本年作數度接觸，備悉該地歷來對于僑批寄遞總力均被延誤，路途多阻。據厦門市銀信業商業同業公會請求三項，備有理由，茲呈 鈞長俯念該會所請，切實合宜，爰謹條陳如次：

（一）僑批到達厦門後時每經延或無包括解到僑眷手中，請准予援照七折計算，即經由批信局納足國內包封郵費，即將批信發放批信局，由批信局自由分送，俾使批信迅速送交僑眷。

（二）寄出國外之回文不必經由內地郵局交寄，請准予由批信局自帶回厦門後，再由總局統遞至厦門郵局，寄出內地郵局既免多重手續，又可免僑眷受延擱時間，以謀國外華僑之聯絡。回信

（三）帶信人不必由郵局發給執照，回國南洋各地僑安等籌實之各處僑信，派員下鄉分信時每須遞送批帶批照之手續，一人或二人只限申請，又統徒之我批信業最感困難諸點。

綜上三點如蒙採納施行，則僑匯可得安全保障，游子僑眷大蒙福利，銀信業亦獲便利施行，無任公感。謹呈

交通部部長 俞

南洋中華匯業總會會長林樹彥（印）呈

中華民國三十六年六月二日

99

广东邮政管理局关于汕头一等邮局简化贴纳国内互寄批信及回批资费手续所需戳记等件事项给汕头一等邮局的训令（一九四七年七月二十四日）

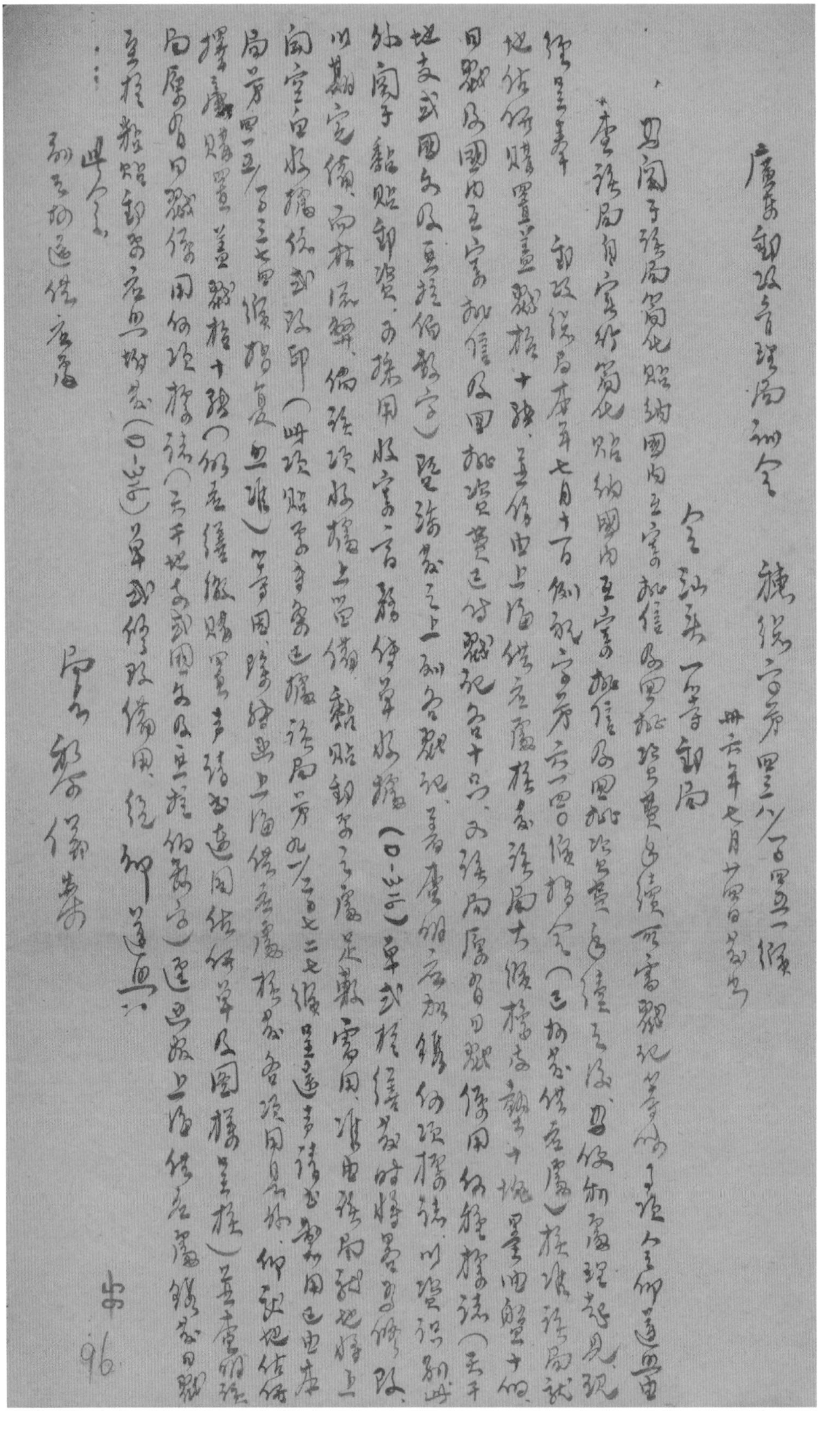
廣東郵政管理局訓令

邮政储金汇业局关于华侨汇款帐务处理办法重行修订给各邮政管理局、邮政储汇分局的训令（一九四七年八月一日）

郵政儲金匯業局訓令 會乙通字第一九五/二三七五號

中華民國三十六年八月一日

為關於華僑匯款帳務處理辦法重行修訂令仰知照由

令各郵政管理局、儲匯分局

查華僑匯款帳務處理辦法前經本局卅五年七月十三日京會通字第六三四二號通令飭遵在案，茲為適應僑匯業務之發展及簡化帳務手續起見，爰將帳務處理辦法重行修訂如后：

(一)凡華僑銀行、香港信行、澳門民信銀號、中菲匯兌信記局及中國銀行等零星僑匯，各該行匯款清單係本年九月一日及以後日期者(包括匯款清單、匯款人家書及P.A.A.即係華僑匯票、華僑匯票存根及回批等全套)，各區局於收到匯款清單時即行開發，惟月終不必繕製匯款總清單。

(二)本辦法開始時該局應增設“兌訖華僑匯款帳”，並按匯款性質分設下列子目：

(甲)零星僑匯 (乙)大通匯票

(三)上述僑匯於兌訖後即繕製現金支出傳票，分錄如下：

(借)兌訖華僑匯款——相關子目

(貸)現金

(四)兌訖零星華僑匯票(Cinitial Paying Advice)用C-1882捆扎，並繕製C-193於月終一

16 AUG 1947

FILE

5

次遞寄上海營業處至兑訖大通銀行匯票（Cashed D/D）仍照舊繕備兑訖匯票清單每月底隨僑匯收項通知單寄上海營業處（見下列（五）節）

（五）每月月終將「兑訖華僑匯款帳」總計數（即該户借方餘額）用僑匯收項通知單（暫用R/S加蓋木戳）撥轉本局通知單内應將該户兩個子目總計分别列明其單内之抬頭仍書儲匯局遞寄上海營業處

（六）僑匯收項通知單係撥兑訖華僑匯款帳各子目之總計數字轉來是以該項數字應與C-493及該月份内兑訖僑票或匯票合計數相符否則必有錯誤

（七）上述僑匯無法投遞時不必作帳但仍照舊繕製無法投遞僑匯通知書（Advice of Undelivered Remittances）副份遞寄上海營業處

（八）本辦法對於零星僑匯係自收到各該銀行本年九月一日及以後之匯款清單（Remittance List）起實行其本年九月一日以前之匯款清單仍照以前辦法辦理倘有兑付他區之僑匯亦應列入本區「兑訖華僑匯款帳」於月底合併撥轉

（九）自本辦法實行後本局營業處前訂僑匯處理辦法内第廿七節（Working Procedure S-2）即行廢止其餘各節畧有更改將由該處另行增訂通知以前開發僑匯匯票時用「僑匯收項通知單」撥轉辦法應予取銷又以前國内匯兑帳内華僑匯票子目以後不再使用月終自亦不須轉帳

以上各節令仰遵照辦理此令

局長谷春藩

广东邮政管理局关于修订华侨汇款帐务处理办法各属局应行注意办理各节给广东邮区各局的通令（一九四七年八月二十二日）

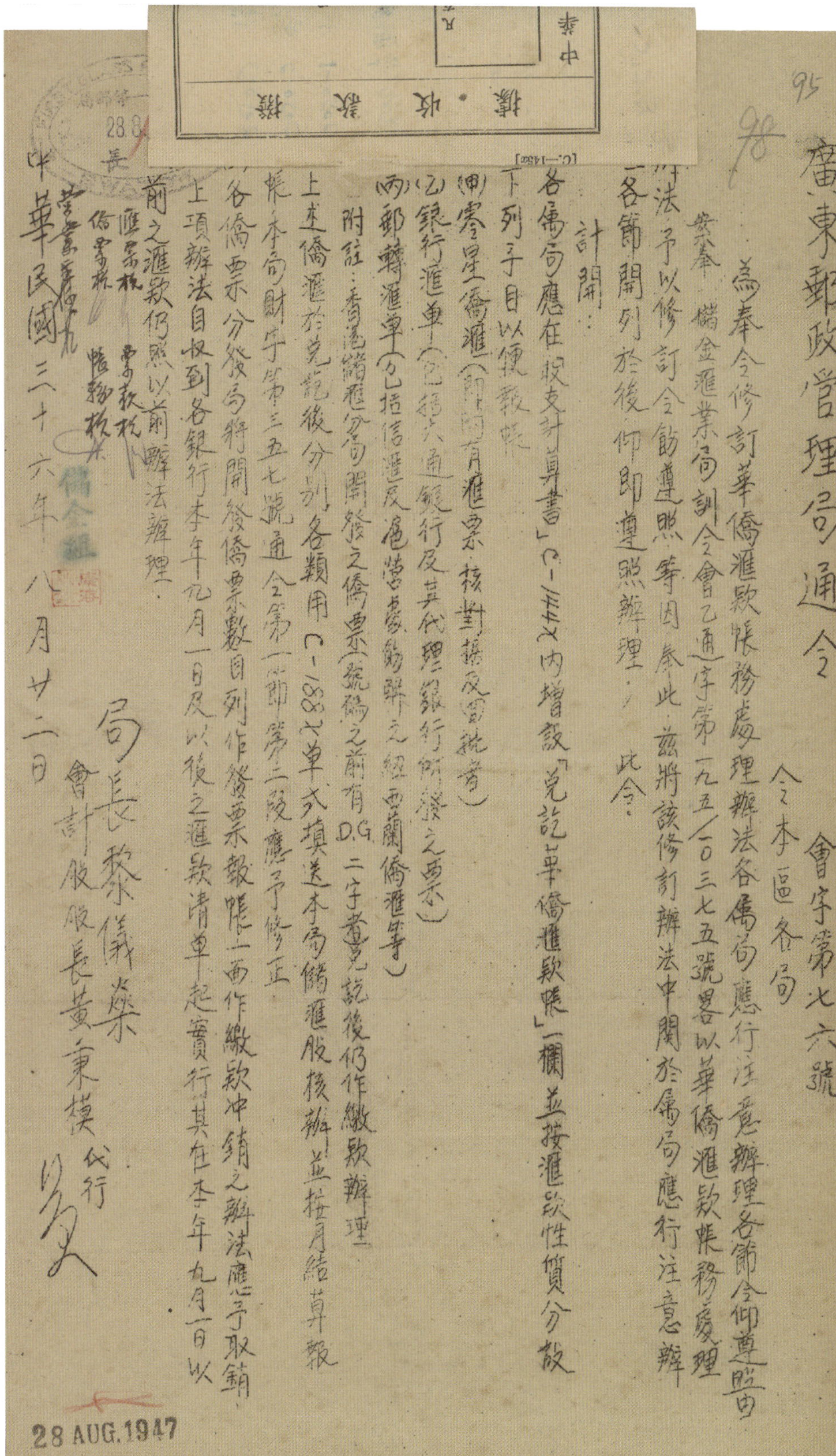

廣東郵政管理局通令

會字第七六號

令本區各局

為奉令修訂華僑滙款帳務處理辦法各屬局應行注意辦理各節令仰遵照由

案奉　儲金滙業局訓令會乙通字第一九五/〇三七五號略以華僑滙款帳務處理辦法予以修訂令飭遵照等因。奉此。茲將該修訂辦法中關於屬局應行注意辦理各節開列於後，仰即遵照辦理。此令。

計開：

一、各屬局應在「收支計算書」（C-144）內增設「兌訖華僑滙款帳」一欄，並按滙款性質分設下列子目以便報帳

（甲）零星僑滙（即內附有滙票、核對據及回批者）

（乙）銀行滙單（包括六通銀行及其代理銀行所發之票券）

（丙）郵轉滙單（包括信滙及澳[illegible]轉之紐西蘭僑滙等）

附註：香港儲滙分局開發之僑票（號碼之前有D.G.二字者）兌訖後仍作繳款辦理。

上述僑滙於兌訖後分別各類用（C-188）單式填送本局儲滙股核辦並按月結算報帳。本局財字第三五七號通令第一節第二段應予修正。

各僑票分發局將開發僑票數目列作發票報帳一面作繳款沖銷之辦法應予取銷。

上項辦法自收到各銀行本年九月一日及以後之滙款清單起實行，其在本年九月一日以前之滙款仍照以前辦法辦理。

局長　黎儀燊

會計股股長黃秉模　代行

滙業股核　票款核　僑票股核　帳務股核

中華民國三十六年八月廿二日

附：兑讫华侨汇款账应按汇款性质改立子目

D.C. circular S/O No.69

Overseas Remittances Cashed Account:

050-1 Petty Remittances(accompanied by P.A.A.,etc).

050-2 Demand Drafts (from Chase Bank, O.C.B.C., etc. & also "Mail Transfers").

050-3 Mail Payment Orders (from D.G.of P.R.& S.B. covering remittances from U.S.A., New Zealand, etc.)

兑讫「華僑匯款賬」應按匯款性質改立下列子目（奉總局通令財字第456号）

2050-1 小數僑匯（附有交單待匯）

2050-2 票匯 〃 〃

2050-3 信 〃 〃 〃

广东邮政管理局关于饬解侨汇办法请查明见复给邮政储金汇业局营业处的公函（一九四七年九月二十三日）

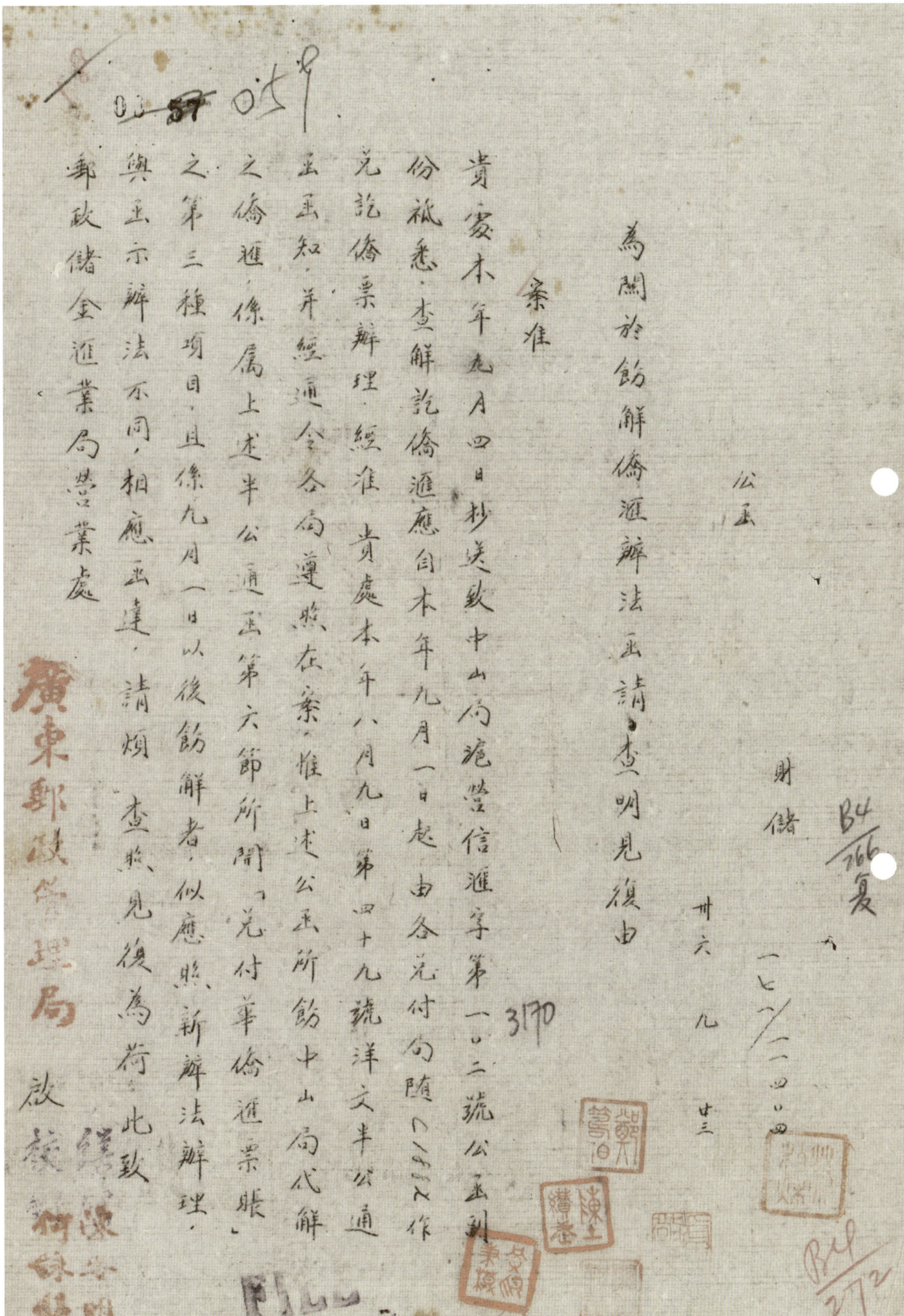

公函

为关于饬解侨汇办法函请查明见复由

案准

贵处本年九月四日抄送致中山局施营信汇字第一〇二号公函副份，祗悉。查解讫侨汇应自本年九月一日起由各兑付局随[illegible]作兑讫侨票办理，经准贵处本年八月九日第四十九号洋文半公通函函知，并经通令各局遵照在案。惟上述公函所饬中山局代解之侨汇，係属上述半公通函第六节所开「兑付华侨汇票账」之第三种项目，且係九月一日以后饬解者，似应照新办法办理，与函示办法不同，相应函达，请烦查照见复为荷。此致

邮政储金汇业局营业处

广东邮政管理局 启

邮政储金汇业局关于补订华侨汇款帐务处理办法给各邮政管理局、邮政储汇分局的训令（一九四七年十月二十一日）

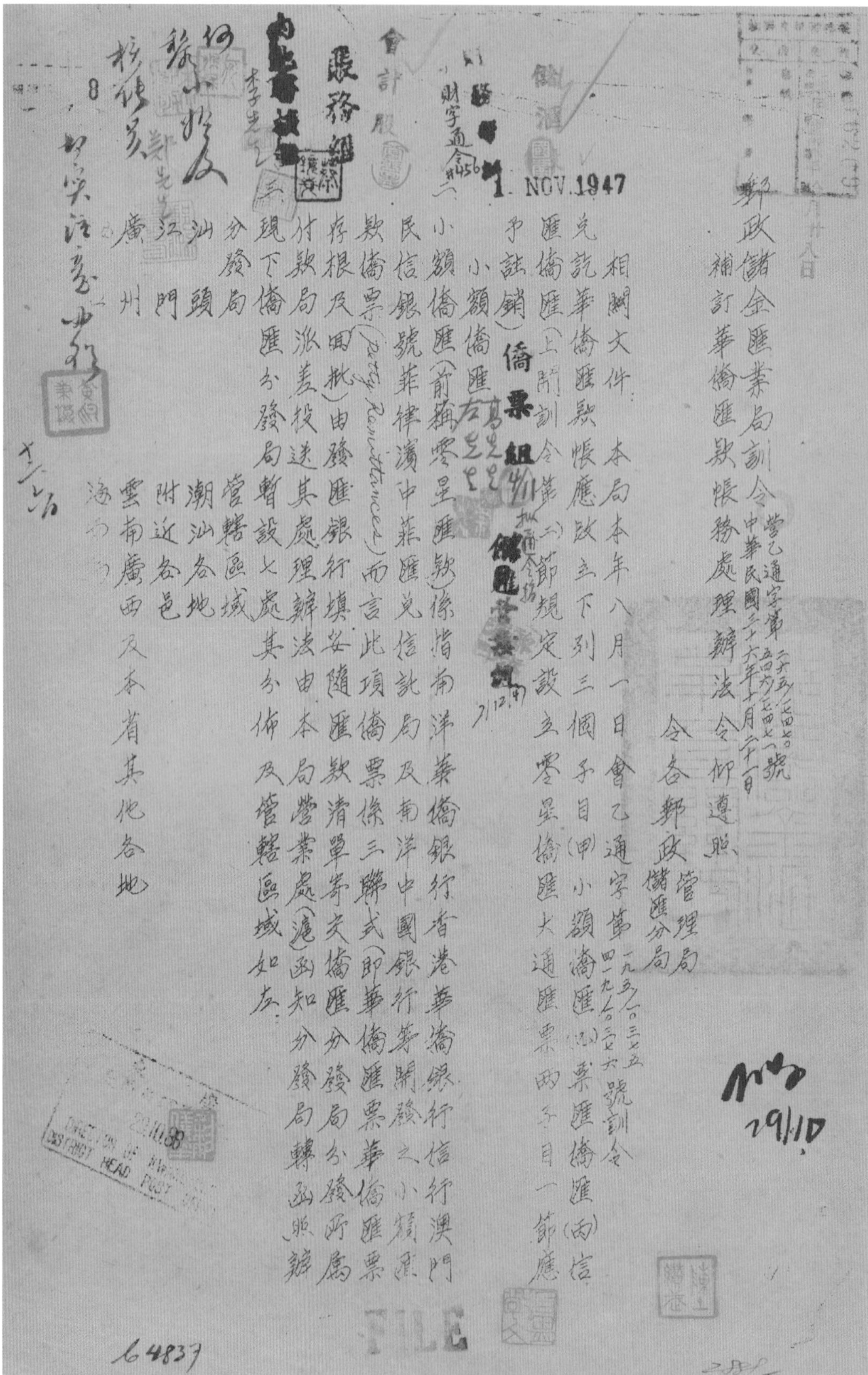

郵政儲金匯業局訓令 營乙通字第二六五/一五四七 五四六/一七四七八號
中華民國三十六年十月二十一日

補訂華僑匯款帳務處理辦法令仰遵照

令各郵政管理局
儲匯分局

相關文件：本局本年八月一日營乙通字第一九五/一〇三七五 四一九〇/〇三六號訓令

兑託華僑匯款帳應改立下列三個子目(甲)小額僑匯(乙)票匯僑匯(丙)信匯僑匯(上開訓令第(二)節規定設立零星僑匯大通匯票兩子目一節應予註銷)

小額僑匯(前稱零星匯款)係指南洋華僑銀行香港華僑銀行信行澳門民信銀號菲律濱中菲匯兑信託局及南洋中國銀行等開發之小額匯款僑票(即 Remittance)而言此項僑票係三聯式(即華僑匯票華僑匯票存根及回批)由發匯銀行填妥隨匯款清單寄交僑匯分發局分發所屬付款局派差投送其處理辦法由本局營業處(滬)函知分發局轉函照辦現下僑匯分發局暫設七處其分佈及管轄區域如左：

分發局	管轄區域
汕頭	潮汕各地
江門	附近各邑
廣州	雲南廣西及本省其他各地

1 NOV.1947

會計股

服務組

僑票組

FILE

6 4837

29/10

9

廈門　閩南各地
福州　閩北及附近各地
上海　上海江蘇浙江安徽山西湖南湖北江西四川貴州山東河北河南北平陝西甘肅寧夏青海新疆各省區

上項分發局事務由相關管理局或郵局設立華僑匯票組或派員負責辦理

票匯僑匯

四、票匯僑匯係指收款人憑票兌款之一切僑匯如美國紐約大通銀行及其代理銀行開發之國幣及美金匯票(Demand Drafts)付款地如設有儲匯分局或辦事處概由儲匯分局或辦事處兌付其未設有儲匯分局或辦事處者則由郵局兌付

五、此項匯票由匯款人逕寄收款人持向兌付局兌款其兌付辦法由本局營業處繕發滬營通字公函寄發指定兌付局照辦其未接到上項公函之局所遇有收款人持票請兌應立將呈兌匯票號數款數發票銀行名收款人姓名發票日期通知本局營業處(滬)俾便函寄簽字樣本及處理辦法照兌上項通知必要時得用電報

六、此項兌訖匯票應按照上開訓令第二節記入兌訖華僑匯款帳票匯僑匯子目下於月終結帳時按上開訓令第三四五各節規定撥轉本局

七、付款局如為郵局應按照處理小額僑匯辦法將兌訖匯票用C-1252單式寄呈所屬管理局並於每月結帳時將每月兌付總額登列收支計算書C-50-2

10

項下由管理局彙發兌訖華僑匯款帳票匯僑匯子目撥轉本局

八、凡由大通銀行以外銀行開發之匯票或郵轉匯票(Mail Transfer)如已達維亞華僑銀行開發之(Mail Transfer)亦應按票匯僑匯處理辦法處理並歸入票匯僑匯子目內

(3)

信匯僑匯

九、信匯僑匯(Mail Payment Order)包括美國加拿大及紐西蘭各地通信匯款及信匯(Mail Payment Order, Air Mail Payment, Drafts from New Zealand, etc remit by Correspondence)此項匯款自即日起不再經由分發局分發而由本局營業處(滬)繕製通知及正副收據逕寄付款局照解或派差投送匯款付訖後其收款人收據應以正份逕退本局營業處(滬)存轉副份如付款局為郵局則援照處理小額僑匯辦法隨C-188x單式寄呈管理局於月終撥總額登列收支計算書2050項下由管理局彙發兌訖華僑匯款帳信匯僑匯子目用僑匯收項通知單撥轉本局其收據副份亦隨C-193於月終寄本局滬營業處如付款局為儲匯分局應將付款記入兌訖華僑匯款帳信匯僑匯子目下於月終用僑匯收項通知單撥轉本局其收據副份應一併附寄

信匯僑匯如遇無法解付或無法投送應詳細批明緣由退還本局營業處(滬)毋須出帳

電匯

十、電匯(T.T.)經付訖後應隨時用僑匯收項通知單撥轉本局毋庸按上開

11

訓令第四 五 六節辦理

十八、上開兌記華僑匯款帳撥轉本局時其僑匯收項通知單應列明如左

……月份兌記華僑匯款帳

小額僑匯　　元

票匯僑匯　　元

信匯僑匯　　元　合計　　元

目前有一部份區局對於兌記僑匯款項仍沿用轉帳收項通知單（[illegible]）轉撥帳以後務須注意凡屬僑匯兌款均應用僑匯收項通知單（[illegible]）以期劃一在僑匯收項通知單未印製前得暫用轉帳收項通知單加蓋木戳代替

十九、信匯僑匯通知單收據及存根樣式茲隨令附發

局長谷春藩

(4)

附件

附表第一 12.

信匯僑匯通知單

僑匯請迅照解/派差按址投送並將附寄正副收據着收款人簽名蓋章按照附開辦法處理此致
------局
姓名地址：------------------

號數	匯款人姓名	匯款金額	附註

郵政儲金匯業局滬營業處

繕製人：------ 覆核人：------

中華民國　　年　　月　　日

信匯僑匯存根

下列信匯僑匯請迅照解/派差按址投送並將附寄正副收據着收款人簽名蓋章按照附開辦法處理此致
------局
收款人姓名地址：------------------

匯款號數	匯款人姓名	匯款金額	附註

郵政儲金匯業局滬營業處

繕製人：------ 覆核人：------

中華民國　　年　　月　　日

（營乙通字第265/17470，546/134,71號副令之附件一）

附二：信汇侨汇汇款收据正份及副份

附件二

13

信匯僑匯匯款收據正份

局兑付

收款人姓名地址：

匯款號數	匯款人姓名	匯款金額	附註

兑付日期

收款人簽名蓋章

本收據正份應逕退郵政儲金匯業局滬營業處副份之處理辦法如下：

1. 付款局為儲匯分局應將付款記入兑號華僑匯款帳信匯僑匯子目下於月終用僑匯收項通知單撥轉本[illegible]
2. 付款局為郵局應隨C-188之單式寄呈管理局並應於月終結帳時將全月所付總額登列收支計算書20[illegible]
   由管理局記入兑號華僑匯款帳信匯僑匯子目用僑匯收項通知單彙撥本局
3. 付款局為儲[illegible]點則[illegible]製現金收項通知單撥轉隸屬之分局出帳

信匯僑匯匯款收據副份

局兑付

收款人姓名地址：

匯款號數	匯款人姓名	匯款金額	附註

兑付日期

收款人簽名蓋章

本收據正份應逕退郵政儲金匯業局滬營業處副份之處理辦法如下：

1. 付款局為儲匯局應將付款記入兑號華僑匯款帳信匯僑匯子目下於月終用僑匯收項通知單撥轉本局
2. 付款局為郵局應隨C-188之單式寄呈管理局並應於月終結帳時將全月所付總額登列收支計算書250-5
   下由管理局記入兑號華僑匯款帳信匯僑匯子目用僑匯收項通知單彙撥本局
3. 付款局為儲匯分局辦事處則繕製現金收項通知單撥轉隸屬之分局出帳

（營乙通字第265/17470 546/17471號訓令之附件二）

广东邮政管理局局长黎仪燊关于特种汇兑局收取汇费办法致邮政储金汇业局局长的呈（一九四七年十一月八日）

54
52

廣東 呈文 財儲 七六〇/一二一九一 二

卅六 十一 八

關於特種匯兌局收取匯費辦法

本案相關文件：鈞局本年十月十六日及十月廿二日匯丙通字第二六一/一 子
七二五八號及第二六七/一七五六七號訓令。

(一)上開 鈞令既准各特種匯兌局自行參照當地匯兌行市隨時將征收匯率調整、以資適應、惟其中對於基本費一項（區內爲千分之一、區外爲千分之十）、是否繼續征收抑予廢止。所收匯費、是否按照銀行實收匯率辦理、抑照實收匯率八折或九折征收。又如當地有數家銀行而所征收之匯率各不相同時、兌匯照最低匯率或最高匯率之一家收費、抑匯折衷辦理各點、均未奉明定、各屬局恐無所適從。

(亥)職局以上開訓令所定辦法、已規定自本年十一月一日起實行、因時間急促、並爲免各屬局紛紛提出疑問起見、經權宜通令各特種匯兌局暫照後列辦法辦理。

(子)各局除應每日切貼按照當地銀行同樣匯率收費外、無須再行征收基本費。

(丑)如當地有數家銀行而所征收之匯率各不相同時、應以最低匯率之一家爲標準（如當地無國家銀行、又無私立銀行、而祇得有銀號者、則不作爲特種匯兌局、祇可作爲普通局、按平均劃一匯率收費）。

(寅)如各局遇有特別情形或因本身頭寸問題有將銀行實收匯率增高或減低收匯之必要時、准由各該局長酌情予以增減、但所減之匯率、不得低過當地銀行實收匯率百分之廿（高過則不限制）、並應將詳情在逾發匯票登記簿內註明備核。

（三）上述所擬各點、是否有當、敬祈 指令祇遵。

謹呈

郵政儲金匯業局局長

廣東郵政管理局局長裘儀蓀

三

繕寫

校對

广东邮政管理局关于简化贴纳国内互寄批信及回批资费手续给各邮局的训令（一九四七年十二月二十五日）

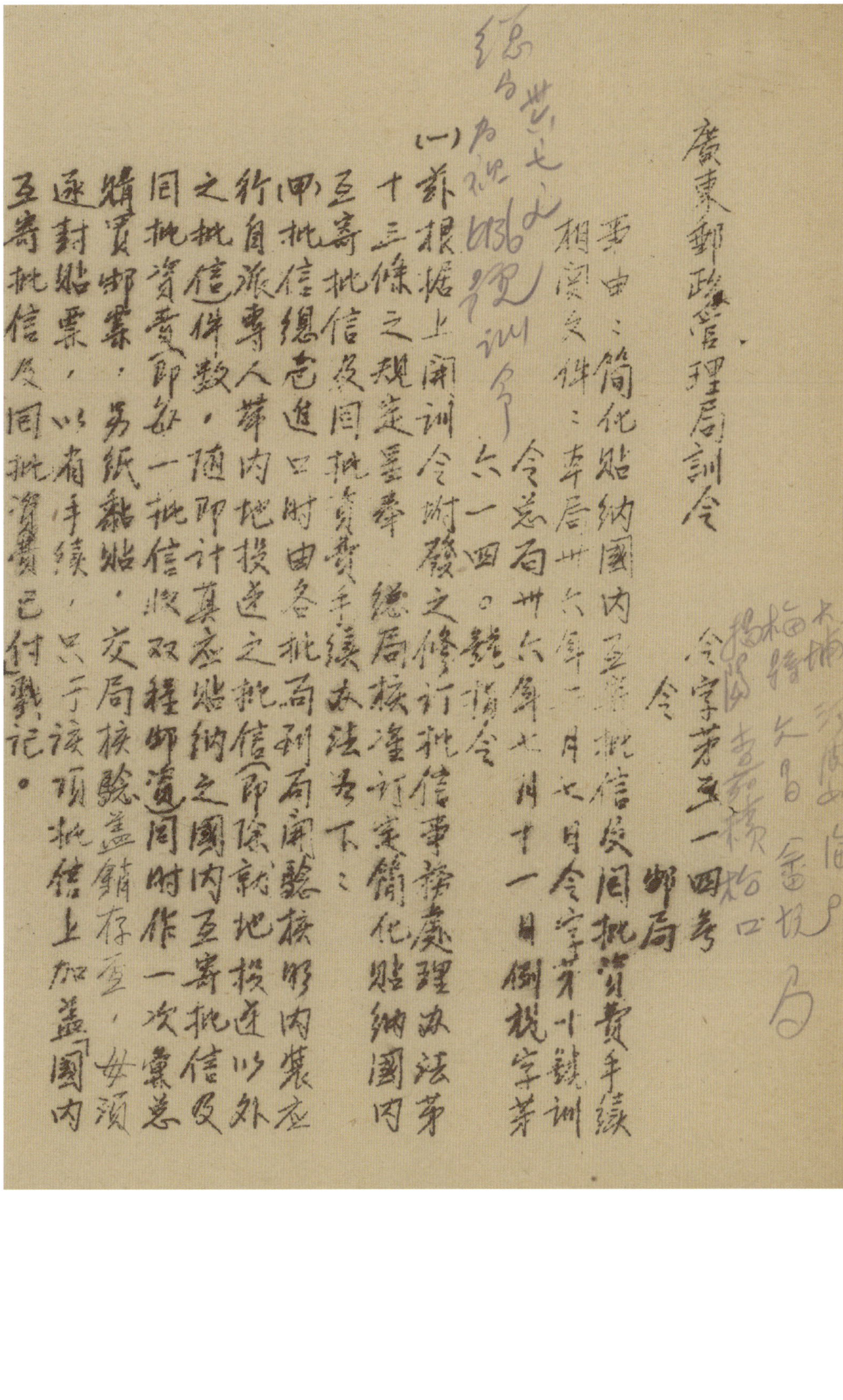

廣東郵政管理局訓令
令字第五一四号
令　　郵局
事由：簡化貼納國内互寄批信及回批資費手續
相関文件：本局卅六年十一月七日令字第十號訓令　總局卅六年七月十一日例視字第六一四〇號指令
(一)茲根據上開訓令附發之修訂批信事務處理办法第十三條之規定暨奉　總局核准訂定簡化貼納國内互寄批信及回批資費手續办法如下：
(甲)批信總包進口时由各批局到局開驗核明内裝應行自派專人带内地投遞之批信(即除就地投遞以外之批信)件數，随即計算應貼納之國内互寄批信及回批資費即按一批信收双程郵資回时作一次彙总購買郵票，另紙黏貼，交局核驗盖銷存查，毋須逐封貼票，以省手續，只于該項批信上加盖「國内互寄批信及回批資費已付」戳记。

78

（乙）各批信局應將所用寄遞批信回批專人姓名及其來往地區申報，連同二寸免冠半身相片一張，交由該局彙繳本局，以憑核發寄遞批信回批證。

（丙）貼納國內互寄批信回批郵資，可採用收寄商務傳單之收據（西316）而予繕發時略為修改（見附件），此項單式，可向本局庶務組領用。

（二）所需之「國內互寄批信及回批資費已付戳記」，可即逕向本局庶務組領用。

（三）此項辦法，可以簡化手續，加速批信之處理及投派，併向各批局詳為解釋，並于領到上述戳記後，即予實施，仍將實施日期及情形具報。

附乙件

副頁發揭陽段視察員

25/12/36

附：寄件格式纸一张

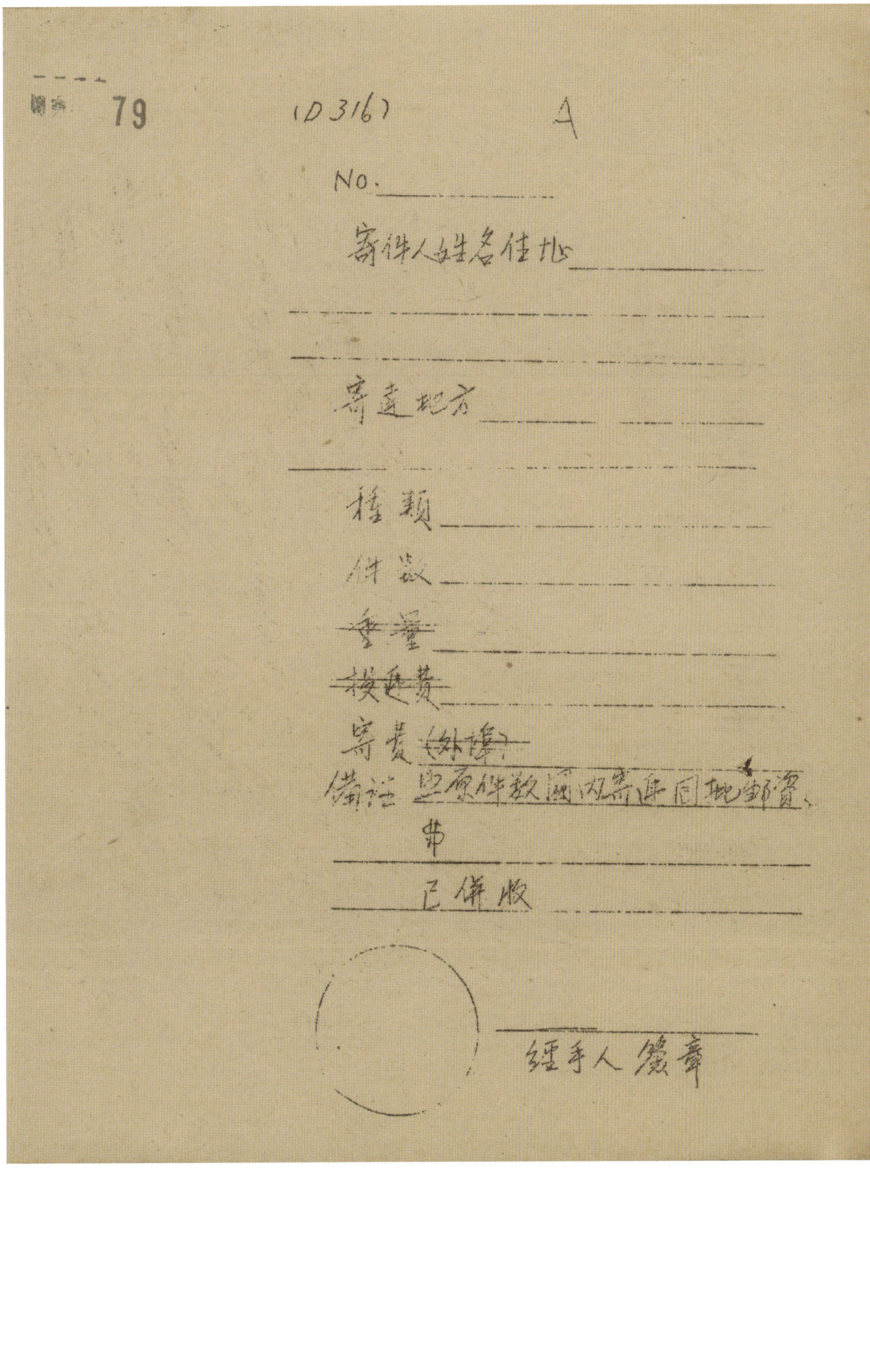

79 (D316) A

No.

寄件人姓名住址

寄送地方

種類

件數

~~重量~~

~~接送費~~

寄費 ~~(外埠)~~

備註 照原件數[illegible]內寄遞同批郵資

已併收

經手人 簽章

交通部邮政总局关于抄发修正批信事务处理办法给广东邮政管理局的训令（一九四八年一月十九日）

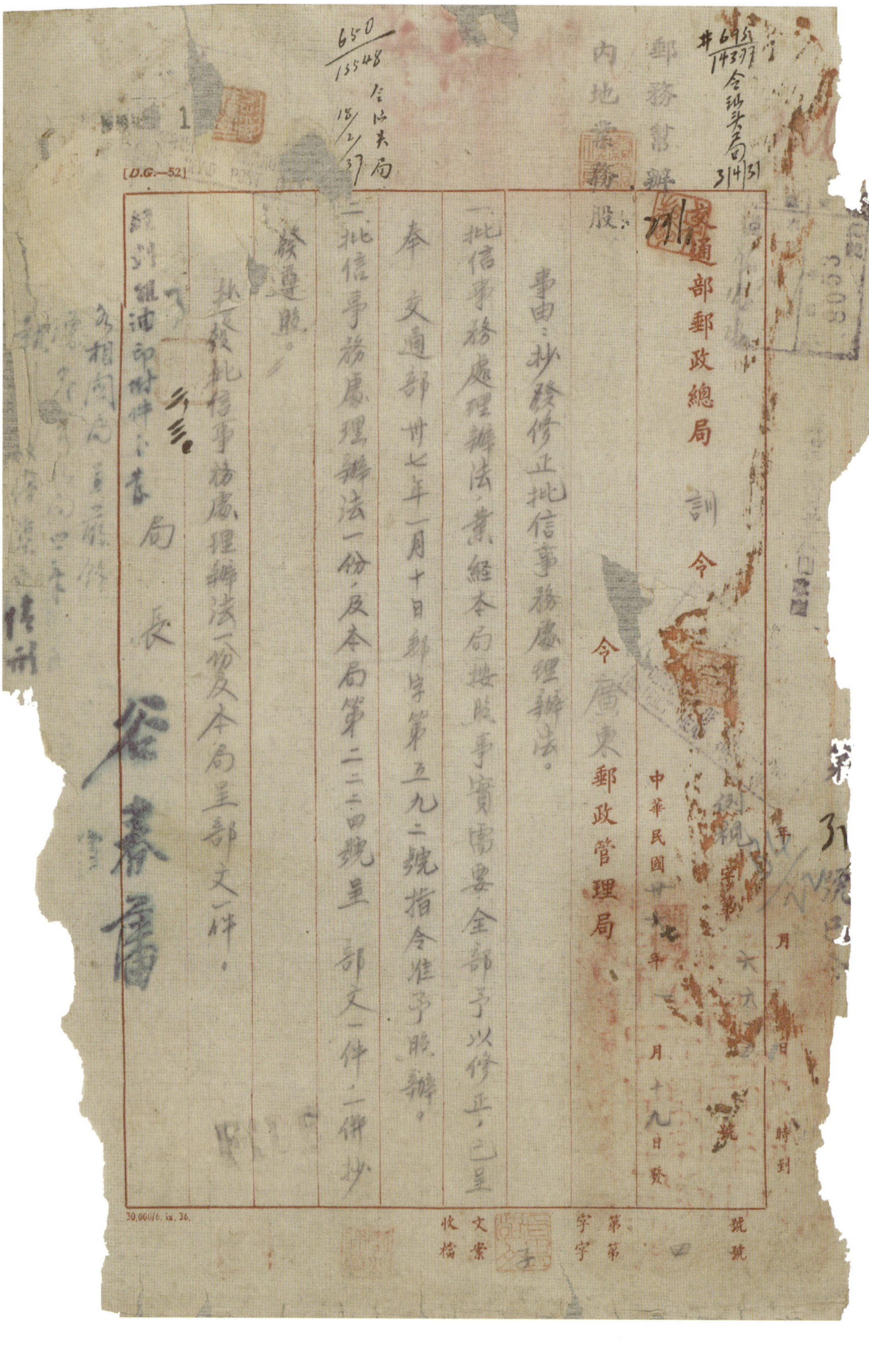
[D.G.—52]

郵務需辦 內地業務股

交通部郵政總局訓令

令廣東郵政管理局

中華民國卅七年一月十九日發

事由：抄發修正批信事務處理辦法。

一、批信事務處理辦法，業經本局按照事實需要全部予以修正，已呈奉 交通部卅七年一月十日郵字第五九二號指令准予照辦。

二、批信事務處理辦法一份，及本局第二二四號呈 部文一件，一併抄發，遵照。

抄發批信事務處理辦法一份及本局呈部文一件。

局長 谷春帆

30,000/6. ix. 36.

第　號　字第　號　文案收檔

附一：交通部邮政总局关于批信事务处理办法修正事项呈请鉴核致交通部的呈（一九四七年十二月十九日）

2

呈交通部　第二二二四號　中華民國卅六年十二月十九日

關於批信事務處理辦法修正事項呈請　鑒核示遵由

前奉

鈞部三十六年九月二日部郵字第四〇號訓令，以關於修正批信事務處理辦法一項，應俟廈汕兩地試行相當時期後再行研究改進；又關於加強郵政僑匯功能一項，應飭儲匯局加緊努力策劃推動，仍將辦理情形隨時報核等因，遵經分飭辦理。除關於加強郵政僑匯功能一項已飭儲匯局呈復經另案研辦呈核外，關於汕廈兩地批信局對國內轉運批信回批預繳來回郵資新辦法，據粵閩兩區管理局呈報推行經過尚稱順利，此種辦法既足以防止走私、免除糾紛，且可增加鉅額收入，簡化處理手續，自應訂入批信事務處理辦法，以便推行。同時儲匯局正積極推展僑匯業務，於爭競僑匯之批信局營業亦呈請本局逐漸予以限制。爰經詳細審核，就當前需要將原辦法酌加修正補充，謹將修改各要點臚陳於後：

（一）原規定批信局每年換領執照一次，向由管理局將換領執照聲請書繳由本局核發，多一週折，不免耗費手續與時間。如前提起，現擬將是項換照手續分別由管理局核發。茲四等局及代辦所執照成例，授權粵閩兩管理局逕行辦理。原辦法第一條酌予修改，並由各該管理局每年度編具換發各批信局執照一覽清冊呈請本局，以資考核。

（二）年以来人工物料两价腾涨，批信局换领及批注执照等手续既经简化，但其手续费照原定数额四千元及二千元收取，实嫌过微，不敷成本，兹拟提高九倍，分别改为四万元及二万元

（三）批信局除在民国二十三年以前开设并已领有执照者外，其他均在取缔之列，但已领照之批信局声请在国内外添设分号，向均照准，而未加以限制，兹为加强管制起见，此后批信局不得在国外添设分号，其已设者暂维现状，如声请在国内添设分号，须先呈准，其在国内声请添设分号者并加以地区之限制，不得随便添设（原办法第四条已酌予补充），又添设地区以粤闽两省为限（参看办法第四条）

（四）以前国外批信局往往要求领照在国内开设批信局本局，以其界逾所定展延期限，碍于通案未予照准，但为便利侨胞起见，曾准其于国内已领照之批信局接洽委为分号，以便经转批信及回批，现批信局在国内添设分号既加限制，则此种通融办法自不便任其继续存在，惟所有前准委之分号仍暂维现状，已于办法第四条第三节中予以规定

（五）批信局停业后声请复业，以前因并未规定时限，抗战胜利后又因中日战事被迫停业之批信局颇多，为顾全侨胞便利起见，均经宽准予复业，现抗战胜利已逾两年，拟将批信局停业后声请复业之期限加以规定，以一年为限（参看办法第五条第三款）

（六）关于国内批信局总分号间往来之批信及回批，拟应纳普通邮资之规定，曾为批信局竭力

4

反对藉端走私以作消極抵抗為本郵局當抵最烈之一端係本局派洪章兩副視察前往會同粵閩兩管理局主管人員與汕厦各地批業公會多次折衝交涉最後商妥將原規定之办法取銷改為批信於寄到批信局時按件預繳來回郵資交還批局自帶但於原办法內增入交手續特加規定列為第八條並將原訂之第十一、十二、十三等條予以廢止

（七）按照前本規定所有國內轉遞批信回批均應逐件付足來回郵資並於原办法第七條附表內載明惟厦門各批信局以寄往菲律濱荷印及法屬安南之回批係按國際郵資全額收費而寄往馬來雅者則按國際郵資半額收費故厦門批信局中呂宋及荷印兩幫常以只有已得半價優待引為口實先以要求對菲荷寄來之批信於國內轉遞時祇繳納國內郵資單程費（由安南寄厦批信較少故未提出要求）閩管理局當時以本年七月一日郵資加價有期為使得以早日順利進行以免因郵資加價後生枝節經呈奉局暫准例外處理至汕頭各批信局尚無同樣請求故荷印寄汕頭之批信於國內轉遞時仍按國內郵資徵付雙程費但原办法第七條附表之資費表國內轉遞資費格內仍予劃一規定不論來自菲律濱法屬印度支那荷屬東印度英屬馬來雅北婆羅洲或暹羅均按國內郵資收雙程費並擬令閩管理局轉飭厦門郵局對菲荷寄來之轉口批信仍相機洽收雙程費以免紛歧

（八）自前擬办法實行以批信局違章走私案件已大見減少但仍恐未能絕跡原訂局偏走私之

5

違約金係按寄時郵資提高三九九倍，茲擬再予提高二十四倍，適合之次郵資倍數，本寄再隨此次郵資增加倍數調整，但一次提高九十九倍未免過驟，擬俟近期寄時期續行調整，原辦法第十条內已予分別訂明

（九）批信向同有將回批改以銀行收據代替者，實不慣例，不符其在國內錢莊以係將回批郵資於領取批信時預先一次逐件付足，為免逃避之計，但寄往國外時倘將若干張收據併入一個信封內作普通函件交寄，而並不按照國際郵資，易被偷漏，為資防杜起見，原辦法第六條內經予特加規定

（十）原第八条改為第九条，原第十四條至十八條改為第十条至十四条

以上所擬是否有當，理合繕同修正批信事務處理辦法呈請

鑒核敕遵，令飭以便飭遵，實為公便。謹呈

交通部

附呈修正批信事務處理辦法一份

6

批信事務處理辦法

第一條（一）粵閩兩省內各批信局（限民國二十三年以前開設並領有執照者）應於每年底填具聲請書兩份，檢同原領執照，並附繳手續費國幣四萬元送由當地郵局轉呈主管管理局換發新執照。

（二）前項聲請書應載明批信局名稱、開設日期與地點及營業人姓名、年齡、籍貫。有分號者其分號名稱開設日期與地點及代理人姓名、年齡、籍貫，如國內外均有分號者，應分別註明國內外字樣並詳細地址。

（三）所有執照經主管管理局換發事後，應造具○○郵區換發○○年度批信局執照清單，列明批信局名稱、地點、新舊執照

[D.G.--59]

號碼、分號數目、及其地點，並將分號設撤及其他變更情形於修
改欄內註明，上開清單應連全聲請書一併逕寄總局視察室存
查。

第二條　執照如有毀損遺失，相關批信局得邀同舖保二家，具書叙明緣
由，繳納手續費國幣四萬元，聲請補發，但須先在當地報紙
十天聲明原領執照作廢。

第三條　郵務視察員於查視局所時應調驗批信局執照，並於執照背
面註明查驗日期以資查考。

第四條（一）批信局如需在國內增設分號應先具書叙明緣由檢同原執
照附繳手續費弍萬元，報由相關郵局轉呈管理局核示，俟奉

100,000|4.ix.36.

8

7

核准方得添設，由管理局在相關執照內予以添註，其將分號閉歇（二）
者，亦應隨時同樣具書聲請註銷。

（二）批信局在國內添設分號，以粵閩兩省內各批信局現已呈准設立分號之所在地為限（此項地名由粵閩兩管理局查明列表具報）。

（三）批信局不得在國外添設分號，其已設者暫維現狀。

（四）凡國外批信局現因時限關係未能在國內領取批信局執照開業者，此後不得變相開設，洽由國內已領照之批信局委為分號，其已開設而被委充分號呈准有案者，暫維現狀（此項分號由粵閩兩管理局列表具報）。

第五條（一）批信局停業時，應將原領執照繳由該管郵局轉呈註銷，不得私自轉讓或頂替。

[D.G.—89]

9

(二)所有停業之批信局，應由管理局於造具換發批信局執照清單時，一併列報。

(三)批信局停業已逾一年者，不得聲請復業，其在規定期限內聲請復業者，須具呈理由書憑核。

第六條(一)國外寄來之批信及寄往國外之回批均得用總包交寄，但仍須逐件計費，惟寄往菲列濱、荷屬東印度及法屬印度支那等地方之回批，須將郵票逐件黏貼，至寄往香港、英屬馬來雅、北婆羅洲及暹羅者，得將郵票彙總貼於總包外面，並於包皮上批明內裝確實件數。

(二)回批如採用銀信收據式樣，無論其有無附言一欄，交寄時

100,000/4.ix.36.

概按回批資例逐件納足郵費。

(三)寄往國外之回批總包，如已繳足掛號資費者，得按掛號郵件寄遞。

第七條 批信回批及押函之資費如左表。

類別	計費標準	批信（每件每重二十公分或畸零之數）
國外與國內來往資費	來自國外各地	按國際郵資全額納費
	寄往菲律濱、英屬馬來雅、法屬印度支那、北婆羅洲、荷屬東印度、暹羅、香港	
國內轉遞資費	來自菲律濱、英屬馬來雅、法屬印度支那、北婆羅洲、荷屬東印度、暹羅、香港	按國內平信郵資及程費於轉遞時一次收足

[D.G.—59]

11

回批	押匯
每件每重二十公分或畸零之數	每件每重二十公分或畸零之數
	按國際郵資全額納費
按國際郵資全額收費	按國際郵資全額收費
按國際郵資半額收費	按國際郵資半額收費
按國內平信郵資收費	按國內平信郵資收費
所需資費已於批信局領取批信時須先一次付足	

第八條（一）批信總包進口時，應由相關郵局妥爲核對，通知各批信局。

（二）各批信局派人到局開驗，除當地投遞者外，核明內裝應行轉往內地投遞之批信件數，隨即依前表規定分別計算逐件應貼納之國內互寄批信及回批資費同時一次當場彙總購買郵票，交局黏貼於特備收據（三聯式）二聯中間之騎縫處，再由局加蓋日戳後

100,000/4.ix.36

剪開，以一聯給批信局，一聯作黏帳之用。（另一聯存查） （四）

（三）郵局應在該項批信及回批上逐一加蓋「國內互寄資費已納足特准批信局專人帶送」等字樣之戳記發交自帶。

（四）所有當地投遞之批信免納資費。

第九條 出口回批經相關郵局核對所貼郵票加蓋日戳後，分別按普通或掛號郵件辦理，如普通回批與國外到達局向有編列號碼之習慣者，從其習慣，但總包交寄之回批，須不時令批信局來人開拆查驗，以覘有無匿報回批數目及短貼郵票情事，其散寄而情形可疑者亦同。

第十條（一）批信局不得私運批信及回批，如有查獲，除按件征收兩倍郵

資外，應責令繳納違約金第一次國幣十五萬元，第二次三十七萬五千元，第三次七十五萬元，並將執照吊銷。但進口批信總包如有短納郵資情事，按欠資例辦理。

(二)批信局及其國內分號不得兼帶國內信件，倘有查獲，除按件征收兩倍郵資外，亦應責令繳納違約金第一次國幣十五萬元，第二次三十七萬五千元，第三次七十五萬元，並吊銷其執照。

(三)匯報回批件數或夾帶他件者如有查獲，除按件征收兩倍郵資外依前項規定之違約金減半征收但每次匯報回批件數不逾總數百分之三者，准予補繳郵資免納違約金。

第十一條 前條違約金應以百分之七十發給查獲人百分之三十發給告發

14

（五）

人無告發人者發給全數但郵政人員查獲者發給百分之五十充獎。

第十二條　違約金應登入營業外收入四一〇科目內獎金登列營業外支出五一六科目內報銷。

第十三條　批信局倘有私運匿報及夾帶情事，經查獲後主管郵政管理局應用D字第二九二號單式造具郵件查扣報告（即拿獲郵件案由清單）寄呈郵政總局備核，如不能於一個月以內解決者可在報告內註明「尚未辦結」字樣俟結束後再行補呈一份。

第十四條　收寄及投遞批件之各局應依附表式樣（在修改中從略）逐日

15

[D.G.—89]

登記並按月依式造具批信統計表（D-37乙）二份以一份逕寄郵政總局視察室一份存檔。

100,000/4.ix.36.

广东邮政管理局关于抄发修正批信事务处理办法给汕头一等邮局的训令（一九四八年二月十八日）

廣東郵政管理局 訓

德内 卅七 六五〇（三五四八） 二 十八

汕頭一

事由：抄發修正批信事務處理辦法

相關文件：總局卅七年一月十九日例視字第六六一五號訓令

(一)茲將右開訓令頒發之修正批信事務處理辦法一份，隨令抄發，仰即通知當地各批信局遵照，并切實執行。

(二)換領卅七年度執照手續費應按照修正辦法第一條規定之數率（四萬元）收取。

(三)該轄批信局如有修正辦法第四條第四節所述國內批信局被委為國外批信局分號之情形，并呈准有案者，應查明各該批信局及其

17

相關國外批信局名稱地址具報憑核。

（四）批信局不得添設國外分號，如有是項聲請，應不予受理。

附發修正批信事務處理辦法一份

局長 黎儀燊

二

繕寫

校對 何錄誠

广东邮政管理局关于抄发修正批信事务处理办法给邮局的训令（一九四八年二月七日）

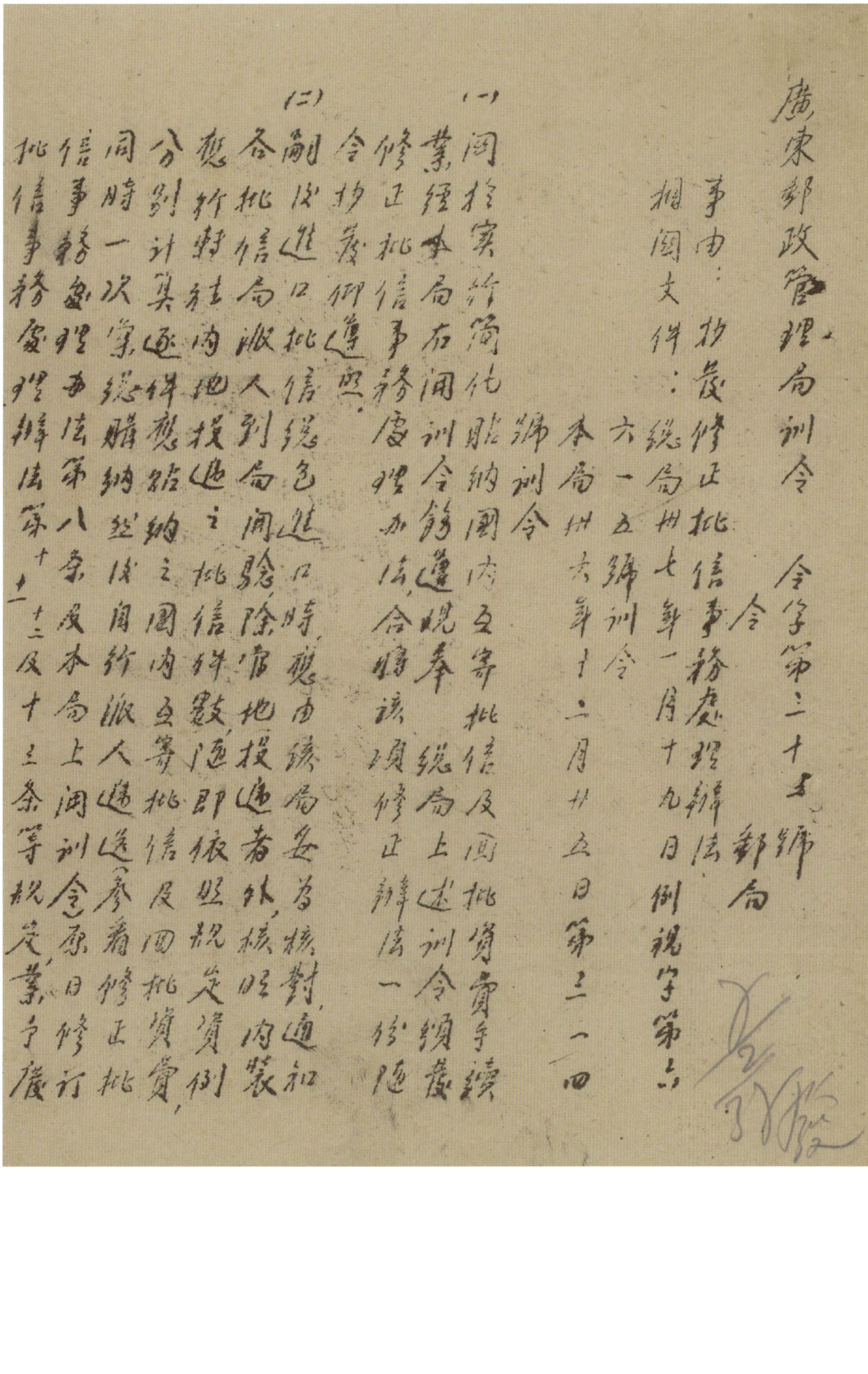

廣東郵政管理局訓令　令字第三十七號

令　　郵局

事由：抄發修正批信事務處理辦法

相關文件：總局卅七年一月十九日例視字第六六一五號訓令

本局卅六年十二月廿五日第三一四號訓令

（一）關於實行簡化賠納國內互寄批信及回批資費手續，業經本局右開訓令飭遵，現奉總局上述訓令頒發修正批信事務處理辦法，合將該項修正辦法一份隨令抄發，仰遵照。

（二）關於進口批信總包進口時，應由該局妥為核對，通知各批信局派人到局開驗，除當地投遞者外，核照內裝應於轉往內地投遞之批信件數，隨即依照規定資例，分別計算其應納之國內互寄批信及回批資費，同時一次向總辦納，然後自行派人遞送。參看修正批信事務處理辦法第八條及本局上開訓令原日修訂批信事務處理辦法第十一、十二及十三條等規定業予廢

53

止，應切實注意，並妥慎辦理。

（三）換領執照手續費自本年度起，擬增為四萬元，該局如已按原日規定數額四千元收取者，其不足之數（即三萬六千元），應即分別向各該聲請換領本年度執照之批局補收入賬，至於文到以前各批信局聲請增設註銷分號應行補收之手續費，俟本局核准後始行徵收。

（四）該局轄內批信局如有修正批信事務處理辦法第四條第四節所稱國內批信局被委為國外批信局之分號之情形者，應查明各該批信局及其所屬國外批信局名稱地址，於文到十五日內具報（縱無是項情形，仍應呈覆）。

（五）批信局不得擅設國外分號（參看修正批信事務辦法第四條第三節），如有是項聲請，勿予受理，應切實注意。

（六）仰將修正批信事務處理辦法轉飭當地各批信局知照，並切實執行，仍將遵辦情形報核。

（七）本令副頁及附件抄發該管分段視察員，於查視局所時注意遵照修正批信事務處理辦法第三條之規定，調驗批信局執照，並於執照背面注明查驗日期，以資查考。

附發修正批信事務處理辦法一份

副局長 殷封轉視察員

總局廿五年二月十九日[illegible]字661號訓令之附件

批信事務處理辦法　第一頁

第一條（一）粵閩兩省內各批信局限民國二十五年以前開設並領有執照者，應于每年底填具聲請書兩份，檢同原領執照並附繳手續費國幣四萬元，送由當地郵局轉呈主管管理局換發新執照。

（二）前項聲請書應載明批信局名稱、開設日期、地點及營業人姓名、年齡、籍貫，有分號者其分號名稱、開設日期、各地點及代理人姓名、年齡、籍貫，如國內外均有分號者，應分別註明國內外字樣並詳細地址。

（三）所有執照經主管管理局換發竣事後，應造具〇〇郵區換發〇〇年度批信局執照清單，列明批信局名稱、地點、新舊執照號碼、分號數目及其地點，並將分號設撤及其他變更情形于備考欄內註明。上開清單並連同聲請書一併運寄總局視察室存查。

第二條　執照如有毀損遺失，相關批信局得邀同鋪保二家具書敘明緣由，繳納手續費國幣四萬元聲請補發，但須先刊登當地報紙十天，聲明原領執照作廢。

54

第三條　郵務視察員于查視局所時應調驗批信局執照並于執照背面註明查驗日期以資查考。

第四條　（一）批信局如需在國內增設分號應先具書敘明緣由檢同原執照繳納手續費弍萬元報由相關郵局轉呈管理局核示俟奉核準方得添設由管理局在相關執照內予以添註其將分号開歇者亦應隨時同樣具書聲請註銷。（二）批信局在國內添設分號以粵閩兩省內各批信局現已呈准設立分號之所在地為限（此項地名由粵閩兩管理局查明列表具報）。（三）批信局不得在國外添設分號其已設者暫維現狀。（四）凡國外批信局現因時限關係未能在國內領取批信局執照開業者此次不得再相開設洽由國內已領照之批信局委為分號其已開設而被委充分號呈准有案者暫維現狀（此項分號由粵閩兩管理局列表具報）。

第五條　（一）批信局停業時應將原領執照繳由該管郵

（未完）

局轉呈註銷不得私自轉讓或頂替。第二頁

(二)所有停業之批信局應由管理局予造具換發批信局執照清單時一併列報。

(三)批信局停業已逾一年者不得聲請復業其在規定期限內聲請復業者須具呈理由書覆核。

第六條 (一)國外寄來之批信及寄往國外之回批均得用總包交寄但仍須逐件計資惟寄往菲列濱荷屬東印度及法屬印度支那等地方之回批須將郵票逐件黏貼至寄往香港英屬馬來雅北婆羅洲及暹羅者得將郵票總貼於總包外面並於包上批明內裝確實件數。

(二)回批如採用銀信收據式樣無論其有無附言一概交寄時概按回批資例逐件納足郵費。

(三)寄往國外之回批總包如已繳足掛號資費者得按掛號郵件寄遞。

第七條 批信回批及理函之資費如左表：

類別		批信	回批	押函
計費標準		每件每重二十公分或其零之數	每件每重二十公分或其零之數	每件每重二十公分或其零之數
國外寄國內來往資費	來自國外各地	按國際郵資全額納費		按國際郵資全額納費
	寄往菲律濱、法屬印度支那、荷屬東印度		按國際郵資全額收費	按國際郵資全額收費
	寄往英屬馬來雅、北婆羅洲、暹羅		按國際郵資半額收費	按國際郵資半額收費
	寄往香港		按國內平信郵資收費	按國內平信郵資收費
國內轉遞資費	來自菲律濱、法屬印度支那、荷屬東印度；英屬馬來雅、北婆羅洲、暹羅；香港	按國內平信郵資雙程費于轉遞時一次收足	所需資費已于批信局領取批信時預先一次付足	

第八條（一）批信總包進口時應由相關郵局妥為核對通知各批信局。

（二）各批信局派人到局開驗除當地投遞者外核明內裝應行轉往內地投遞之批信件數隨即依前表、規定分別計算其逐件應貼納之國內互寄批信及回

55 批資費同時一次當場彙總購買郵票交局黏貼于

（未完）

特備收據（三聯式）二聯中間之騎縫處再由局加蓋日戳後剪開以一聯給批信局一聯作黏帳之用（另一聯存查）。 第三頁

（三）郵局應在該項批信及回批上逐一加蓋「國內互寄資費已納足特准批信局專人攜送」等字樣之戳記發交自帶。

（四）所有當地投遞之批信免納資費。

第九條 出口回批經相關郵局核對所貼郵票加蓋日戳後分別按普通或掛號郵件辦理如普通回批由國外到達局向有編列號碼之習慣者從其習慣但總包交寄之回批須不時令批信局來人開拆查驗以覘有無匿報回批數目及短貼郵票情事其散寄而情形可疑者亦同。

第十條（一）批信局不得私運批信及回批如有查獲除按件征收兩倍郵資外應責令繳納違約金第一次國幣十五萬元第二次三十七萬五千元第三次七十五萬元並將執照吊銷但進口批信總包如有短納郵資情事按欠資例辦理。

56

（二）批信局及其國内分號不得兼帶國内信件，倘有查獲，除按件征收兩倍郵資外，亦應責令繳納違約金，第一次國幣十五萬元，第二次三十七萬五千元，第三次七十五萬元，並吊銷其執照。

（三）匯報國批件數或夾帶他件者，如有查獲，除按件征收兩倍郵資外，依前項規定之違約金減半征收，但每次匯款國批件數不逾總數百分之三者，准予補繳郵資，免納違約金。

第十一條　前條違約金應以百分之七十發給查獲人，百分之三十發給告發人，無告發人者發給全數，但郵政人員查獲者發給百分之五十充獎。

第十二條　違約金應登入營業外收入四一〇科目内，獎金登列營業外支出五一六科目内報銷。

第十三條　批信局倘有私運匯報及夾帶情事，經查獲後，主管郵政管理局應用D字第二九二號單式造郵件查扣報告（即拿獲郵件案由清單）寄呈郵政總局備核，如不能于一個月以内解决者，可在報告内註明「尚未辦結」字樣，俟結束後再行補呈一份。

第十四條　收寄及投遞批件之各局應依附表式樣（在

（未完）

修改中從略)逐日登記並按月依式造具批信統計表(石-六七)二份以一份逕寄郵政總局視察室一份存檔。

(完)

邮政储金汇业局关于印发「兑讫侨汇收项通知单」并规定实行办法给各邮政管理局、邮政储汇分局的训令（一九四八年三月十九日）

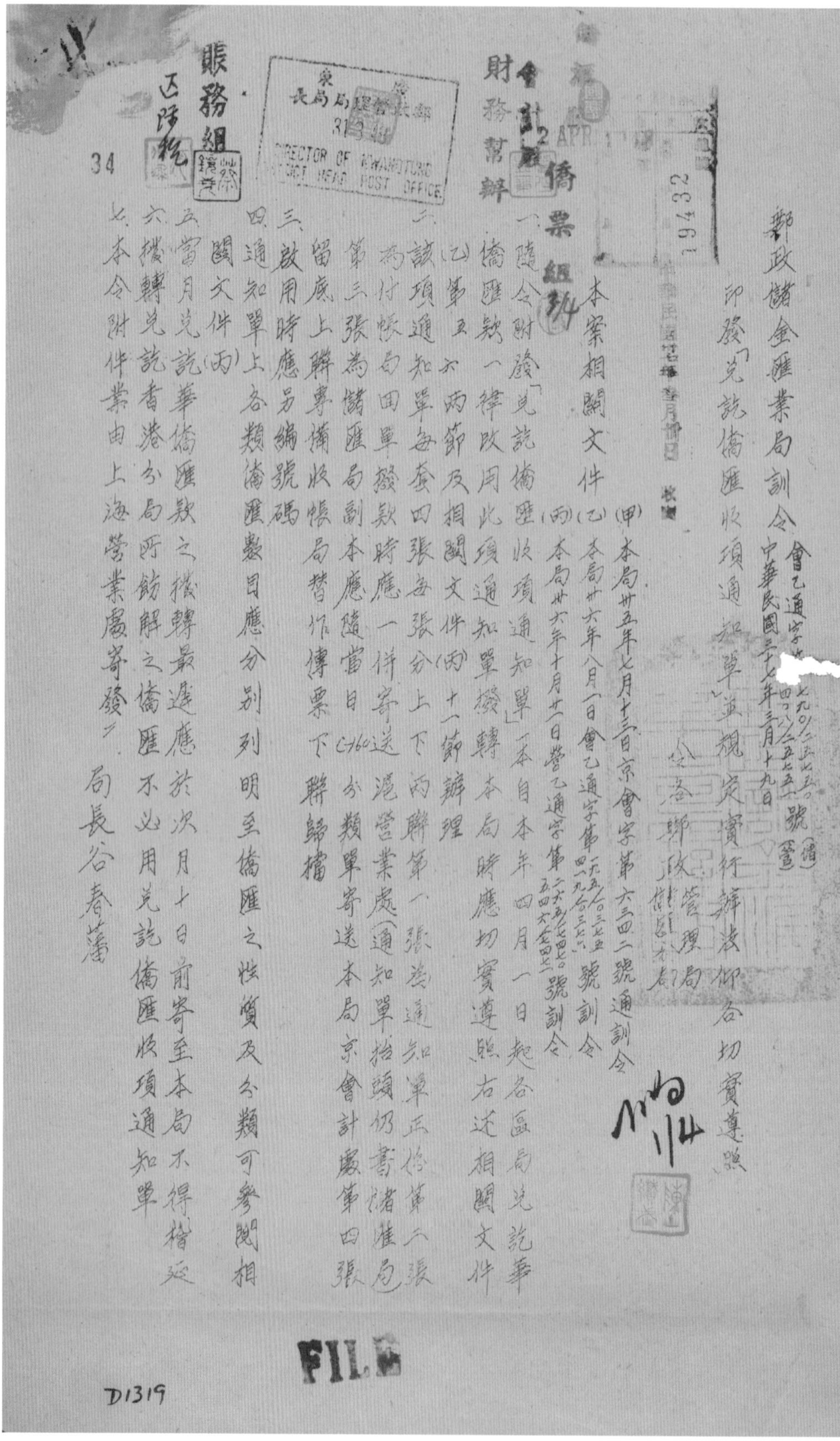

郵政儲金匯業局訓令 會乙通字第……號

中華民國三十七年三月十九日

印發「兌訖僑匯收項通知單」並規定實行辦法仰各切實遵照

令各郵政管理局、儲匯分局

本案相關文件

（甲）本局卅五年七月十三日京會字第六三四二號通訓令

（乙）本局卅六年八月一日會乙通字第……號訓令

（丙）本局卅六年十月廿一日營乙通字第……號訓令

一、隨令附發「兌訖僑匯收項通知單」一本，自本年四月一日起各區局兌訖華僑匯款一律改用此項通知單撥轉本局，時應切實遵照右述相關文件（乙）第五、六兩節及相關文件（丙）十一節辦理。

二、該項通知單每套四張，每張分上下兩聯，第一張為通知單正份，第二張為付款局留單，撥款時應一併寄送滬營業處（通知單抬頭仍書儲匯局），第三張為儲匯局副本，應隨當日C760分類單寄送本局京會計處，第四張留底，上聯專備收帳局替作傳票，下聯歸檔。

三、啟用時應另編號碼。

四、通知單上各類僑匯數目應分別列明，至僑匯之性質及分類可參閱相關文件（丙）。

五、當月兌訖華僑匯款之撥轉最遲應於次月十日前寄至本局，不得稽延。

六、撥轉兌訖香港分局所飭解之僑匯，不必用兌訖僑匯收項通知單。

七、本令附件業由上海營業處寄發。

局長 谷春藩

邮政储金汇业局关于颁发票汇侨汇处理办法给各邮政管理局、邮政储汇分局的训令（一九四八年五月十三日）

郵政儲金匯業局訓令 營乙通字第八六四六八六號 中華民國三十七年五月十三日

頒發票匯僑匯處理辦法

令各郵政管理局、郵政儲匯分局

一、茲訂定「票匯僑匯處理辦法」一份，隨令附發，仰各遵照。

二、開發匯票之代理銀行，除美國紐約大通銀行及其特約銀行（The Chase National Bank of the City of New York, New York, U.S.A. and their Correspondents）、印尼巴達維亞及泗水華僑銀行（The Overseas-Chinese Banking Corporation, Batavia and Sourabaya）外，現又與澳洲雪黎新南威爾斯銀行總行及分支行（The Bank of New South Wales, Sydney, Australia and their Branches）約定開發各分局或郵局兌付之票匯。

三、過去本局滬營業處隨同代理銀行票匯通知單寄發付款局應兌匯票清單（List of advice of drafts drawn by the Chase Bank and their Correspondents）辦法應即廢止，嗣後代理銀行寄發票匯通知單均按照票匯僑匯處理辦法第三條規定辦理。

四、易地兌款辦法除廣東省內仍准繼續適用外，其他各地應即廢止，如遇有是項情形，各分局及辦事處（郵局除外）可援照託收辦法代為兌款。

23

五、澳洲雪黎新南威尔斯銀行開發之票匯收款人於通知單未到前請求先付者除其金額在二十英鎊以内者按照處理辦法第十條規定辦理外如超過二十英鎊者應將票號開發日期匯款金額收款人姓名及發匯銀行報請本局滬營業處或「指定局」指示辦理

六、關于澳洲雪黎新南威尔斯銀行開發粤省之票匯（包括廣州分局及汕頭辦事處兑付者）以廣東管理局為「指定局」辦理本令第五節及票匯僑匯處理辦法第三六八十十一十四條所定應辦各事項

七、僑匯事務由上海本局營業處集中處理所有關於僑匯事務之文電除別有指示或規定外均應逕寄上海本局核辦

附辦法一份

局長谷春藩

24

票匯僑匯處理辦法

（雪己通字第四七八三、二八六〇九、八八四三、八六一〇號訓令之附件）

(一) 票匯僑匯（Remittance Drafts）係指憑票兌付之僑匯由本局國外代理銀行（以下簡称代理銀行）開發匯票交匯款人寄國內收款人持向指定付款局兌款

(二) 代理銀行經約定辦理票匯僑匯者其名称隨時由本局令知各區局是項票匯其付款地設有儲匯分局或辦事處者由儲匯分局或辦事處兌款未設有儲匯分局或辦事處者由郵局兌款

(三) 代理銀行預將該行有權簽字人簽字樣本（Specimens of Authorized Signatures）寄存付款局者其通知單（Advice）逕寄付款局其未將有權簽字人簽字樣本預寄付款局者該項通知單寄由本局滬營業處或「指定局」驗對簽字並編列總號後分別轉發

(四) 代理銀行之分支行或其特約銀行開發之匯票其通知單概由該代理銀行之總行或分支行製發

(五) 付款局接到代理銀行直接寄到之通知單應與該行簽字樣本驗對有權簽字人之簽字其通知單經由本局滬營業處或「指定局」轉發者應查驗其簽字已否經該處或該指定局之負責人驗對無訛並應驗對該負責驗對人之預存印鑑

(六) 匯票分國幣匯票及外幣匯票兩種國幣匯票按票面兌付外幣匯票應依兌付當日之折合率折合國幣兌付其折合率由本局滬營業處

25

或「指定局」隨時通知付款局

(七) 收款人持票兑款其匯票上所載各項如號碼收款人姓名款額及開發日期等經與代理銀行付款通知單核對相符後如為國幣匯票即請收款人於匯票背面簽名蓋章予以照兑如為外幣匯票應將折合率折成國幣數及兑付日期註於匯票背面經收款人簽名蓋章並經主管人員核明簽署後方可照付

(八) 匯票上所載金額如 amount in figure 與 amount in words 不符或票面數額與付款通知單上所載數額不符應先暫按較小數額兑付一面請收款人留存地址隨將不符情形函知本局滬營業處或「指定局」由該處或該「指定局」向代理銀行詢明匯款確數通知付款局

(九) 除前條情形外匯票所載各項如與通知單核有不符或有其他疑義時付款局可斟酌情形請收款人具保兑款但應以絕對必要時為限在通常情形下應儘量避免

(十) 收款人持票兑款時如有關付款通知單尚未寄達而查核持兑匯票尚無偽冒情形除發匯銀行匯票超過一定金額須特別處理者其銀行名稱限額及特別處理辦法另令規定外可准先行憑保兑付一面將該項匯票所載各項詳情通知本局滬營業處或「指定局」(見附據二)轉向代理銀行查證

(十一) 匯票書明有正副本者應憑正本付款非經本局滬營業處或「指定局」

26

專函通知概不得憑副本兌付

(十二)匯票經兌訖後匯票及通知單均須立即加蓋「付訖」木戳國幣匯票應於匯票及通知單背面註明兌付日期外幣匯票除按照第七條規定辦理外並應將折合率折成國幣數及兌付日期一併註明於通知單背面所有通知單均應留存付款局備查

匯票通知單經由本局滬營業處或指定局驗對有權簽字人簽字並編列總號後轉發者付款局兌付是項匯票後應同時將該總號註明於匯票背面

(十三)兌付外幣匯票如付款局係一二三等郵局應將兌訖匯票於當日隨同C-1162單式繳呈管理局如係儲匯分局或辦事處應先行繕製傳票憑以付款付款局如係管理局經辦人應於當日將兌訖匯票繳送主管股組出帳不得延壓

(十四)匯票經代理銀行通知註銷者由本局滬營業處或「指定局」轉知付款局照辦付款局接到註銷通知單後應即於相關付款通知單註明如尚未接到付款通知單者應隨時注意俟接到時立即予以註銷以免誤兌

(十五)關於帳務處理辦法依本局卅六年十月廿一日營乙通字第二六五/一七四七〇 五四六/七四七一號訓令之各項規定

27

第＿＿號

憑保兌付票滙僑滙通知單

下列票滙其代理銀行付款通知單迄未寄達茲經本局先行憑保兌付此致

郵政儲金滙業局滬營業處

滙票號碼	
開發日期	
款　　額	
收款人	
開發銀行	

中華民國　年　月　日

………局啟

郵政儲金滙業局滬營業處復單

上列票滙通知單已由本處驗對於　月　日寄送

貴局／　　此致

………局

郵政儲金滙業局滬營業處

中華民國　年　月　日

說明：（1）本單應由付款局填造三份，一份留存，其餘二份寄送儲滙局滬營業處。

（2）滬營業處批註後，將一份留存，一份寄退付款局。

（營乙通字第4938/28669，5844/28611號訓令附件之附件）

邮政储金汇业局关于抄发侨胞原购国币节储券换购美金公债办法给昆明分局、香港分局、重庆分局的训令（一九四八年六月二十六日）

郵政儲金匯業局訓令

抄發僑胞原購國幣節儲券換購美金公債辦法

儲字第三一四〇/三一一二七（昆明）、一〇八/三一二一八（香港）、四二〇/三一一二九（重慶）號

中華民國三十七年六月廿六日

令昆明、香港、重慶分局

相關文件 5-1948

財政部本年五月廿四日第54532號代電

四聯總處秘書處本年六月九日京業字第26553號函

財務暫辦

一、關於海外僑胞前以外幣折購之節約建國儲蓄券如何兑付一案，迭奉財政部本年五月廿四日第54532號代電及四聯總處秘書處本年六月九日京業字第26553號函，以奉行政院令特准僑胞按所購儲蓄券本金照原匯率換購卅六年美金公債，並抄送換購辦法一份到局，合行抄發知照。

二、相關各局應遵迭次令飭，即將海外僑胞申購節儲券詳細情形查明列表二份呈報本局，以憑轉報。

三、關於詳細換購手續正會商中國銀行訂定呈報財政部核示中，俟奉核定續行飭知。

四、遇有僑胞持券申請換購美金公債者，如查明以前確係以外幣申購，應將詳情呈報本局核辦。

本件副份及附件抄發各區局。

局長谷春藩

附：海外侨胞原购国币节约建国储蓄券换购民国卅六年美金公债办法（一九四八年五月二十四日）

海外僑胞原購國幣節約建國儲蓄券換購民國卅六年美金公債辦法

卅七年五月廿四日公佈

（儲字第三一四/三一二七等號之附件第一頁）

一、抗戰期內僑胞在海外原以外幣按當時官價折購之國幣節約建國儲蓄券（以下簡稱僑胞所持儲券）除已償還收回者外其尚未受償儲券之本金特准換購民國三十六年美金公債

二、僑胞所持儲券換購美金公債數額應照承購儲券時實際繳交美幣數額計算如以其他外幣購買之儲券應以當時各該外幣對美幣之匯率折合美金再為換購

三、僑胞所持儲券換購之美金公債以第二期債票換發並附帶第二期起息票

四、僑胞所持儲券換購美金公債應以換購該項公債最低面額美金五十元為準如實際繳交外幣數額不足最低面額時應由持券僑胞以外幣湊足換領

五、僑胞所持儲券除本金換購美金公債外其應領之利息仍以國幣付給

六、僑胞所持儲券換購美金公債應先由各該原發行行局查明確係以外幣折購者始准換購各發行行局並應於三十七年五月底以前將經售以外幣折購尚未償還之儲券詳細查明户名地址券額原繳外幣數額當時匯率等項先行列冊報部查核嗣後如查有以非外幣折購之儲券冒換美金公債者原發行行局應負責以外匯或美金公債

10

（儲字第三四/三二七等號之附件第二頁）

繳還國庫

七、依照本辦法在海外收回原發國幣節約建國儲蓄券暨換發三十六年美金公債等事宜由財政部委託中國銀行負責彙總辦理於本年九月底以前辦理完竣報部查核其詳細換購手續由中國銀行與各該原發行行局商洽訂定施行並呈財政部備案

八、本辦法自公佈之日施行

十一

11

邮政储金汇业局营业处关于函送「票汇侨汇处理办法摘要」给广东邮政管理局的函（一九四八年七月十三日）

郵政儲金匯業局

收文者：廣東郵政管理局

事由：函送「票匯僑匯處理辦法摘要」

相關文件

附件：「票匯僑匯處理辦法摘要」一份

抄送

中華民國卅七年七月十三日發

滬營字第一〇七四八〇號

由

（一）准財務處「票匯僑匯處理辦法摘要」一份

財務處

儲匯股

僑匯組

附：此項摘要係印備本處初辦票匯僑匯郵局參攷之用，貴局需否存備若干份，請核奪見復為荷

郵政儲金匯業局營業處

JUL 16 1948

FILE

附：票汇侨汇处理办法摘要（一九四八年五月十三日）

票匯僑匯處理辦法摘要（本局卅七年五月十三日營乙通字第四七八八八四//二八六〇九二八六一〇號訓令）

（一）本局國外代理銀行經約定辦理票匯僑匯，其有權簽字人簽字樣本未預寄付款局者，匯票通知單寄由本局滬營業處或「指定局」驗對簽字並編列總號分別轉發，付款局接到是項轉發之通知單應驗對該負責人之預存印鑑。

（二）匯票分國幣匯票及外幣匯票兩種，國幣匯票按票面兌付，外幣匯票應依兌付當日之折合率折合國幣兌付，其折合率由本局滬營業處或「指定局」隨時通知付款局。

（三）收款人持票兌款，其匯票上所載各項如號碼、收款人姓名、款額及開發日期等經與通知單核對相符後，如為國幣匯票即請收款人於匯票背面簽名蓋章予以照兌，如為外幣匯票應將折合率、折成國幣數及兌付日期註於匯票背面，經收款人簽名蓋章並經主管人員核明簽署後方可照付。

（四）匯票上所載金額如 Amount in Figures 與 Amount in words 不符，或票面數額與通知單上所載不符，應先暫按較小數額兌付，一面請收款人留存地址，隨將不符情形通知本局滬營業處或「指定局」，由該處或「指定局」向代理銀行詢明匯款確數通知付款局。除前項情形外匯票所載各項如與通知單核有不符或有其他疑義時，付款局可斟酌情形請收款人具保兌款，但應以絕對必要時為限，在通常情形下應儘量避免。

（五）匯票經兌訖後匯票及通知單均須立即加蓋「付訖」木戳。國幣匯票應於匯票及通知單背面註明兌付日期，外幣匯票除按照第三條規定辦理外，並應將折合率，折成國幣數及兌付日期一併註明於通知單背面。所有通知單應留存付款局備查。本局滬營業處或「指定局」編列於通知單之總號並應註明於兌訖匯票背面。

（六）匯票經兌付後，付款局如係儲匯分局或郵政管理局應記入兌訖華僑匯款帳票匯僑匯子目，於月終用僑匯收項通知單隨兌訖匯票彙撥滬本局。付款局如係辦事處應用撥款收項通知單將兌訖匯票寄呈主管分局出帳。如係一二三等郵局應將兌訖匯票隨C–188x單式繳呈管理局，於月終結帳時將全月兌付總額登列收支計算書2050-2項下由管理局彙登兌訖華僑匯款帳票匯僑匯子目彙撥滬本局。

（七）兌付外幣匯票如付款局係一二三等郵局應將兌訖匯票於當日隨同 C–188x 單式繳呈管理局。如係儲匯分局或辦事處應先行繕製傳票憑以付款。付款局如係管理局，經付人應於當日將兌訖匯票繳送主管股組出帳，不得延壓。

邮政储金汇业局关于颁发小额侨汇处理办法给各邮政管理局的训令（一九四八年七月三十日）

郵政儲金匯業局訓令

營內通字第五四九/三二三一〇號
中華民國三十七年七月三十日

附件：小額僑匯處理辦法一份

收文者：各郵政管理局

事　由：頒發小額僑匯處理辦法

茲釐訂「小額僑匯處理辦法」，隨令檢發，嗣後對於小額僑匯應遵照本辦法處理。

局長谷春藩

營內通字訓令第五四九/三二三一〇號

訓令營丙通字第五四九／三三三一〇號之附件

小額僑匯處理辦法

(一)小額僑匯（Overseas Petty Remittances）係指小額之華僑匯款，由本局國外代理銀行製發三聯式小額僑匯匯票包括匯票（上暫印華僑匯票四字）存根及回批即Paying Order, Advice and A.P. 簡稱P.A.A.隨匯款人家信或匯款小條，寄由僑匯分發局轉發付款局派差按址送交收款人。

小額僑匯無論收款人所在地有無儲匯分局或辦事處，均以郵局爲付款局。

(二)僑匯分發局按業務狀況及各地交通情形分設如下：

分發局 (Distributing Centre)	分發區域 (Distributing Area)
汕頭郵局	汕頭及潮梅各地
江門郵局	江門附近各邑
海口郵局	海南島
廣東管理局	雲南、廣西及粵省不屬汕頭、江門、海口分發局各地
福建管理局	閩北及附近各地
廈門郵局	閩南及台灣
上海管理局	上海、江蘇、浙江、安徽、山西、湖南、湖北、江西、四川、貴州、山東、河北、河南、北平、陝西、甘肅、寧夏、青海、新疆及東北各省區

分發局事務處理辦法另定之。

(三)處理小額僑匯應特別注意下列五項規定：

甲、投送匯款退寄回批應力求迅速。

乙、無法投送匯款應立即寄退原分發局。

丙、應以現金送交收款人。

丁、不得向收款人索取任何酬金。

戊、付款時毋須具保。

(四)分發局應將分發小額僑匯匯票負責人員印鑑預寄各付款局，或於第一次分發小額僑匯匯票時寄往付款局。付款局接到分發局隨華僑匯票寄發清單（D.—516x）寄來之三聯式小額僑匯匯票及匯款人家信或匯款小條後，應逐件檢點並核對分發局負責分發人員印鑑是否相符，再將滙款人姓名及滙款人家信面上或滙款小條上所書收款人姓名住址分别註明華僑滙票寄發清單相關欄內並加蓋收到日戳。

(五)小額僑滙滙票之投送依左列規定：

甲、當地投送之小額僑滙滙票，如數量不多，應交由投遞差帶送或隨時派差專送。

乙、當地投送界以外小額僑滙滙票，於不影響趕班範圍內應交由郵差或村差帶送，或發交代辦所村鎮信櫃投送。

丙、收款人所在地地處偏僻，非郵差、村差、代辦所、村鎮信櫃所能帶送或小額僑滙滙票較多，由郵差或村差帶送足致影響郵遞者，或款額較鉅寄交代辦所或村鎮信櫃投送未臻妥愜者，得由付款局雇用臨時差投送，其費用出[illegible]—1「各項費用帳」。

丁、前項雇用臨時差投送之小額僑滙滙票如經常達一定數量，並視一般情形以雇用僑滙專差較爲有利時，得呈准雇用僑滙專差。

(六)小額僑滙滙票發交投遞差、郵差、或村差投送時應將滙款人附寄之家信及滙款現金如數一倂交付，除由該差於華僑滙票寄發清單相關欄內加蓋圖章或畫押外，並應註明發交投送日期備查。其發交代辦所、或村鎮信櫃者，則須登入寄信清單，如附寄滙款現金，倂應載明其數額。

(七)投送小額僑滙應先查明是否確係收款人本人，然後請收款人於三聯式小額僑滙滙票之各聯上簽名或蓋章，並請於回批封套內所附空白信箋，書就覆信，納入原套（但不得附入他人信件信語並不得含有款存銀行生息或購買田產等違反國外政府統制外滙法令之詞句）並將滙款如數交付收款人點收，其已簽名或蓋章之三聯式小額僑滙滙票隨即繳回或寄回付款局加蓋日戳，並按照後開規定辦理：

甲、第一聯（滙票）加蓋「付訖」木戳，隨C.—188x單式寄呈管理局，並於月終將付訖總額登入收支計算書2050—1項下，由管理局彙登兌訖華僑滙款帳內之小額僑滙子目，再用僑滙收項通知單撥轉滬本局，所有付款局隨C.—188x單式寄呈管理局之第一聯，倂應同時隨C.—193單式彙寄滬本局，其結數應與僑滙收項通知單相符。

乙、第二聯（存根）加蓋「付訖」木戳後留存付款局備查。

丙、第三聯（回批）登入退寄回批清單（D.—517x）加封退回分發局（不得退寄管理局或逕退國外代理銀行），並將退寄日期註明於華僑滙票寄發清單（D.—516x）。凡非經常投送小額僑滙或投送不多之付款局，可將回批封入公事信封，封面註明回批號碼，掛號寄退分發局，不用退寄回批清單，以期簡捷。

(八)發往不常投送小額僑滙匯票局所之小額僑滙滙票，如各聯未分別印有關於處理手續之簡短文字，應由分發局於寄發前於各聯分別加蓋下列橡皮戳記：

第一聯「此聯隨（C.—188x）單式寄呈管理局」

第二聯「此聯存付款局備查」

第三聯「此聯加封退寄○○僑滙分發局」

(九)繳回或寄回之付訖小額僑滙滙票應注意查核各聯是否確經收款人簽收完妥，有無錯付或冒領等情事，其經常接到小額僑滙滙票之收款人，得請其塡具D.—514x單式預留印鑑二份，以一份存局，一份交差隨身攜帶，俾便分別核對。

(十)小額僑滙匯票如無法投送應迅速批退分發局。因查詢收款人所在或因收款人暫時離去須俟經過相當時日再行投送者，其留存付款局之期間自小額僑滙滙票寄到之日起不得逾一個月。

(十一)批退無法投送小額僑滙滙票，應備條註明無法投送緣由，黏附於滙款人家信，並加蓋日戳隨即連同小額僑滙滙票登列退寄回批清單註明「無法投送」字樣，當日退回原分發局。

(十二)小額僑滙滙票因收款人他往須改寄他局投送者，應將改送地址確切查明，如不能查明確實改送地址或收款人行止不定視情形顯屬無法改送者，（如學校及部隊之遷離等情形）應批退分發局。其經分發局誤發者，應迅速代爲轉發，並通知原分發局。因上項情形改寄或轉發者，應將改寄或轉發日期註明華僑滙票寄發清單備查。

(十三)分發局就其與付款局間最快郵程酌定退寄回批期限，如付款局逾限未將回批退寄，應即繕發回批查詢單（D.—801x）付款局接到此項查詢單，應迅速辦理，並迅將回批寄退分發局。如因不明與付款局間最速郵程必需時間，或因情形特殊，致郵程變幻靡定，得由分發局於寄發小額僑滙滙票時附寄回單一紙（　　），付款局應於接到時，立即加蓋當日日戳，並由經手人簽押，當班加封寄退分發局，俾使明瞭兩地間郵程情形。

(十四)兌付小額僑滙所需現金應隨時迅速指撥，其經常兌付小額僑滙甚多各局，應由分發局將每次分發總額用D.—518x單式隨時分別通知其票款準備局，俾便迅速撥款協濟。

(十五)華僑滙票寄發清單應挨次存檔，並依辦理次序隨時記入應行記載各事項，不得遺漏。此項清單應隨時查閱，如有發交投送之小額僑滙滙票尚未按時繳回或寄回者，應即迅速追查。

(十六)小額僑滙滙票所載金額如核與華僑滙票寄發清單不符，應先按小額僑滙滙票所載金額投送，一面函詢分發局查明確數。

(十七)小額僑滙滙款如因滙票所載金額與代理銀行滙款清單不符，經分發局通知須向收款人追回或補付者，其追回或補付之差額，應經由管理局用分局付項或轉帳收項通知單詳加說明，撥轉滬本局。因誤付滙款經分發局通知向誤收第三者追回作爲退滙辦理者，其追回款額亦應經由管理局用分局付項通知單撥轉滬本局。

(十八)小額僑滙滙票如遇遺失應將遺失緣由迅速通知分發局請予補發副票投送，並呈報管理局備案，但於函請補發副票前應查明滙款是否確未付訖，副票經補發投送後，應注意防止原票之重付。

(十九)小額僑滙滙票投送需時較久或無法投送批退歷時較久而均不可歸責於投送僑滙差或其他經辦人員者，應將事由批明小條黏附於回批，俾使滙款人明瞭稽延緣由。

(二十)分發局函請付款局補寄副回批，應迅速辦理，如因收款人不在或其他事故不能照補時，得將存局之小額僑滙匯票第二聯即存根代替副回批，並註明不能照補緣由，寄往分發局，同時註明相關華僑滙票寄發清單備查。

(廿一)小額僑匯滙票如因經辦人員或投送僑滙差之過失遲延付款或誤付第三人致匯款人請求退匯，發生滙兌上損失，應責由該經辦人員或投送僑滙差賠償，其應行賠償之金額由分發局算定通知關係付款局向該經辦人員或投送僑滙差追繳，解由管理局用分局付項通知單詳加說明撥轉滬本局。

邮政储金汇业局营业处关于函送中央银行委托邮政储金汇业局代收侨汇办法给广东邮政管理局的函（一九四八年九月八日）

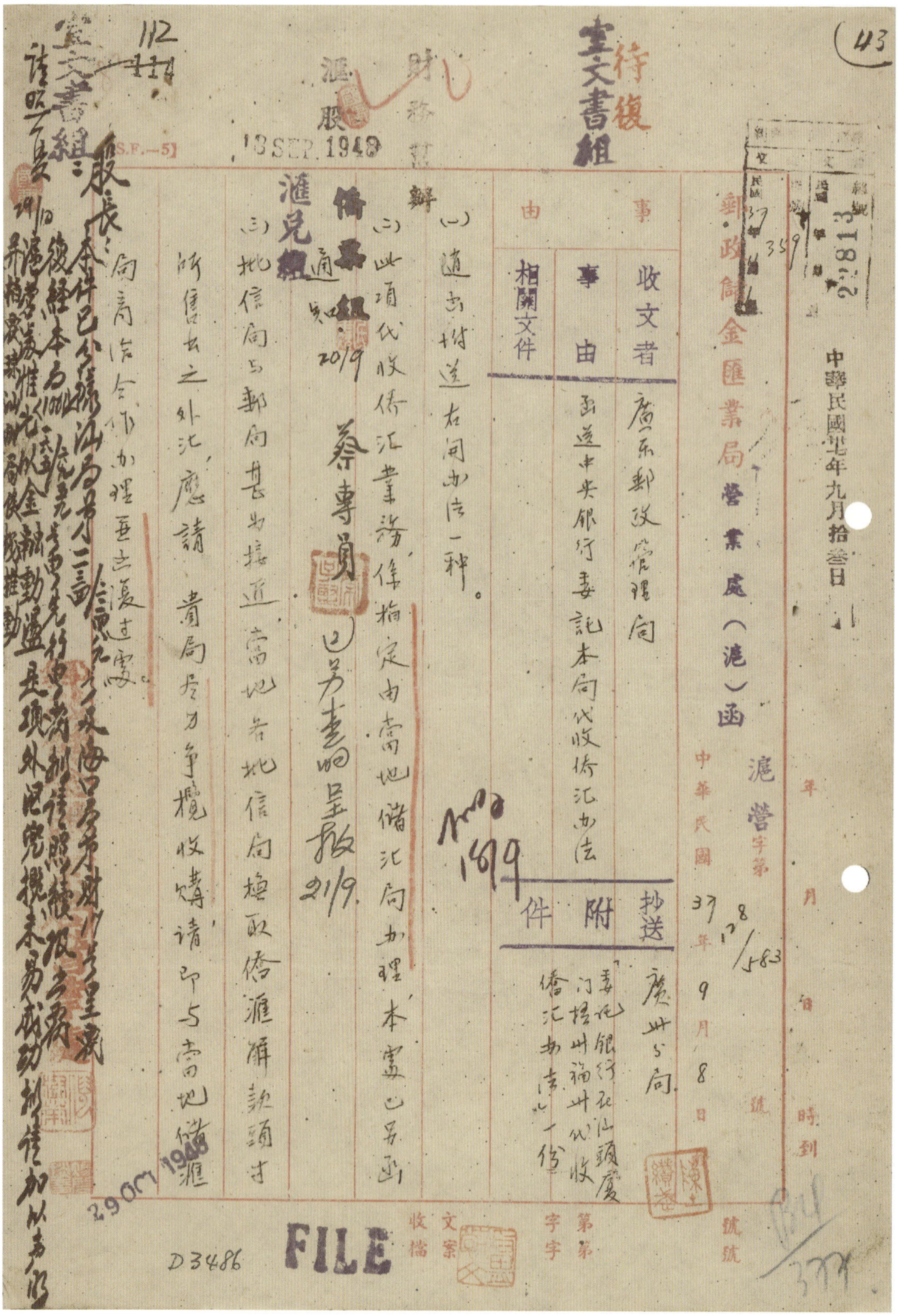
郵政儲金匯業局營業處（滬）函
滬營字第　號
中華民國卅七年九月拾叁日
收文者：廣東郵政管理局
事由：函送中央銀行委託本局代收僑匯辦法
相關文件
抄送：廣州分局
附件：「委託銀行在汕頭廈門梧州福州代收僑匯辦法」一份
（一）隨函附送右開辦法一種。
（二）此項代收僑匯業務係指定由當地儲匯局辦理，本處已另函
（三）批信局與郵局甚為接近，當地各批信局擷取僑滙解款頭寸所售出之外匯，應請貴局盡力爭攬收購，請即與當地儲滙
FILE
D3486

委託銀行在汕頭廈门梧州福州代收僑滙辦法

第一頁

一、人民以僑滙售与各該行局時各該行局可憑託各該滙行局結售本局之電報記明書向當地本行兌取金圓券

二、當地本行於付款後即付本局帳並即電知收款行局及所支數額並註明外滙係在當地購進

三、本局於接電後即付各該行局之汕廈梧閩收僑款户帳此户之欠款祇能以外滙購得之金圓清償

四、各該滙行局將各該分行局所收之僑滙於接電後即分別結售与本局所得金圓券即分別收各該行局之僑款户償還向當地本行所支款數

五、收兌僑滙外幣鈔券部份仍按本行委託各該行代兌外幣鈔券辦法辦理手續費按千分之二點五計算

六、各該行局兌入外滙手續費不論為D/D或T/T概按千分之五計算

七、各該行局所收僑滙外滙應按照規定滙率折合金圓券付給僑民不得有、或高或低情事

八、本行廣州分行在當地所買賣外滙各該行局在廣州所收之僑滙得隨時轉售予

~~115~~
114

本行廣州分行除手續費援用上項規定外其他無須引用上項規定辦理

第二頁

委託銀行在港代收僑滙辦法

一、各該行局在港所收之僑滙應付金圓券頭寸由本行在各僑滙解付地點一併先劃撥其辦法如後

(甲)本行事先通知廈門汕頭梅州廣州福州各分行得由當地中國交通及中國農民銀行及中信局憑各該香港分行局之電報證明解付僑滙款項向當地本行借支金圓券當地本行應儘先撥付惟此項借支不得在當地歸還

(乙)當地本行於付款後即付本局帳並即電知本局收款行局及借支數額並註明外滙係在港轉入

(丙)本局接電後即付各該行局之港收僑滙户帳此户之欠款祇能以外滙購得之金圓券清償

(丁)各該港行局所收之外滙應即日電由各該港行局結售予本局所得金圓券即收各該行局之僑款户償還欠款

二、各該行局代收僑滙手續費外幣券按千分之二點五計算D/D及T/T按千分之五計算

三、所收僑滙外幣券暫以美鈔及港鈔為限概依法定滙率每美圓折合金圓券四圓港幣每元折合金圓券七角五分計算付給僑民不得有或高或低情事

邮政储金汇业局广州分局关于录送广州央行委托代收侨汇办法给广东邮政管理局的公函（一九四八年九月二十日）

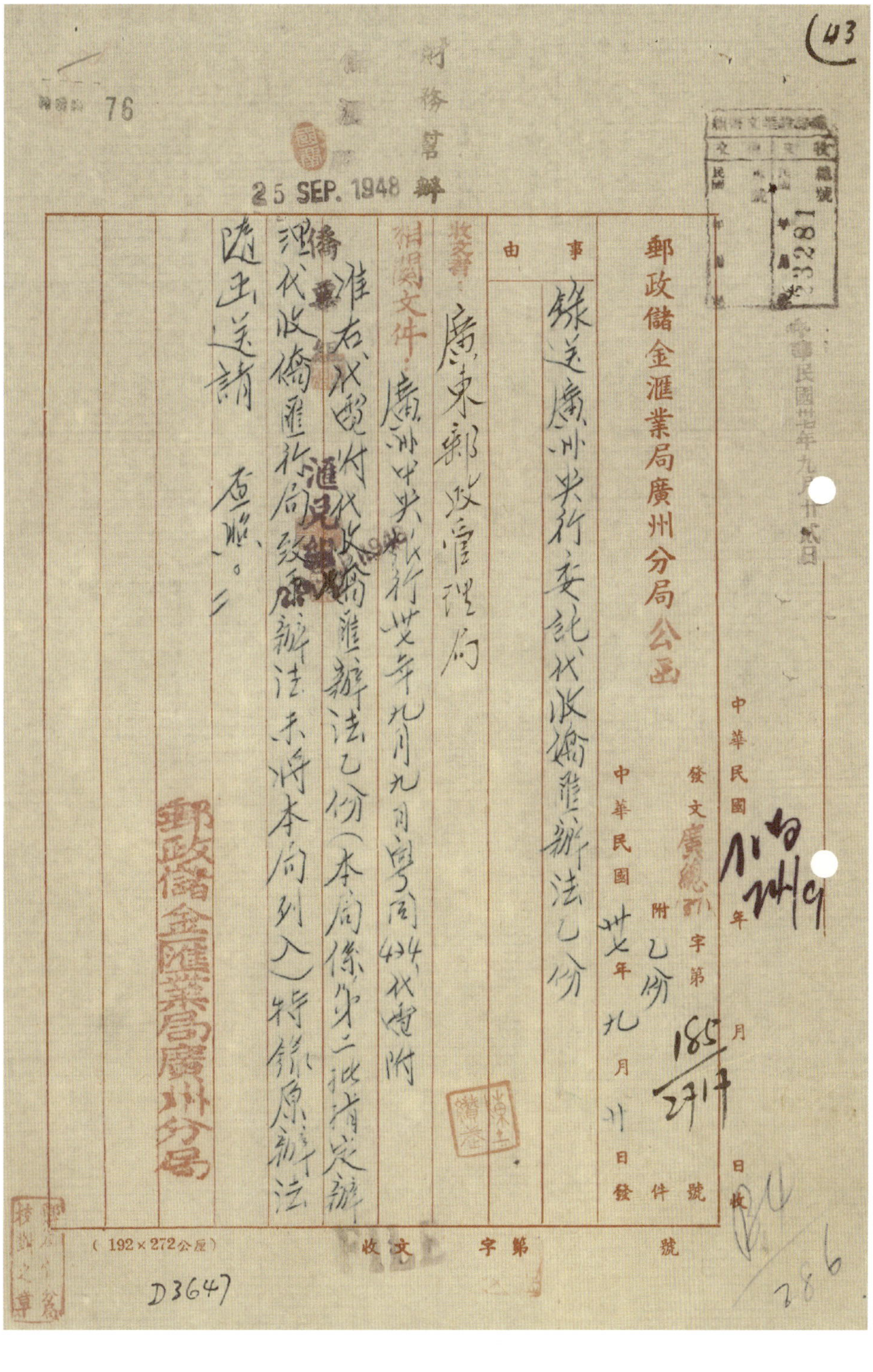
郵政儲金滙業局廣州分局公函

事由：錄送廣州央行委託代收僑滙辦法乙份

收文者：廣東郵政管理局

附屬文件：廣州中央銀行卅七年九月九日粤函434代電附

准右代電附代收僑滙辦法乙份（本局係第二批指定辦理代收僑滙行局，致原辦法未將本局列入）特錄原辦法隨函送請

查照。

發文 廣總 字第 號

附件 乙份

中華民國卅七年九月廿日發

附：委托中、交、农三行及中信局代收侨汇办法

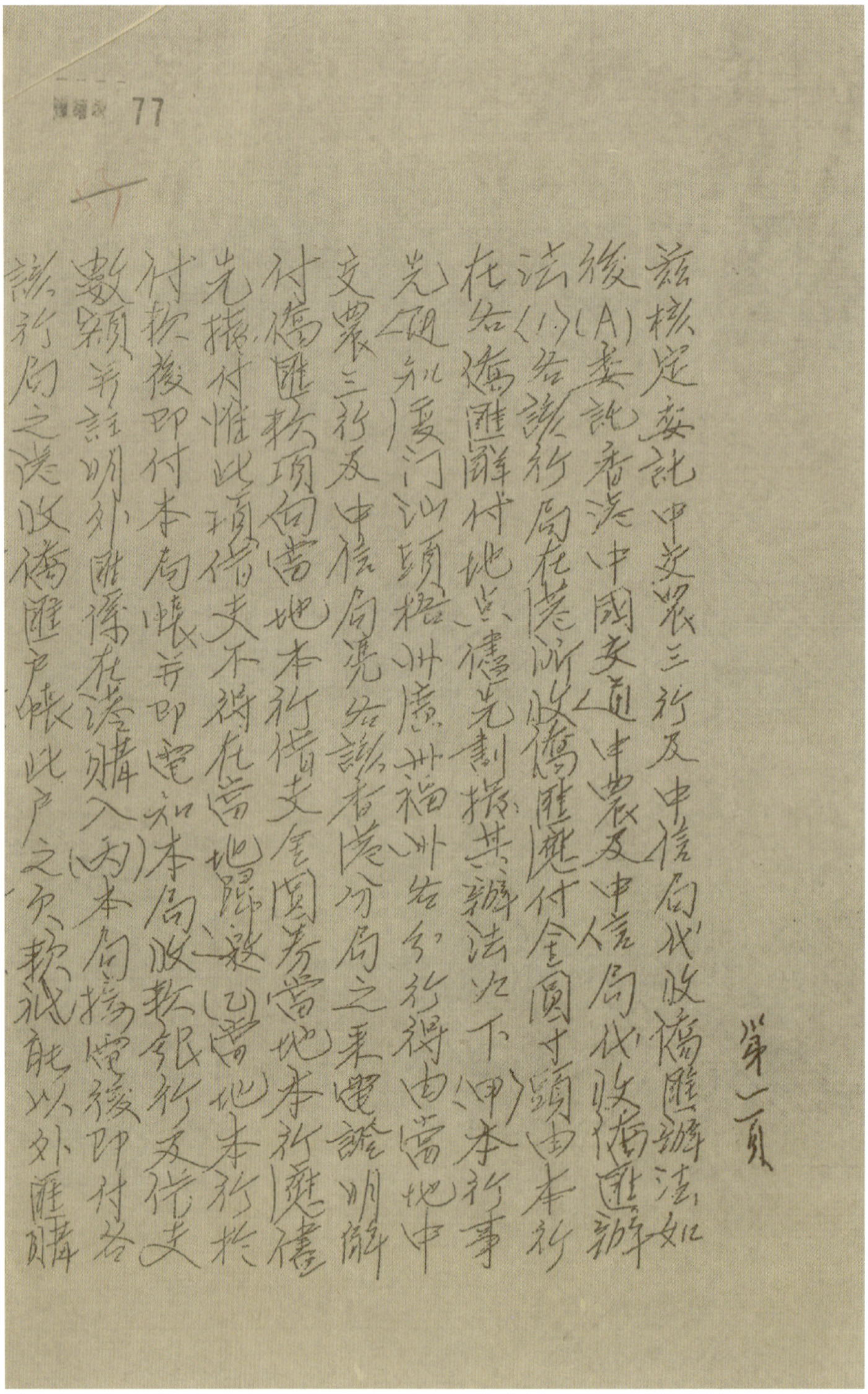

茲核定委託中交農三行及中信局代收僑匯辦法如後(A)委託香港中國交通中農及中信局代收僑匯辦法(1)各該行局在港所收僑匯應付金圓券頭由本行在各僑匯解付地點儘先劃撥其辦法如下(甲)本行事先通知廈門汕頭梅州廣州福州各分行得由當地中交農三行及中信局憑各該香港分局之來電證明解付僑匯款項向當地本行借支金圓券當地本行應儘先撥付惟此項借支不得在當地歸還(乙)當地本行於付款後即付本局帳並即電知本局收款銀行及借支數額並註明外匯係在港購入(丙)本局接電後即付各該行局之港收僑匯戶帳此户之欠款祇能以外匯購

71

得之金圓券清償(丁)各該滙行局所收之外匯即日電由各該滙行局結售予本局所得金圓券即收各該行局之僑款戶積還欠款(2)各該行局代收僑匯手續費外幣券按千分之二点五計算D/D及T/T按千分之五計算(3)所收僑匯外幣券暫以美鈔及港幣為限，外幣依法定匯率每美元折合金圓券四元港幣每元折合金圓券八角五分計算付給僑民不得有減高或低情事(B)委託汕頭廈門福州梧州中國交通中農三行及中信局代收僑匯辦法(1)人民以僑匯據與各該行局時，各該行局可憑該各該滙行局結售本局之電報証明書向當地本行支取金圓券(2)當地本行於付款後即付本局帳戶即電知收款銀行及所支數額並註明外匯係在當地購進(3)本局於接電後即付各該行局汕廈

廿

79

78

第二頁

搭閩收僑款户帳此次之欠款祇能以外匯購得之金圓券清償(4)各該滬行局所收之僑匯於接電後即分別結售與本局所得金圓券即分別收各該行局之僑款戶帳償還向當地本行所支款數(5)收兑僑匯外幣剩存部份仍按本行委託各該行局代兑外幣存券辦法辦理手續費按千分之(25)計算(6)各該行兑入外匯部份手續費不論為DD或TT概按千分之五計算(7)各該行所收僑匯應格遵規定匯率折合金圓券付給僑民不得有或高或低情事(8)本行廣州分行在當地可買賣外匯各該行局在廣州所收之僑匯可隨時轉信予本行廣州分行除手續費援用上項規定外其他無須

到閱上項規定除分函中央農民銀行中信局洽辦并分電外相應電達即希查照妥為辦理並報業局0828業員字第7030號

邮政储金汇业局关于颁发信汇侨汇处理办法给各邮政管理局、邮政储汇分局的训令（一九四八年九月二十日）

廣東郵政管理局轉發 年 月

郵政儲金匯業局訓令

營丙通字第五九〇／三五三八二號（管局）
營丙通字第一〇七五／三五三八三號（分局）
中華民國三十七年九月二十日

附件：信匯僑匯處理辦法

收文者：各郵政管理局、儲匯分局

事由：頒發信匯僑匯處理辦法

（一）茲釐訂「信匯僑匯處理辦法」，隨令附發，仰各遵照。

（二）關於澳洲雪黎新南威爾斯銀行總行及分支行（The Bank of New South wales Sydney,Australia and their Branches）開發粵省之信匯僑匯（包括廣州分局及汕頭辦事處兑付者）以廣東管理局爲「指定局」。//

局長谷春藩

廣州支局 2.10.48 CANTON

營丙通字訓令第五九〇／三五三八二號
營丙通字訓令第一〇七五／三五三八三號

訓令營丙通字第五九〇／三五三八二 一〇七五／三五三八三號之附件

信匯僑匯處理辦法

(一)國外代理銀行開發信滙僑滙（Mail Payment Order）由本局滬營業處或「指定局」繕製三聯式信滙僑滙通知單寄往付款局照付。

(二)本局滬營業處或「指定局」經辦信滙僑滙人員之印鑑，由該處或「指定局」預先寄存付款局，或於第一次寄發信滙僑滙通知單時寄往付款局，付款局接到該處或「指定局」製發之信滙僑滙通知單，應即驗對印鑑，如屬相符，應迅將第二三兩聯（即收據正副份）加封，按照處理報値郵件辦法，飭差按址投送收款人，由收款人於收據正副份簽名蓋章持往付款局取款。其通知單註明須將滙款按址送交收款人者，應由付款局派差將款連同收據正副份按址送交收款人簽收。

(三)信滙僑滙分國幣及外幣兩種，國幣信滙按通知單所載金圓數額兌付，外幣信滙已由本局滬營業處或「指定局」折合金圓者，應按折合數額兌付，其未經折合者，應依本局滬營業處或「指定局」通知之折合率折合兌付。此項折合率遇有變更時，由本局滬營業處或「指定局」隨時通知付款局。

(四)信滙僑滙付款前，應驗明正副份收據是否經收款人簽名蓋章，如手續完妥，應即照付。外幣信滙如須由付款局折合者，應將折合率及折成數額分別註明，經主管人員核明簽署後，方可付款。

(五)付款局將信滙僑滙收據正副份送達收款人後如逾三日尙未見收款人到局領款，應即備函或派差催領。

(六)信滙僑滙付訖後，所有通知單各聯應按後開規定處理：

甲、第一聯（即通知單）加蓋「付訖」戳記，留存付款局備查。

乙、第二聯（即收據正份）由付款局加封逕行寄退本局滬營業處或「指定局」。

丙、第三聯（即收據副份）：(A)付款局如爲儲滙分局，應將付款記入兌訖華僑滙款帳信滙僑滙子目下2050—3 於月終將收據副份隨同僑滙收項通知單撥轉滬本局。(B)付款局如爲郵局，應將收據副份隨 C—188x 單式寄呈管理局，並應於月終結帳時將全月所付總額登列收支計算書2050—3 項下，報由管理局記入兌訖華僑滙款帳信滙僑滙子目•用僑匯收項通知單彙撥滬本局。(C)付款局如爲儲滙分局辦事處，應將收據副份隨同現金收項通知單撥轉其所隸屬之分局出帳。

(七)信滙僑滙經代理銀行通知註銷者，由本局滬營業處或「指定局」轉知付款局照辦。付款局接到註銷通知書後，應立即在信滙僑滙通知單內註明，並加蓋「註銷」戳記。

(八)信滙僑滙收款人拒收或請求退滙時，付款局應取具收款人書面聲明，並收回收據正副份立即函知本局滬營業處或「指定局」，同時將該號信滙予以註銷，並於通知單各聯內註明備查。

广东邮政管理局关于严密取缔批信局取巧寄递批信回批给邮局的训令（一九四八年九月二十日）

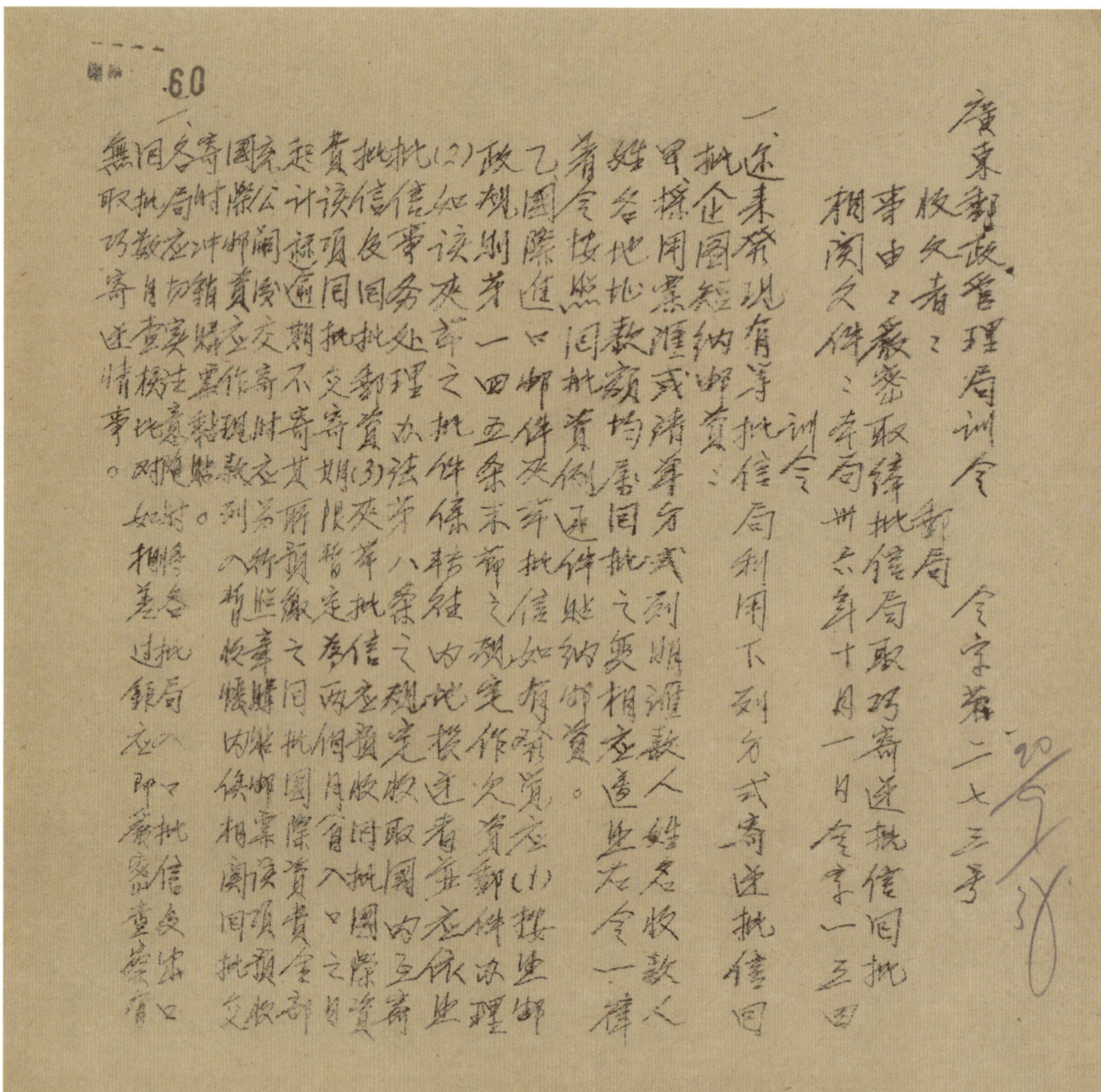
60

廣東郵政管理局訓令

令字第二七三號

收文者：各郵局

事由：嚴密取締批信局取巧寄遞批信回批

相關文件：本局卅六年十月一日令字一三四

訓令

广东邮政管理局关于南洋寄汕头信函夹寄批信处理办法给邮政总局视察室的公函（一九四八年九月三十日）

公函

郵內 八十五

卅七 九 卅

郵政總局視察室

關於南洋寄汕头信函夾寄批信處理辦法

(一)貴室卅七年九月九日視(一)十四公函

(二)本局卅七年五三五五、五九號郵件查扣報告

(一)汕頭局查獲之夾寄批信函件，收件人雖非領照之批信局，但核其行為跡近欺詐取巧，實應取締，故除按照郵政規則第一四五條末節之規定作欠資郵件辦理外，如該夾帶之批件，係轉往內地投遞者，並依照批信事務處理辦法第八條之規定，收取國內互寄批信及回批郵資（其數額為該項夾帶批信數目乘以當日双倍國內郵資（即國內來回程郵資所得之數））

(二)為鼓勵員工注意查緝起見，經訂定發給查獲獎金標準如右，併飭汕頭局遵照辦理。

178

~~179~~

二

（甲）每日每人單獨查獲或數人共同經手查獲之該項夾帶批件，其所科罰之兩倍郵資總額超過一百五十萬元之數，照所罰郵資提出三分之二給獎，同日同一人或同數人查獲數宗者，以彙總計算，每月月終計算查獲次數超過十五宗者，並得列表呈請獎敘。

（乙）照（甲）項計算所科罰之兩倍郵資總額在一百五十萬元以下准將所罰郵資全數給獎，每月月終計算查獲次數超過十五宗者，並得列表呈請獎敘。

（丙）查獲之件如已按章退回原寄人，並無科罰郵資，對於查獲人員可於月終列表呈請獎敘但不予核給獎金。

廣東郵政管理局

繕寫 [illegible]

校對 何詠祺

广东邮政管理局局长黎仪燊关于报告汕头一等邮局查获马来亚进口批信夹带他件处理情形致交通部邮政总局的呈（一九四八年十月七日）

郵內 二二八二

卅七 十 七

呈

郵政總局

報告汕頭局查獲馬來亞進口批信夾帶

他件處理情形

抄函一件

（一）前據汕頭局報告，查獲馬來亞進口批信總包內發現批信多夾帶收件人以外之他人批信在內，除經發欠資郵件例補貼郵票外，並經該局去函汕市批業公會轉飭各批信局通知外洋分號以後不得有夾帶情事，如再有查獲，即併予處罰違約金。

（二）本局以上述夾帶行為，亦近欺詐取巧，當經令飭該局依照批信事務處理辦法第十條第三款之規定，除發件補收兩倍郵資外，併科罰違約金，以資取締。

（三）現據該局呈復，以當時曾據汕市批業公會函述該項夾帶他件行為，實係各批局

檔案號數：子四

二

之國外分號無知誤罰，經該公會分函糾正，請求祇按照欠資郵件辦理，免予科罰違約金。當經該局准予所請，而自該次查處之後，各號局已切實遵辦，不得有擅取欠資補費情事發生，據請不究既往，免再科罰違約金。

（四）謹將該批業公會致汕頭局公函一件録復，可否准予通融減免之處，敬祈

示遵。——

局長梁[illegible]

附：汕头市侨批业同业公会理事长魏子家关于马来亚进口批信夹带他件情形给汕头一等邮局的公函

~~171~~

170

一

案据 敝會員洪萬豐有信悦記光益裕等四批局報告称「查本年五月間會員等馬来亞方面寄至批包中竟有一封兩套夾多封之弊發見後會員等以該項批信有背郵章本决意拒却不收以退回原寄發地將寄發人懲罰惟當時與汕頭郵局双方討議之下以該項批信係因寄發地政府限制華僑滙欵之溢額故有取巧寄出並非僑胞有意逃匿郵資若予退回華僑必受該地政府嚴處既非我政府愛護僑胞之旨亦非我國体對外之光當蒙汕頭郵局長恤憫僑艱原諒批局未與同謀准由補郵免罰領出發遞僑眷而紓批局廣事轉知外洋華僑不得再有同樣情事發生在案越日即由公會函知各港批業公會務予防止以重郵章函請汕頭郵局展期一個月方施用硬性懲罰而會員等亦自行警告外洋聯號切勿重蹈覆轍自貽伊戚故迄今多月果得弊絶風清案已解决詎昨天會員等夥伴赴郵局寄批忽奉包封處面諭應蓋

171

~~172~~

二

章認罰及記過等示得悉之餘惶駭萬分若果本案攸為如斯辦理不特嗣後歧異有碍威信抑且前此郵局長優待華僑之德意轉以陷汕頭批局於今日受過之地位枉抑實甚迫得聯請公會乞為据理收回成命以免無辜受罰」等情据此查所称各節尚屬實情相應轉請 貴局查照尚希收回成命以免枉抑如何之處並希見復為荷此致

汕頭一等郵局局長李

理事長魏子象印

交通部邮政总局关于汕头一等邮局查获马来亚进口批信夹带他件准免科罚违约金给广东邮政管理局的指令（一九四八年十月十三日）

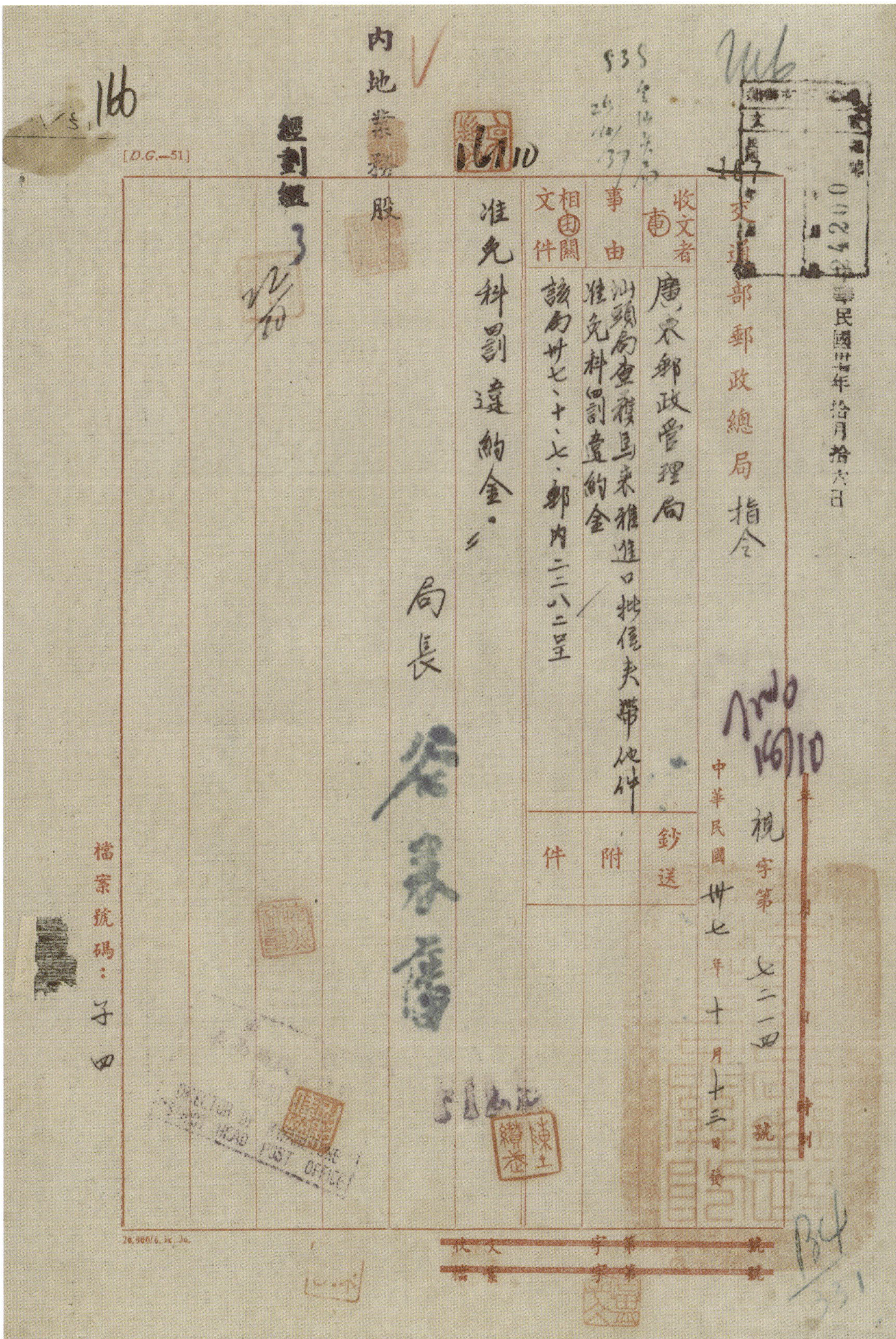

交通部郵政總局指令

收文者：廣東郵政管理局

事由：汕頭局查獲馬來雅進口批信夾帶他件准免科罰違約金

相關文件：該局卅七、十、七、郵內二三八二呈

准免科罰違約金。

局長

視字第七二一四號

中華民國卅七年十月十三日發

鈔送

附件

檔案號碼：子四

內地業務股

經劃組

汕头一等邮局关于报载汕头批业公会吁请放宽寄递侨批限制致广东邮政管理局的呈（一九四八年十月十九日）

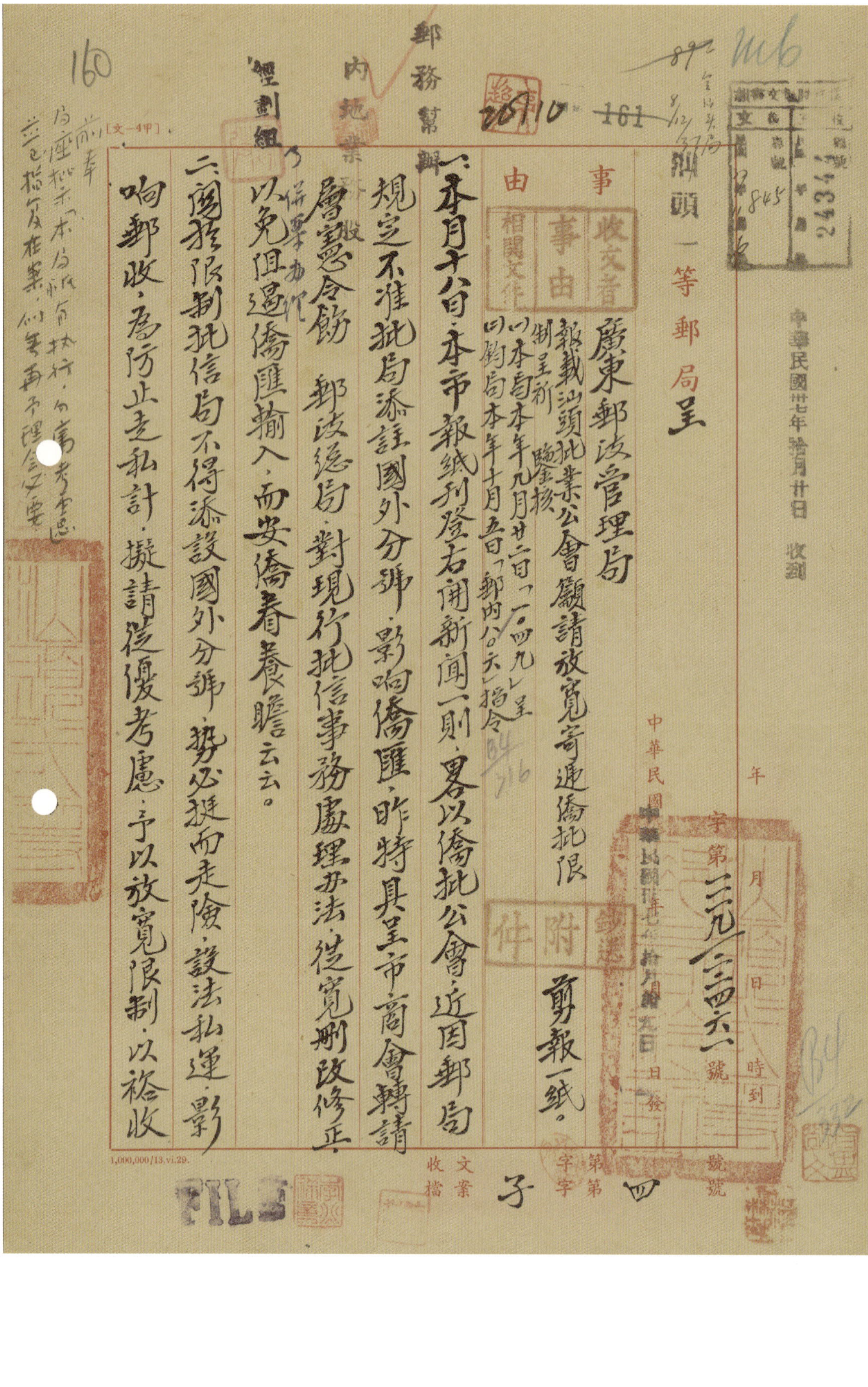
汕頭一等郵局呈

廣東郵政管理局

事由：報載汕頭批業公會籲請放寬寄遞僑批限制呈祈鑒核

一、本月十八日，本市報紙刊登右開新聞一則，略以僑批公會近因郵局規定不准批局添註國外分號，影響僑匯，昨特具呈市商會轉請層憲令飭郵政總局，對現行批信事務處理辦法，從寬刪改修正，以免阻遏僑匯輸入，而安僑眷養贍云云。

二、因查限制批信局不得添設國外分號，勢必挺而走險，設法私運，影響郵收，為防止走私計，擬請從優考慮，予以放寬限制，以裕收

附件：剪報一紙。

中華民國卅七年拾月廿日收到

161

163

[文一五乙]

第二頁

入一節，疊經呈報　鈞核在案。茲謹檢同星華報捐關剪報一紙隨文呈請

鑒核。

局長李子華

郵政公事用紙

4,000,000/27. vi. 30.

附：一九四八年十月十八日《星华报》第三版剪报

162

卅七、十月十八日星華報第三版刊登

郵局遞寄僑批規定過嚴
影响僑匯至大
汕僑批公會籲請放寬

（本報訊）自民信局取銷，批局亦受牽連取締，經交通部決定辦法，關於郵資方面則爲總封征收中費，郵票總貼包面，同時飭令汕頭批局須向郵局領取掛號執照，嗣限定批局領照後須逐年換照，復員後更規定須納足國際郵資之批信，在國內遞交仍須先納國內郵資，而回批帶寄出國，亦須先國內郵資後，再加納國際郵費，近又規定不設批局添設國外分號，凡未經登記執照行號之批信，不許照常遞寄，本市僑批公會以此項辦法實施，足以影響僑匯，昨特具呈市商會請轉請郵憲令飭郵政總局，對現有批信事務處理辦法，另行從寬删改修正，以免阻遏僑匯輸入，而安僑眷云。

162

汕头一等邮局关于查获进口批信夹带他件处罚及充奖办法恳迅赐核示致广东邮政管理局的呈（一九四八年十月二十三日）

[文-4甲]

汕頭一等郵局呈

收文者	廣東郵政管理局
事由	關於查獲進口批信夾帶他件處罰及充獎辦法懇迅賜核示
相關文件	本局卅七.八.十六.九五二/弍弍一八一呈文

一、關於查獲進口批信夾帶他件，本局曾擬具處罰及充獎辦法，由給用呈文呈請 鈞核，未奉 批示。

二、前呈所擬辦法，是否可行，敬祈 迅賜令示祗遵。

局長李子華

中華民國卅七年拾月廿三日發

第一二三五/二四九一號

內地業務股

經副組

中華民國卅七年拾月廿五日

1,000,000/13.vi.29.

广东邮政管理局局长黎仪燊关于批业公会吁请放宽侨批限制事项给汕头一等邮局的指令（一九四八年十一月六日）

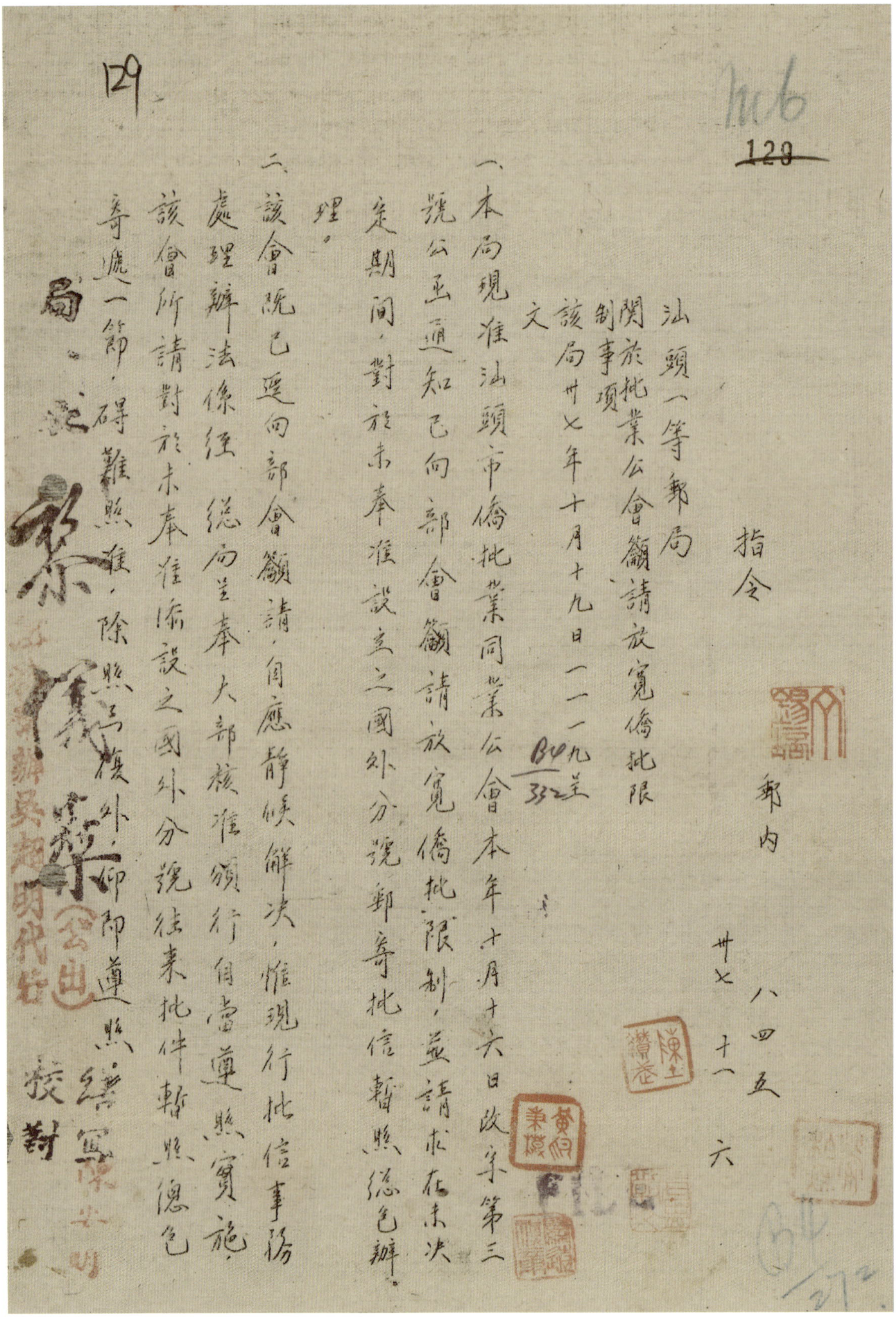

指令

郵内 八四五 卅七 十一 六

汕頭一等郵局

關於批業公會籲請放寬僑批限制事項

該局卅七年十月十九日一一一九呈文

一、本局現准汕頭市僑批業同業公會本年十月十六日改字第三號公函通知已向部會籲請放寬僑批限制，並請求在未決定期間，對於未奉准設立之國外分號郵寄批信暫照總包辦理。

二、該會既已逕向部會籲請，自應靜候解決，惟現行批信事務處理辦法係經總局呈奉大部核准頒行，自當遵照實施，該會所請對於未奉准添設之國外分號往來批件暫照總包寄遞一節，礙難照准，除照復外，仰即遵照。

局長

繕寫

校對

邮政储金汇业局关于添设外汇处嗣后有关侨汇外汇及国际汇兑应遵后列办法办理给各邮政管理局、邮政储汇分局的训令（一九四八年十一月十一日）

郵政儲金匯業局訓令

營乙通字第六四一一／一三八〇二九、一二六二一／一三八〇三〇號（管局）（分局）

中華民國卅七年十一月十一日

收文者：各郵政管理局
　　　　儲匯分局

事由：本局添設外匯處嗣後關於僑匯外匯及國際匯兌應遵後列辦法辦理

（一）本局奉令添設外匯處（一一一五）起成立，辦理僑匯外匯及國際匯票一切事務。嗣後凡有關上項業務各文電，應另編列號碼逕寄上海九江路本局核辦。（封面應書明本局外匯處收）

（二）會計處亦在滬成立第四課專辦外匯帳務事宜，嗣後有關外匯帳目事項亦應逕洽上海九江路本局駐滬會計處第四課辦理。

（三）關於國內頭寸之調撥仍繼續由營業處駐滬部份辦理。

局長谷春藩

財務幫辦　儲匯股　會計股　總務股　僑票組　業務股　匯兌組　儲匯營業組

民國卅七年十一月廿六日

營乙通字訓令第六四一一／一三八〇二九、一二六二一／一三八〇三〇號

11

FILE

D4433

汕头一等邮局关于放宽侨批限制事项致广东邮政管理局的呈（一九四八年十一月十三日）

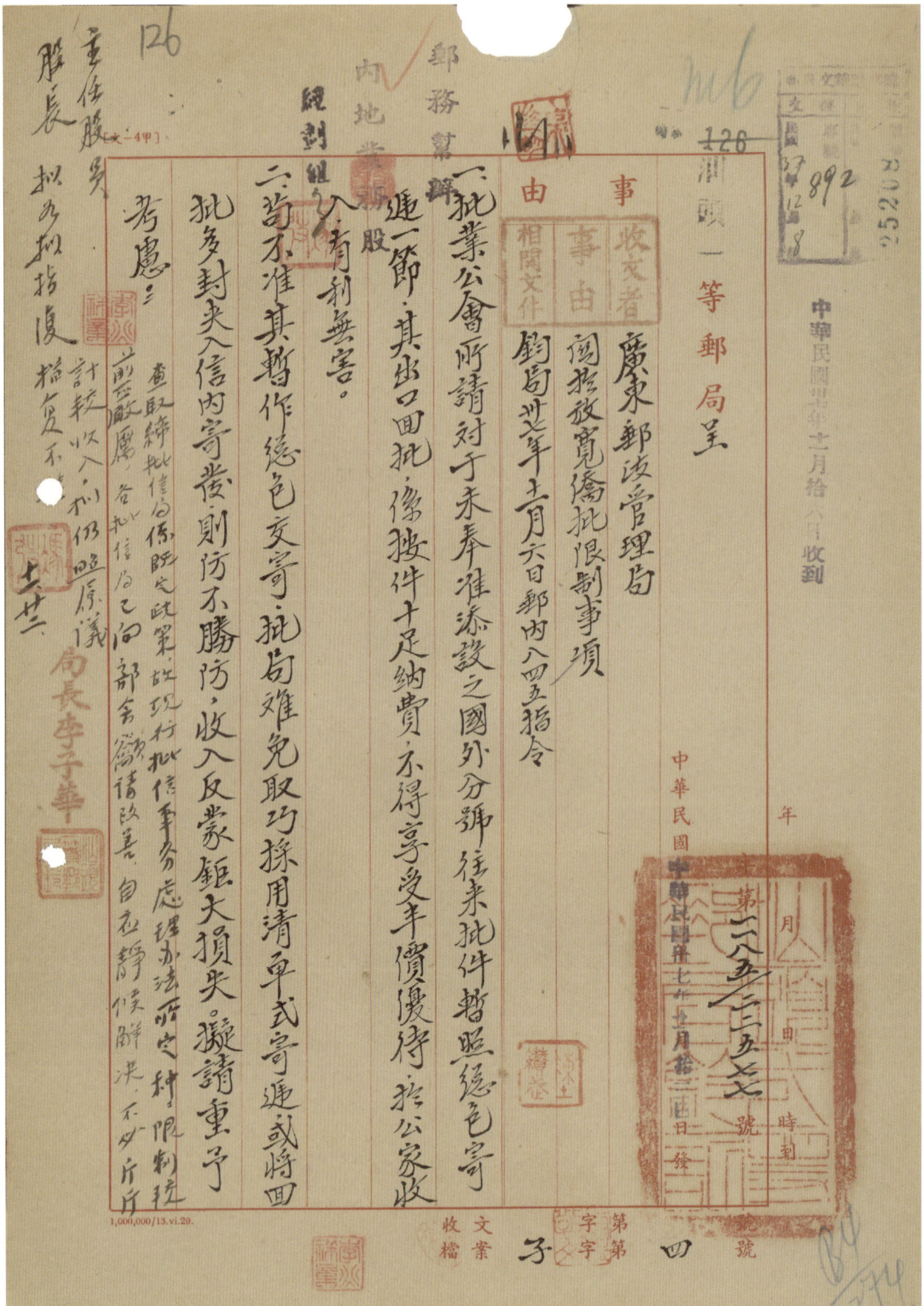

邮政储金汇业局外汇处关于检送「侨汇分发局分发小额侨汇办法」给各侨汇分发局的公函（一九四八年十二月一日）

郵政儲金匯業局外匯處公函

滬外通字第一號

中華民國卅七年十二月一日

收文者　各僑匯分發局

事由　檢送「僑匯分發局分發小額僑匯辦法」

附件　「僑匯分發局分發小額僑匯辦法」三份

鈔送

相關文件

(一)隨函檢送「僑匯分發局分發小額僑匯辦法」三份，嗣後分發小額僑匯，應悉按本辦法處理。

(二)本局Circular S/C發至第84號為止，以後關於辦理僑匯事項，由本處以通字公函通知各僑匯分發局。

(三)本辦法內第八、十、十二、十三、十五、十六、廿一、廿五、廿六及廿七條各規定均係補充或修正辦法，應請特別注意。

(四)付款局處理小額僑匯應依本年七月三十日本局營丙通字第五四九/三二三一〇號訓令附發之小額僑匯處理辦法辦理。

收文　二〇六五五　卅七年十二月八日

郵政儲金匯業局外匯處

13

(一)

僑匯分發局分發小額僑匯辦法

(一)分發局收到國外代理銀行寄送之三聯式小額僑匯匯票(包括匯票即 Paying Order 存根即 Paying Order advice 及回批即 A.P. 簡稱 P.A.A.)匯款人家書及匯款清單(暫印作匯款表),應將匯款清單上負責人之簽字與該行有權簽字人簽字樣本核對,如有不符,應速電知滬本局外匯處查復,如核對相符即按下列各項辦理:

甲、核對匯票各聯及匯款人家書所載匯款號碼、匯款清單號碼、收款人姓名、住址、款額是否與相關匯款清單相符。

乙、匯款清單加蓋當日日戳,並由經手人分發及主管人員分別簽署或蓋章。

丙、三聯式小額僑匯匯票之匯票及存根(回批除外)於核對無訛後,加蓋當日日戳並由經手人分發及主管人員分別蓋章,此項印章,應與分發局寄存付款局之印鑑單相符,印鑑單應預寄付款局或於第一次寄發小額僑匯匯票時另封寄發(小額僑匯處理辦法第四條前段)

丁、當日填具 Acknowledgement of Remittance List (D.450H) 郵寄相關代理銀行(本辦法第九條後段)

戊當日將匯票各聯及匯款人家書隨同華僑匯票寄發清單(B.-516甲)(二)寄送各付款局投遞（小額僑匯處理辦法第一條）

(二)華僑匯票寄發清單內第一、二兩項應由分發局填入匯款號碼及款額，其餘各項留備付款局填註（小額僑匯處理辦法第四條後段）華僑匯票寄發清單每次應繕備正副兩份，正份隨匯票寄付款局，副份由分發局存查，並應分別各付款局編號，此項號碼應於每年一月一日更換一次。

(三)分發小額僑匯匯票應用特製封套(S.C.-53)封寄，如遇件數過多時，可用普通封套或紙張包封，於封面黏貼特製簽條(S.C.-55)，包封上並應註明內裝華僑匯票寄發清單號碼及匯票張數。

(四)分發局對於就地投遞之小額僑匯，應同樣登入華僑匯票寄發清單，送交儲匯營業組或匯票枱投遞（本辦法第一條戊項）付款手續及出帳辦法，均應按照小額僑匯處理辦法辦理。

(五)小額僑匯匯票如無匯款人家書附寄者，通常另附有匯款人填寫之匯款小條一紙，書明收款人姓名、地址，以便付款局按址送款。此項匯款小條應由分發局隨同相關三聯式匯票寄發付款局辦理（本辦法第一條戊項）。

15

（六）代理銀行委託各代收處 (Collecting Agencies)所攬匯款，其三聯式匯票及匯款清單仍由相關代理銀行編製寄各分發局。惟匯款人家書得由代收處逕寄分發局。代理銀行特備紅色籤條一種，分為A及B二部份：A部份黏附於代收處逕寄分發局內裝匯款人家書之信封上，B部份則夾附於代理銀行寄送分發局之匯款清單上，分發局須俟A B二部份到齊後方可將匯票轉發付款局照送，並須於分發前將匯款清單及匯款號碼補註於匯款人家書之信封上。（二）

（七）匯款清單由代理銀行分別各分發局順序編號，其號碼前並冠以該代理銀行之英文代表字母（如仰光華僑銀行為RA，吉隆坡華僑銀行為KL等）及相關分發局之英文代表字母（如廣州為C，廈門為A等）。匯款清單內所載匯款亦係順序編號，上述號碼均於每年一月一日更換一次，分發局如查覺代理銀行所編號碼有闕漏重複，或其他錯誤應用 Verification Note (D.-505) 通知相關代理銀行（本辦法第廿九條）

（八）發往同一分發局之各地匯款，採用不同匯率時，由代理銀行分列匯款清單，或於同一匯款清單內分類開列。

（九）小額僑匯匯票回批須由航空寄退者（本辦法第十九條）由代理銀行另列清單分別編

16

號、各匯款亦係另行編號、匯款清單上均蓋有 By Air Mail 字樣之戳記、清單號碼前並加註「航」字。此項小額僑匯之 Acknowledgement of Remittance List (B.-50H) 應以航郵寄退國外代理銀行（本辦法第一條丁項）。

(十)分發局收到代理銀行匯款清單或匯款清單內所列匯款不屬該分發局分發者，應繕具 Verification Note (B.-50?) 詳列匯款清單及匯款號碼等項，通知相關代理銀行。此項 Verification Note 應多繕一份，隨誤寄匯款清單或誤寄之聯式小額僑匯匯票轉寄相關分發局（本辦法第二十九條）。

(十一)各代理銀行匯款清單應分別按次存檔，航空匯款清單並應與平常匯款清單分開。

(十二)發往不常投遞小額僑匯匯票局所之小額僑匯匯票，如各聯上未分別印有關於處理手續之簡短文字，應由分發局於寄發前在各聯分別加蓋下列戳記（小額僑匯處理辦法第八條）：

第一聯「此聯隨（甲）區　單式寄呈管理局」

第二聯「此聯存付款局備查」

第三聯「此聯加封退寄○○僑匯分發局」

17
~~16~~

（五）

十三、發往經常兌付小額僑匯甚多各局，應由分發局將每次分發總額用 Y-510 單式隨時分別通知其票款準備局，俾便迅速撥款協濟（小額僑匯處理办法第十四條）。發往非經常兌付局之小額僑匯，如数額非大，亦應用上項單式通知該管管理局。上項單式應繕備二份，以一份寄往票款準備局或管理局，一份存查，並應分別按局编號，於每年一月一日更換一次。如分發局兼為票款準備局，其段内各付款局所需現金應由分發局隨時迅速協撥。

十四、匯款清單所載匯款金額，如與三聯式十額僑匯匯票及匯款人家書（或匯款十條）内所載互異時，應迅用 Verification Note (U.-509) 向關係代理銀行查詢（本办法第廿九條），並按照下表規定先行投送：

例	載明金額			應付款額
	匯款清單	三聯式匯票	匯款人家信	
一	小	小	大	小
二	小	大	小	小
三	小	大	大	小
四	大	大	小	大（憑匯票付款）
五	大	小	大	大（憑匯票付款）
六	大	小	小	小

18

17

（註一）表内"大"字指較大數額，"小"字指較小數額。

（註二）遇例二、例三及例五情形時，應將匯票各联内原載款額按照應付款額予以改正，並由经办人員蓋章。

（註三）遇例六、情形時，應在匯款清單内註明備查。

（註四）例一、例二、例三、例六、各匯款款額如经代理銀行查覆，應按較大數額撥送時，分發局應就差額另製三联式小額僑匯匯票，註明原匯款號碼、原匯款清單號碼，補送差額，緣由及 Verification Note 號碼寄往付款局補送，並按通常撥送小額僑匯匯票手續同樣處理（本办法第十六條及小額僑匯處理办法第十七條）。

（註五）例四、例五匯款款額经代理銀行查覆應按較小數額撥送時，其溢付部份應通知付款局追回（小額僑匯處理办法第十七條）。

（十五）匯款清單副份由代理銀行逕寄滬本局外匯處，該項清單上端左角所載之匯款總額、長、回批費、匯費（停收時不在此例）、及匯率（即折合率）、已折合外幣數五項，歸滬本局外匯處覆核，各分發局可毋需核對，但下列兩項仍應由分發局注意查核：

甲、各地匯款採用不同匯率時，高匯率匯款清單内有無低匯率匯款列入；低匯率匯款

19

18

清單內備款匯率匯款列入（本辦法第八條）

二、航空匯款清單所註回批費（直寄回批資按平常信函資費計算，如須由航空寄退者按照航空信函資費計算）有無不按航空回批資費計算之（本辦法第九條）

以上兩項如有錯誤或非滬本局外匯處所能查覺之其他不合事項，應用 Verification Note (E.-508) 通知相關代理銀行，此項 Verification Note 應多繕一份同時寄滬本局外匯處（本辦法第二十九條）

十六、三聯式小額僑匯匯票於寄遞或投遞時遺失，經付款局聲請補發副票時（小額僑匯處理辦法第十八條），分發局應查核付款局已退回批、代理銀行匯款清單及退寄回批清單，確定該匯票回批已否寄退。如確未退回，應即補發副票，並於各聯註明「副票」字樣，並將補發事由及日期註明匯款清單相關匯款「備註」欄內，備致此項副票及依本辦法第十四條註（四）規定就另製之三聯式小額僑匯匯票，除由主管及經辦人員蓋章外，在管理局並應由儲匯股股長，在屬局應由屬局局長蓋章，以防流弊。分發局接到代理銀行匯款清單，如無相關三聯式小額僑匯匯票，應分別補發副票，其辦法與因遺失補發副票同。惟須注意於接到原票時將原票註銷，以免重付。

（十七）分發局收到各付款局寄退回批，應注意查核付款局之支付日戳及收款人之簽名或蓋章有否遺漏，並是否符合。該項回批經查核無訛後，應當徑寄退相關代理銀行。其處理辦法如後：

甲、回批封套上註有代理銀行或其分行名稱而無特別註明者，應於捆紮後用總包逕寄相關代理銀行或其分行。應貼郵票須貼於總包封面。其回批張數較少者用 C.O.51 或 C.O.32 封套裝寄。張數較多者得於包封後用 C.O.64 單式貼於封面，並隨附退寄回批清單即 Advice of A.R.'s Returned (D.-508)。此項清單應備副份留局存查。其編號方法應參照本辦法第三十條規定辦理，惟毋庸編列本局總號。所退回批登入退寄回批清單時應按號碼先後順序排列整齊。回批捆紮之上下次序亦同，以便接收銀行驗對。

乙、回批封套上註有代理銀行或其分行名稱，並蓋有箭頭註號及「貼郵票」字樣之戳記者，不得用總包交寄，應將郵票逐件貼於每一回批之封套上。其退寄同一貴匯銀行之回批應用釘書機或線索捆紮，並用 C.O.50 封套裝納退寄回批清單一併寄退。

（十八）回批應逕行寄退代理銀行之代收處者，其處理辦法如後：

21

~~20~~

(九)

甲、回批封套上註有代收處名称地址而無特別註號者，應照本办法第十七條(甲)項办理，逕行退寄該代收處，惟須登入以紅色印製之退寄回批清單([illegible])，此項清單應逕寄相關代理銀行或其分行，毋須附入退寄回批之封套內，並與本办法第十七條甲項所列退寄回批清單混合編號，毋庸另行編列。

乙、回批封套上註有代收處名称地址，並蓋有箭頭誌號及「貼郵票」字樣之戳記者，應照本办法第十七條(乙)項办理，逕行退寄該代收處，惟退寄回批清單之寄遞及編號，仍須按照本條(甲)項办理。

(九)航空小額僑匯匯款之回批，應用航空郵遞寄退，另行登載退寄回批清單，註明「[illegible]」字樣，並另行編號，不得與退寄平常回批清單相混雜。

(十)回批寄退代理銀行後，應將寄退日期分別註明匯款清單相關項目內備查。

(十一)分發局應依照各付款局與分發局距離之遠近及交通情形，分別規定退寄回批之期限，列表存備查考，並時查閱匯款清單，如發覺回批未按規定期限寄退者，應即用回批查詢單([illegible])向該付款局追查，並將發單日期註明於匯款清單備考欄內，如經過相當時日，付款局仍未將回批寄退者，應即繕發第二次回批查詢單，如再經過相

22

24

當時日仍未將回批寄退者，應係發第三次回批查詢單，並另抄副份寄滬本局外匯處。(十)

(十二)分發局如不明付款局與分發局間最速郵程必需時間，或因情形特殊，致郵程變幻靡定，得於寄發小額僑匯匯票時附寄回單一紙(附式十一)，付款局接到後，立即加蓋當日日戳，並由經手人簽押，當班加封寄退分發局，俾便確悉兩地間郵程情形(小額僑匯處理辦法第十三條)

(十三)因不可歸責於付款局之事由而致遲延付款或退寄回批者，付款局應依處理小額僑匯辦法第十九條規定，將事由批明小條，黏附相關回批，此項小條應連同回批一併退寄代理銀行，俾使匯款人明瞭遲延緣由。

(十四)代理銀行寄發匯款清單，除隨附三聯式匯票及匯款人家信外，得另寄匯款人家信副份至分發局，分發局收到代理銀行另寄之匯款人家信副份時，如查核相關三聯式小額僑匯匯票尚未投送，應連同匯款及原寄家信一併轉發付款局投送收款人，如遇匯款已經送訖，應備具副回批轉發付款局續送收款人蓋章退回，此項副回批，並應照常退回相關代理銀行，惟須註明 Duplicate: Remittance Paid On ......(Date) 等字樣。

23

（十一）

（十五）代理銀行索取副回批時，分發局應送繕具回批查詢單（D.501X）附同空白回批，註明「副份」字樣，寄請付款局辦理。如因收款人不在或其他事故不能照補時，得由付款局敘明原由，將存局之小額僑匯匯票第二聯（即存根）寄往分發局轉送代理銀行，以代副回批（小額僑匯處理辦法第二十條）

（十六）匯款因無法投送經付款局退回後（小額僑匯處理辦法第十八條），分發局應即編造無法投送匯款清單即 Advice of Undeliverable Remittances（D.504）或（D.504X）一式三份，除參照本辦法第三十條規定編列號碼外，並分別按照後開各項辦理：

甲、一份隨同匯款人家書及付款局填具無法投送原因之小條寄送相關代理銀行。

乙、一份連同無法投送三聯式小額僑匯匯票寄滬本局外匯處。

丙、無法投送匯款清單之造送日期及其號碼應即註入相關匯款清單之「退寄回批日期」欄內備查，並用紅筆註明 D.504 字樣。

丁、計算無法投送匯款應行退還匯款數額，應於原匯率內扣除百分之四手續費，並在「無法投送匯款清單」之 Dist Rate 項下註明計算退匯之匯率，其預收之回批費概不退還。

註：巴達維亞 Batavia 華僑銀行及中國銀行開發之小額僑匯，經付款局查明無法

24

投送退回時，分發局須先用Verification Note（本辦法第廿九條）向相關代理銀行詢問處理辦法，不得逕依本條規定辦理。如該行指示將匯款另按新址投送原收款人或改送其他收款人，分發局應即照辦；如仍無法投送，應再用Verification Note（本辦法第廿九條）徵詢該代理銀行意見辦理。惟代理銀行已有如無法投送逕退該行之指示時，分發局應即逕依本條規定辦理。

（廿五）分發局為供寄退回批及文件之用，得預發經手人相當數額之郵票，以備貼用。凡寄退回批及無法投送匯款清單已由代理銀行繳付回批郵資者，所需郵票應隨時登入「寄發僑匯回批應付郵資清單」(D.516X)，於月終結算總數，出5B2-16費用帳。其退寄回批及無法投送匯款清單以外之文件（如寄發Verification Note及退寄Query Memos等，未由代理銀行繳付郵資者），所需郵票應隨時登入「寄發代理行號文件應付郵資清單」(D.520X)，亦於月終結算總數，出4061-21費用帳。

（廿六）分發局直接與國外代理銀行通訊，概用Verification Note (D.506)單式，惟以依第七、十、十四、十五、十六各條規定應行通知事項或其他普通性質之錯誤或不符情形應予改正或查復事項為限。其他重要事項應函由滬本局外匯處核辦，不得逕與代理銀行通訊洽辦。

(十三)

(廿九) Verification Note (D.-509) 除依本办法第十、十五條規定應多備一份外，每次應備一式四份，分發局留存一份，其餘三份一併寄送相關代理銀行，由該行於批註證覆語後，將一份存查，其餘二份分別寄退原分發局及滬本局。惟 Verification Note 如係發往代理銀行之分行，則每次應多備一份寄送該分行之管轄行備查。國外代理銀行及分支行分列於後：

甲、代理銀行：(應繕備一式四份)

1. O.C.B.C., Singapore.
2. O.C.B.C., Rangoon.
3. O.C.B.C., Hongkong.
4. O.C.B.C., Batavia.
5. Ming Shun Cash shop, Macao.
6. Kan Koam Tsing & Co., HongKong.
7. Bank of China, Singapore.
8. Tiong Hui Exchange & Trust Co., Manila.
9. Loo Hong Goldsmiths & Jewellers, Bangkok.

乙、代理銀行分行：(應繕備一式五份)

1. O.C.B.C., Branches in Malaya & Singapore .....(管轄行：O.C.B.C., Singapore)
2. O.C.B.C., Sourabaya .....(管轄行：O.C.B.C., Batavia.)
3. Bank of China, Kuala Lumpur, Batavia & Penang.....(管轄行：Bank of China, Singapore.)

卅

25.

(卅)分發局應在 Verification Note (D.509) 之左面上角分别各代理銀行順序編號,並於號碼前冠以該分發局及代理銀行之英文代表字母(如汕頭分發局發吉隆坡華僑銀行之第一號 Verification Note 其號碼應編列為 S/K L1 餘類推)。在 Verification Note 之右面上角,分發局並應不分代理銀行順序編列本局總號,號碼前亦冠以該局之英文代表字母(如廣州分發局編為 C/D.G.1, C/D.G.2 等)。上述號碼應於每年一月一日更換一次(本辦法第十七條甲項及第二十八條)

(卅一)代理銀行或其分行對於經收僑匯除關係款項收付或涉及帳務事項,應函由滬本局外匯處處理或用 Advice of Adjustment, Credit Advice, Debit Advice 通知本局外,得用查詢單(Query Memo)逕向分發局查詢。分發局於批註覆詞後,應將一份留存,其餘二份分别退寄原查詢銀行及滬本局外匯處。寄送滬本局外匯處及留存之二份上並應在覆詞之右面上角編列號碼,號碼前冠以該分發局之英文代表字母(如廣州分發局之編號為 C1, C2 餘類推)。但寄退代理銀行之一份毋須編號。上項號碼亦應於每年一月一日更換一次。

(卅二)分發局如接到代理銀行誤寄 Advice of Adjustment, Credit Advice, Debit Advice 或函件涉及帳務事項或款項出入,應即將原件轉寄或報由滬本局外匯處辦理。

21
26

（卅三）代理銀行得填具查單（Tracer）逕寄分發局，查詢匯款處理辦法與前條同，惟分發局毋庸編號。

（卅四）小額僑匯匯票如因經办人員或投送僑匯差之過失遲延付款或誤付第三人致匯款人請求退匯，發生匯兌上損失應責由該經办人員或投送僑匯差賠償時，其應行賠償之金額應由分發局按收匯及退匯時匯率數實算定，並須通知関係付款局向該經办人員或投送僑匯差追繳（小額僑匯處理辦法第二十一條）。

十（五）

广东邮政管理局关于外洋进口信函夹寄批信处理办法给邮局的训令（一九四八年十二月三日）

62

廣東郵政管理局訓令

令字第三二四号

收文者：郵局

事由：外洋進口信函夾寄批信處理辦法

如查獲外洋進口信函夾寄批信其收件人並非領照批信局應依照郵政規則第一四五条規定辦理對轉往內地者毋庸另按批信事務處理辦法第八条規定加收國內互寄批信及回批資費。

附：批信事务处理办法

送内地股

批信事務處理辦法

第一條 （一）粤閩兩省內各批信局（限民國三十三年以前開設並領有執照者）應於每年底填具聲請書兩份，檢同原領執照，並附繳手續費（[illegible]元）送由當地郵局轉呈主管管理局換發新執照。

（二）前項聲請書應載明批信局名稱、開設日期與地點及營業人姓名、年齡、籍貫，有分號者其分號名稱、開設日期與地點及代理人姓名、年齡、籍貫，如國內外均有分號者應分別註明國內外字樣並詳細地址。

（三）所有執照經主管管理局換發竣事後，應造具○○郵區換發○○年度批信局執照清單，列明批信局名稱、地點、新舊執照號碼、分號數目及其地點，並將分號設撤及其他變更情形於備考欄內註明。上開清單應連同聲請書一併送寄總局視察室存查。

第二條 執照如有毀損遺失，相關批信局得邀同鋪保二家，具書敘明緣由，繳納手續費（[illegible]元），聲請補發，但須先刊登當地報紙十天聲明原領執照作廢。

第三條 郵務視察員於查視局所時，應調驗批信局執照，並於執照背面註明查驗日期，以資查考。

第四條 （一）批信局如需在國內增設分號，應先具書敘明緣由，檢同原執照，附繳手續費（[illegible]元），報由相關郵局轉呈管理局核示，俟奉核准方得添設，由管理局在相關執照內予以添註。其將分號關閉者，亦應隨時同樣具書聲請註銷。

（二）批信局在國內添設分號，以粤閩兩省內各批信局現已呈准設立分號之所在地為限（此項地名由粤閩兩管理局查明列表具報）。

（三）批信局不得在國外添設分號，其已設者暫維現狀。

（四）凡國外批信局現因時限關係未能在國內領取批信局執照，而業者此後不得變相開設，洽由國內已領照之批信局委為分號，其已開設而被委充分號呈准有案者暫維現狀（此項分號由粤閩兩管理局列表具報）。

第五條 （一）批信局停業時，應將原領執照繳由該管郵局轉呈註銷，不得私自轉讓或頂替。

（二）所有停業之批信局，應由管理局於造具換發批信局執照清單時，一併列報。

63

二

（三）批信局停業已逾一年者，不得聲請復業，其在規定期限內聲請復業者，須具呈理由書憑核。

第六條 （一）國外寄來之批信及寄往國外之回批，均得用總包交寄，但仍須逐件計費，惟寄往菲律濱、荷屬東印度及法屬印度支那等地方之回批，須將郵票逐件黏貼，至寄往香港、英屬馬來亞、北婆羅洲及暹羅者，得將郵票彙總貼於總包外面，並於包皮上批明內裝確實件數。

（二）回批如採用銀信收據式樣，無論其有無附言，一概交寄時概按回批資例逐件納足郵費。

（三）寄往國外之回批總包，如已繳足掛號資費者，得按掛號郵件寄遞。

第七條 批信、回批及押叾之資費如左表：

類别	計费標準	國外與國内來往資費：來自國外各地	國外與國内來往資費：寄往菲律濱、法屬印度支那、荷屬東印度	國外與國内來往資費：寄往英屬馬來亞、北婆羅洲、暹羅	國外與國内來往資費：寄往香港	國内轉遞資费：來自菲律濱、法屬印度支那、荷屬東印度、英屬馬來亞、北婆羅洲、暹羅、香港
批信	每件每重二十公分或其零數之數	按國際郵資全額納费				按國内平信郵資及掛號费於轉遞時一次收足
回批	又		按國際郵資全額收費	按國際郵資半額收费	按國内平信郵資收费	所需資费已於批信局領取批信時預先一次付足
押叾	又	按國際郵資全額納费	又	又	又	

第八條 （一）批信總包進口時，應由相關郵局妥為核對，通知各批信局。

（二）各批信局派人到局開驗，除當地投遞者外，核明內裝應行轉往內地投遞之批信件數，隨照依前表規定分別計算逐件應貼納之國內互寄批信及回批資費，同時一次當場彙總購買郵票，交局黏貼於特備收據（三聯式）二聯中間之騎縫處，再由局加蓋日戳後，剪開以一聯給批信局，一聯作黏帳之用（式另件附發）。

串64

（三）郵局應在上項批信及回批上，批上"送（如表）國內或國外資費已納足，特准批信局專人帶送"等字樣之戳記發交自帶。二

（四）所有當地投遞之批信免納資費。

第九條 出口回批經相關郵局核對所貼郵票與蓋日戳後，分別按普通或掛號郵件辦理。如普通回批在國外到達局而有編列掛號之習慣者，從其習慣。但總包交寄之回批須不時令批信局來人開拆查驗，以覘有無匿報回批數目及短貼郵票情事，其散寄者如情形可疑者亦同。

第十條 （一）批信局不得私運批信及回批，如有查獲，除按件征收兩倍郵資外，應責令繳納違約金第一次二千[illegible]元，第二次[illegible]元，第三次[illegible]元，並得執照吊銷。但進口批信總包如有短納郵資情事，按欠資例辦理。

（二）批信局及其國內分號不得兼帶國內信件，倘有查獲，除按件征收兩倍郵資外，亦應責令繳納違約金第一次國幣十五萬元，第二次三十七萬五千元，第三次七十五萬元，並吊銷其執照。

（三）匿報回批件數或夾帶他件者，如有查獲，除按件征收兩倍郵資外，依前項規定之違約金減半征收。但每次匿報回批件數不逾總數百分之三者，准予補繳郵資免納違約金。

第十一條 前條違約金應以百分之七十發給查獲人，百分之三十發給告發人，無告發人者發給全數。但郵政人員查獲者僅給百分之五十充獎。

第十二條 違約金應登入營業外收入四一〇科目內，獎金登列營業外支出五一六科目內報銷。

第十三條 批信局倘有私運匿報及夾帶情事，經查獲後，主管郵政管理局應用D字第二九二號單式造具郵件查扣報告（即查獲郵件案由清單）寄呈郵政總局備核，如不能於一個月以內解決者，可在報告內註明"尚未辦結"字樣，俟結束後再行補呈一份。

第十四條 收寄及投遞批件之各局應依附表式樣（在修改中從略）逐日登記，並按月依式造具批信統計表（D-372）三份，以一份呈寄郵政總局，一份留存。

65

广东邮政管理局局长黎仪燊关于放宽侨批限制事项给汕头一等邮局的指令（一九四八年十二月八日）

57

指令 邮内 卅七 八九二

汕头局

关于放宽侨批限制事项

该局卅七年十一月十三日一一八五/二

二五七七呈

（一）暹罗华侨银信局公会前电请 总局将已设立之批信局准予添入执照并修改批信事务处理办法，业经 总局函复不予照准。

（二）兹将 总局原函录发，仰知照并转饬该处批信业公会知照。

局长 黎仪燊

抄函一件

缮写

校对 何

FILE

B4/342

附：交通部邮政总局关于所请将已设立之批信局准予添入执照并修改批信事务处理办法未便照办给暹罗华侨银信局公会的公函（一九四八年十一月二十五日）

58

58

照錄郵政總局致暹羅華僑銀信局公會公函　視一八二二〇號

卅七．十一．廿五

收文者：暹羅華僑銀信局公會

事由：所請將已設立之批信局准予添入執照并修改批信事務處理辦法未便照辦

相關文件：該會卅七年十月廿五日電呈

（一）郵政為國營事業無論何人不得以遞送函件為業郵政法業經明文規定是批信局依法應早在取締之列本局為顧念批信局歷史悠久及其從業人員之生計一向特予優容並准暫維現狀惟對營業範圍不能不從嚴限制除已核規定並准設立者外未便再任擴張。

（二）郵政儲金匯業局為便利暹羅僑胞匯款歸國贍家起見已委託曼谷馬麗豐金行代理攬收僑匯暹地信局所收僑匯當可洽託該金行代轉至國內

59

~~59~~

各省市及鄉村郵遞亦均不斷改進，對於僑胞通信匯款當更見便捷。

(三)所請將國外已設立之批信分號准予添入執照及修改批信事務處理辦法格於法令規定未便照辦。

邮政储金汇业局外汇处关于「分发局分发小额侨汇办法」第六条规定事项给各侨汇分发局的公函（一九四八年十二月三十一日）

6 JAN. 1949

郵政儲金匯業局外匯處公函 滬外通字第二號 卅七年十二月卅一日

收文者 各僑匯分發局

事由 關於「分發局分發小額僑匯辦法」第六條規定事項

相關文件 本處本年十二月一日滬外通字第一號公函

（一）「分發局分發小額僑匯辦法」第六條規定代理銀行委託各代收處所攬匯款，其匯款人家書由代收處逕寄分發局者，貴局應俟A及B二部份到齊後，方可將匯票轉告付款局照送。

（二）上述A及B二部份時因郵遞關係未能同時到達貴局，為免延誤付款起見，貴局遇接到代理銀行寄發之B部份而未接到代收處寄發之A部份已逾五天時，應即用verification Note向相關代理銀行追查，一面依據B部份之代理銀行匯款清單所列收款人姓名、地址代製匯款小條，按照貴局小額僑匯辦法第五條規定，隨同三聯式小額僑匯匯票先行分發付款局照送，俟接到代收處寄發之A部份即匯款人家信後，再行按照貴局小額僑匯辦法第廿四條規定辦理。

（三）貴局如接到代收處寄發之A部份而未接到代理銀行之B部份即匯款清單及三聯式小額僑匯匯票已逾五天時，亦應用verification Note通知相關代理銀行，但必須俟接到B部份後，方可分發，以防流弊。

郵政儲金匯業局外匯處

交通部邮政总局关于改订批信事务处理办法内列手续费及违约金等数额调整办法给广东邮政管理局的训令（一九四九年四月五日）

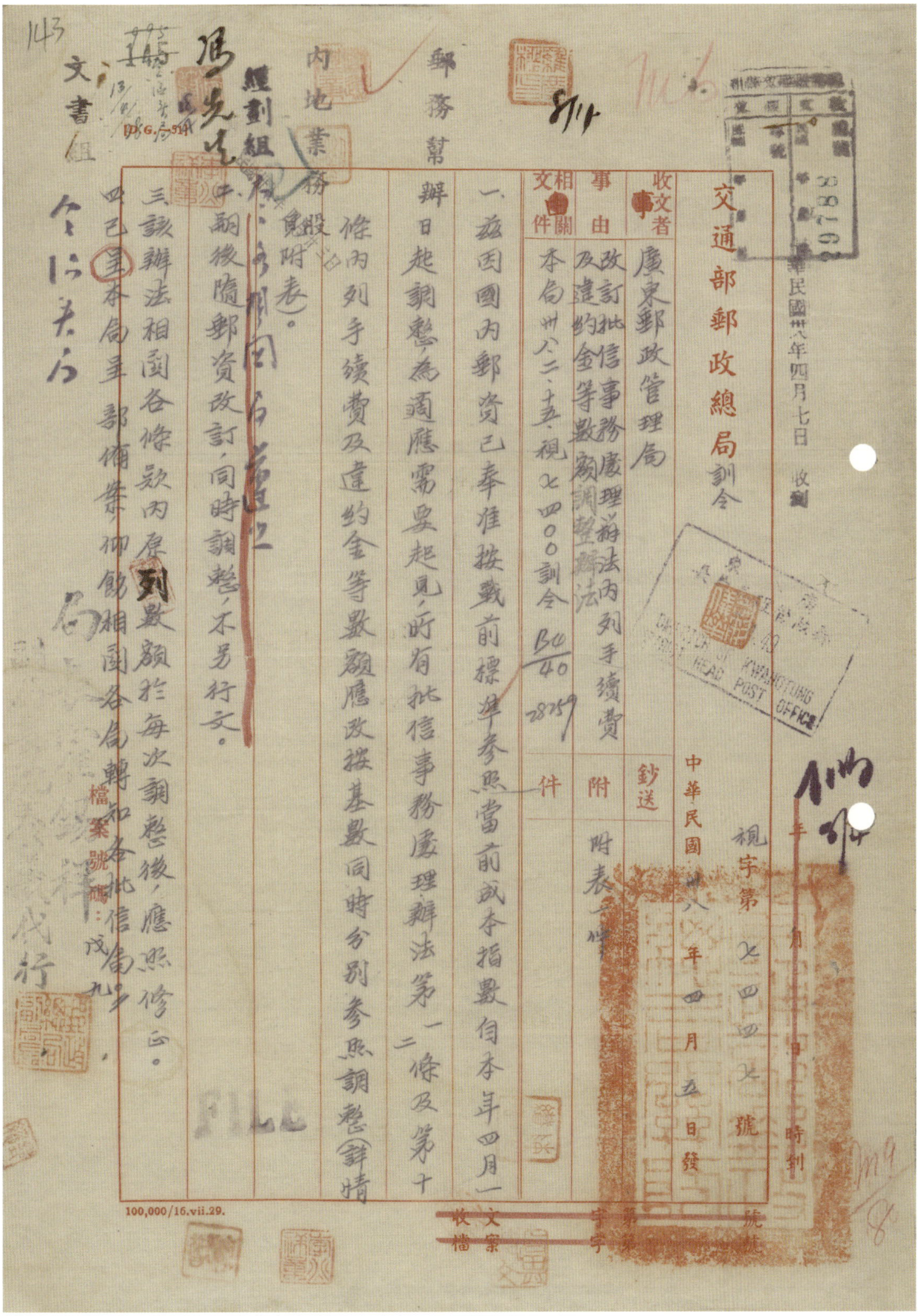

交通部郵政總局訓令

視字第七四四七號

中華民國卅八年四月五日發

收文者：廣東郵政管理局

事由：改訂批信事務處理辦法內列手續費及違約金等數額調整辦法

相關文件：本局卅八、二、十五、視七四〇〇訓令

鈔送：

附件：附表一份

一、茲因國內郵資已奉准按戰前標準參照當前成本指數自本年四月一日起調整，為適應需要起見，所有批信事務處理辦法第一條及第十二條內列手續費及違約金等數額應改按基數同時分別參照調整（詳情見附表）。

二、嗣後隨郵資改訂，同時調整，不另行文。

三、該辦法相關各條款內原列數額於每次調整後，應照修正。

四、已呈本局呈部備案，仰飭相關各局轉知各批信局。

局長 代行

中華民國卅八年四月七日收

附：批信事务处理办法中关于手续费及违约金修正详情表

144 ~~148~~

［文一五甲］

批信事務處理辦法中關於手續費及違約金修正詳情表

批信事務處理辦法條款	規費罰金類別	基數	改訂數額	備註
第一條第一款	批信局換發執照手續費	二〇〇	金圓券二萬元	戰前平信郵資除原定法幣數額＝基數
第二條	批信局補發執照手續費	二〇〇	二萬元	
第四條第一款	批信局申請添註或註銷分號手續費	一〇〇	一萬元	基數乘現行平信郵資＝改訂數額
第十條第一二款	處罰批信局私運批信兼帶國內信件違約金	第一次三〇〇 二次七五〇 三次一五〇〇	三萬元 七萬五仟元 十五萬元	

第　頁

郵政公事用紙

200,000/19. x. 36.

储汇营业组办理华侨汇票兼文书查询事项枱办公细则（一九四九年六月十九日）

儲匯營業组

辦理華僑匯票兼文書查詢事項枱辦公細則

甲：本枱全銜名稱：儲匯營業組辦理華僑匯票兼欠書查詢事項枱

乙：職員名額：郵務佐壹名

丙：工作時間：上午八時半至十二時下午二時至五時半

丁：職務權限：

A. 投送僑票

B 辦理來往公牘查單驗証及查詢事項

C. 每日上午十一時至十二時繕寫閘發小額及電報匯票

~~105~~ 106 99

戊、辦公手續：

A、投送僑票：

1、僑滙組交來本市投送之僑票經驗明其清單所列號碼相符後即分揀案其依此就近地段并將每件號碼及件數與銀數登記入簿然後核計款額向總收支員領取同額款項交僑差簽領投派

2、收回僑差交回已兑僑票時即核其有無漏蓋差印收款人簽章是否相符及核其交回件數倘有未經投送点核餘款相符時即為之銷號并將派妥之僑

票編列並付專號以便收條繳收支組存根留存備查

回批則登簿送僑匯組及將已派妥之僑票逐件注清

單上銷號註明投派日期

3. 無法投派僑票之處理：無法投派之僑票須交由稽查

差復查批明緣由後隨登記入簿將存根撕下送回僑

匯組如係轉派者存根不必撕去

4. 結賬：每日將已派及未派僑票件數及銀數列明

呈交組長覆核如與所領款數比對相符時隨即銷

賬如有餘款即交回總收支員以清手續

B. 辦理文書查單驗記及查詢事項

1. 收到部局及儲運局令文以及儲運分局各課處函件如有關本組應辦事項均應迅即查復勿擱并摘要登記備查

2. 各區局公函及查單驗記以及外界來函應就有關查詢事項迅速查覆勿擱誤并設專簿登記備查

3. 草擬文書稿件

附註：上開各項文書稿件經呈由組長核閱或股長判行後分別轉送有関股組辦理

4. 辦理查詢事項

甲、關於匯票之查詢

匯款人對於原交匯匯款有所查詢應將原匯款憑条交驗或開列原匯票詳細節目倘匯款時已付給回帖費者應免印費查單追查索補回帖如未付給回帖費者應照章索取補回帖費辦理其他有関於查詢事項應參照國內匯兌辦事細則第六十五条規定之辦理

~~107~~ 108 101

乙.

關於声請補發副票

凡遇進款人以原進票未經受款人收到聲請補發副票應於查驗原發進票憑單後囑其填(請補副票聯單)單式(20/24-X)附交手續費(以郵票貼於單式上用日戳蓋銷)單式各欄應詳細填明并声明副票兌付受款人或退回原進款人分别將欄上字句劃銷經查驗後轉送進兌組辦理除即在進款憑單上註明交還進款人其餘有關副票注意事項應參

照國內普通匯兌辦事細則第六十六條及儲匯局卅七年六月一日匯兩通字第四九〇/二八七二六號訓令規定辦理

丙、匯票改匯：

匯款人如欲將其原購匯票之原兌付局改另一新兌付局兌款者除經取驗匯票及匯款憑單並交納手續外應封發填具（國內匯票改匯通知書）並參照國內普通匯兌辦事細則第六十九條及七十條規定辦理

丁、定期表報一覽

102
108

1.編造開發匯票週報旬報及北票莫匯票匯費登記簿

每星期一、三、五編造財務報告將上兩日本旬開發及兌

支各種匯票數字列表呈報又於每隔兩週之星期四

日造報開發及兌支國內匯票比較表送股文書組

2.區際匯兌旬報表於逢月之一日十一日及廿一日應將

上一旬開發及兌支各區國內不定額高額信

匯及電報匯票款數暨開發區際匯費結算務

須翔實列表送匯兌組

3. 紮真匯票登記簿每届月之末日或最遲翌月之起首日應將當月間普電報高額信匯及不定額匯票登記簿分别張數款數匯費紮總并將房於普通組張數款數其出在各該登記簿末頁列明送匯兑組

4. 每月一日估計應需文件填備粵21式向庶務組請領應用

本辦公細則繕寫三份遇有辦法變更之處須隨時修正交代時由移交及接辦人員會仝簽署於后

103 40

~~100~~

移交人姓名	等級	移交日期	接辦人姓名	等級	接辦日期

編造：一等五級郵務佐 胡震書（胡震書）

核訖：儲匯股股長（印）

中華民國三十八年六月十九日（印）

JUNE 28 1949

邮政储金汇业局关于币改后侨汇及国际汇票处理办法事项给各邮政管理局、邮政储汇分局的训令（一九四九年八月二日）

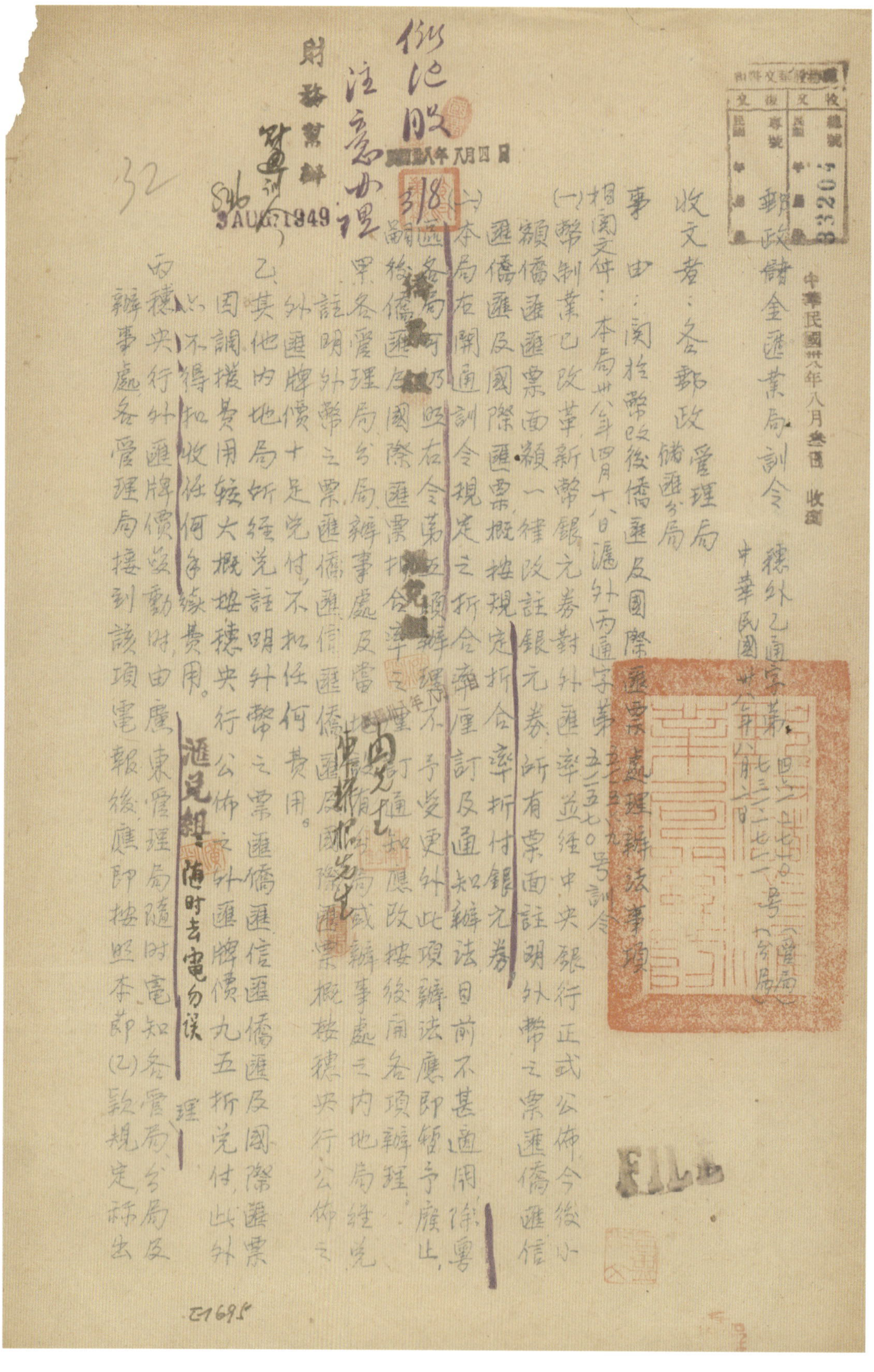
郵政儲金匯業局收文 33204

中華民國卅八年八月叁日收到

郵政儲金匯業局訓令

穗外乙匯字第　號

中華民國卅八年八月二日

收文者：各郵政管理局、儲匯分局

事由：関於幣改後僑匯及國際匯票處理辦法事項

相関文件：本局卅八年四月十八日滬外丙匯字第五二五七〇號訓令

(一)幣制業已改革，新幣銀元券對外匯率並經中央銀行正式公佈，今後小額僑匯匯票面額一律改註銀元券，所有票面註明外幣之票匯僑匯、信匯僑匯及國際匯票概按規定折合率折付銀元券。

(二)本局右開通訓令規定之折合率匡訂及通知辦法目前不甚適用，除粵區各局仍照右令第五項辦理，不予變更外，此項辦法應即暫予廢止，嗣後僑匯及國際匯票折合率之匡訂通知應改按後開各項辦理：

甲、各管理局、分局、辦事處及當地設有分局或辦事處之内地局經兌票面註明外幣之票匯僑匯、信匯僑匯及國際匯票概按穗央行公佈之外匯牌價十足兌付，不扣任何費用。

乙、其他内地局所經兌註明外幣之票匯僑匯、信匯僑匯及國際匯票因調撥費用較大，概按穗央行公佈之外匯牌價九五折兌付，此外不得扣收任何手續費用。

丙、穗央行外匯牌價變動時，由廣東管理局隨时電知各管局、分局及辦事處，各管理局接到該項電報後應即按照本節(乙)款規定標出

儲匯股注意办理

財務業務

匯兌組隨时去電分催

FILE

僑票組

应即通令各局遵照，并随时將差额價值報呈備查（函白）。又上開第(一)項亦應一併通令各局遵照。

33

內地局所之折合率，適合全區各局遵照。（稽外乙通字第四一三/二九七〇號訓令第二頁）

丁 上述辦法實行後，本局外匯處或國際匯票互匯局或相關管理局不再另行將折合率分別通知，先付局所有註明外幣之票匯僑匯、信匯僑匯及國際匯票，應概按主管管理局最近通令所通知之折合率先付。

(三)各區局對於本局各地代理銀行及香港分局開發之各類僑匯及各國郵政開發之國際匯票，仍應將遵前令儘速兌付，不得藉詞延付或拒付。如確因款額過鉅，令款應兌時，應設法在當地搜匯應兌或電稟本局請協，毋得稍涉積延，以免影響業務。

(四)各區局如尚存有各類僑匯及國際匯票因收款人拒收金圓券而懸未兌付者，可改以銀元券婉勸收款人兌款，倘收款人仍拒絕收領，應即按照相關處理辦法規定作為退匯辦理，以免久懸。

(五)銀元券經政府規定與各版銀元劃一行使，如當地銀元券尚未流通，所有收支仍以銀元為單位者，僑匯及國際匯票應以銀元兌付之。銀元與銀元券價值發生差異時，應即詳報本局備查。

(六)目前上海小額僑匯分發局及國際匯票互匯局之業務均暫停頓，其原經辦業務分別改歸廣州分發局及互匯局辦理。

局長 何縱炎

广东邮政管理局关于币制改革后侨汇及国际汇票处理办法事项给广东邮区各局暨代管江西、湖南各局的训令（一九四九年八月九日）

60 55

廣東郵政管理局訓令

財通字第八四六號（匯四三）
中華民國卅八年八月九日

收文者：本區各局暨代管江西湖南各局
事由：關於幣制改革後僑匯及國際匯票處理辦法事項
相關文件：（一）儲匯局本年八月二日穗外乙通字第四六／二七一〇號訓令
（二）本局本年四月十四日財通字第七七四號訓令

查關於幣制改革後小額僑匯處理辦法，業經本局於本年七月廿八日財通字第八三八號訓令飭遵有案，茲再將各局應行注意各節列后，仰遵照辦理。計開：

（一）今後小額僑匯匯票面額，一律改註銀元券，所有票面註明外幣之票匯僑匯、信匯僑匯及國際匯票，概按規定折合率折付銀元券。

（二）上開折合率仍照右開（二）訓令規定辦法，以由指定通知僑匯牌價局分別洽查負責通知段內各局，至接管贛區各局，均由本局逕行通知。

（三）各局對於本局各地代理銀行及香港分局開發之各類僑匯暨各國郵政開發之國際匯票，仍應儘速兌付，不得藉詞延付或拒付，如確因數額過鉅，立款應兌時，應設法在當地攬匯應兌，或向準備局請協，毋得稍涉稽延，以免影響業務。

（四）各局如尚存有各類僑匯及國際匯票，因收款人拒收金圓券而懸未兌付者，可按

（財通字第八四六號訓令第二頁）

圓券對銀元法定比率改以銀元券繳納收款人兌款，倘收款人仍拒絕收領，應即按照規定辦法，作為退匯辦理，以免久懸。

（五）銀元券業經政府規定與各版銀元劃一行使，如當地銀元券尚未流通，所有收支仍以銀元為單位者，備匯及國際匯票應以銀元兌付，又如當地銀元與銀元券價值發生差異時，應即詳報本局，以憑轉報備匯局。

局長黎儀燊

广东邮政管理局关于侨汇及国际汇票支付办法给广东邮区各局及接管外区各局的训令（一九四九年九月五日）

財通字第八六六號（滙四三）
中華民國卅八年九月五日

廣東郵政管理局訓令

收文者：本區各局及接管外區各局

事由：關於僑匯及國際匯票支付辦法

相關文件：（一）本局本年八月九日財通字第八四六號訓令
（二）儲匯局外匯處本年八月卅日港外字第二五八四七號公函

一、票面註明外幣之僑匯及國際匯票概應按規定折合率折付銀元券，如當地銀元券尚未流通，所有收支仍以銀元為單位者，上項僑匯及國際匯票得以銀元兌付各節，業經右令規定飭遵。

二、各局應切實遵照辦理，概以銀元券兌付僑匯及國際匯票，如確因當地銀元券尚未流通，所有收支仍以銀元為單位而以銀元兌付僑匯及國際匯票者，亦應於相關呈送兌票單（C-188X）上分別註明，以備查核，統仰遵照。此令

局長 勞傑明

汕头局四九、十一、十八、第二三七二七号呈之附件

（此件是解放后）

汕头军事管制委员会公布汕头侨批管理暂行办法。

第一条、为保障侨胞利益，促进批业发展，俾达到疏畅侨汇暨繁荣侨乡之目的，特制定本办法。

第二条、本办法所称侨批业系指私人资本经营之批局，至于经营或兼营侨汇之银行或银号钱庄，凡经中国人民银行之特许，亦可视同侨批业。

第三条、本会授权本市中国人民银行为侨批业之管理检查机关。

第四条、私营侨批业非经特许，不得经营侨汇以外之银行业务，更不得兼营进出口以及其他商业活动，违者除令其停业外，并予以适当处分。

第五条、凡欲经营侨批业者，事先应遵照本会颁布之汕头市私营银钱业管理办法办理登记，如系在公布以前已经

廣東郵政管理局 稿紙 第二頁

營業者，仍應重新辦理登記，方得營業。

第六条：凡已經核准登記設立之僑批局，欲停止營業或變更名稱組織及合併與增減資本者，須說明理由，呈請本會核准後始得辦理。

第七条：

私營僑批業經營僑匯必須遵照下列之規定：

(甲)所收僑匯按當日牌價售給汕頭中國銀行，不得擅將外匯存單在市場上賣出，或以自備外匯方式輸入物資，套取人民幣發批。

(乙)發批須力求迅速，不得有積壓情事。

(丙)原幣匯款，按結售牌價分發，不得貶低暗扣。

第八条：僑批業應按期造送下列表報，呈送本市中國人民銀行查核。

68

廣東郵政管理局 稿紙 第三頁

(甲)匯入詳細旬報 (乙)結付僑匯旬報 (丙)海外匯送封幣收匯行市清單。

(戊)戰時中國農民銀行得隨時派員檢查其營業情形及帳簿並得隨時指定編造有關表報。

第九條：僑批業有違反本辦法規定之行為者得按情節輕重，予以下列處置

(一)警告 (二)處以罰金 (三)令其撤換主要職員

(四)停止營業 有關刑事部份交由司法機關處理。

第十條：本辦法自公佈之日起施行。

海口（琼山）邮局关于请改良华侨汇票回批办法以资投派快捷的提案

海口（瓊山）郵局提案

一、提案：請改良華僑滙票回批辦法，以資投派快捷案。

理由：查現行辦理華僑滙票辦法，係由東華僑銀行製備「華僑滙票」「華僑滙票存根」及回批各壹件，連仝滙款人家書一封，同列清單寄遞各僑滙分發局，各分發局將收到僑票總包後，即行開拆，投派及分發各相關投派局投派，派後即由各分發局將回批退回原滙銀行銷賬，以再轉發還滙款人，以作滙款文憑憑證，然因投派局於投派每筆滙款時，必等收款人將回批寫妥交回方始完竣，對於投派工作則甚久，且郵差往往為貪圖些捷計，每請收款人只於回批內書收到款數若干便草率取回，此種回批形同收款收據，大失回批意義，滙款人收到時殊欠滿意，或因收款人不識文字，不信任郵差代寫回批，轉請村社識字之士代寫，而未能即將回批交回，總往返數次未能取回回批者甚常，投派工作速率低微，則退批亦未能迅速。然匯款人匯款，一面固求匯款之迅速到達，一面復求獲知究竟，而現行辦法匯款人欲知匯款已否交妥及是否快捷抑系延緩，均待回批退還後方知，若回批未能速退還，匯款人則匯款人豈以匯款遲延純為嫌，故欲使匯款人早日獲知匯款妥交，又得悉家中詳情，則現行投派僑票必須印取回批，而減低投派工作效率之辦理手續，實應加以改良之必

辦法：(1)照現行辦理僑票辦法再加「華僑匯票回條」單式一種如附表（二）以代替回批。

(2)現行「華僑匯票」「華僑匯票存根」及回批等格式略加修改如附表（一）（三）（四）。

(3)原匯處於收匯僑款時，每件匯票應用「華僑匯票」「華僑匯票回條」「華僑匯票存根」及「回批」信封等各一件照格式填寫，隨仝匯款人家書一封照現行辦法開列簿單封

寄各侨汇分局营局

(4) 各分营局于收到華侨匯票總包後，即行開拆投派并分营各相關兑付局投派。

(5) 兑付局將侨票交跑差投派，跑差于投派每件侨票时认收款人在「華侨匯票」「華侨匯票回條」「華侨匯票存根」三張單式上簽章，随即取回回收，將匯款及家屬書信回批交收款人点收，并囑收款人速寫回批免費交附近郵局或代辦所，俾柜寄递，此可節省投派侨票候取回批时间，或往返再取回批之麻煩，而收投递侨票迅速之效率，且收款人得有充份时间將回批詳細書寫。

(6) 侨差每次派完侨票返局，即將收款人簽章之「華侨匯票」「華侨匯票回條」及「華侨匯票存根」交回，兑付局將「華侨匯票」報賬。「華侨匯票存根」存局備查。「華侨匯票回

~~106~~ ~~100~~ 101

条」印，退相关分发局汇退原汇处销账后分别派送汇款人以作汇款之妥凭证，而副汇款人求速之期望。

（7）由管理局制发各分发局「特种邮戳」一个，此种邮戳祇限于盖回批功能，铸造应精细，并有特别记号以资识别而防假冒。邮戳字义祇表示此件邮资已付。

（8）回批由收款人迳寄汇款人（以省原汇处再派回批手续）但该回批所应纳邮资可由各分发局于开发侨票时将特种邮戳在回批面上加盖。

（9）由管理局通令各邮局代办所，信柜及代售处，凡有此项回批投寄无需再纳邮资，并应辨识开发局日戳紥成一束依速並慎重封寄各相关分发局，以便分发局加盖开发局日戳，及于必要时核对回批是否伪造，以杜流弊。

（10）各分发局于收到是项回批时应逐件加盖日戳，必要时核对其笔迹是否重复，或以抽查方法查对，以杜伪造。并查

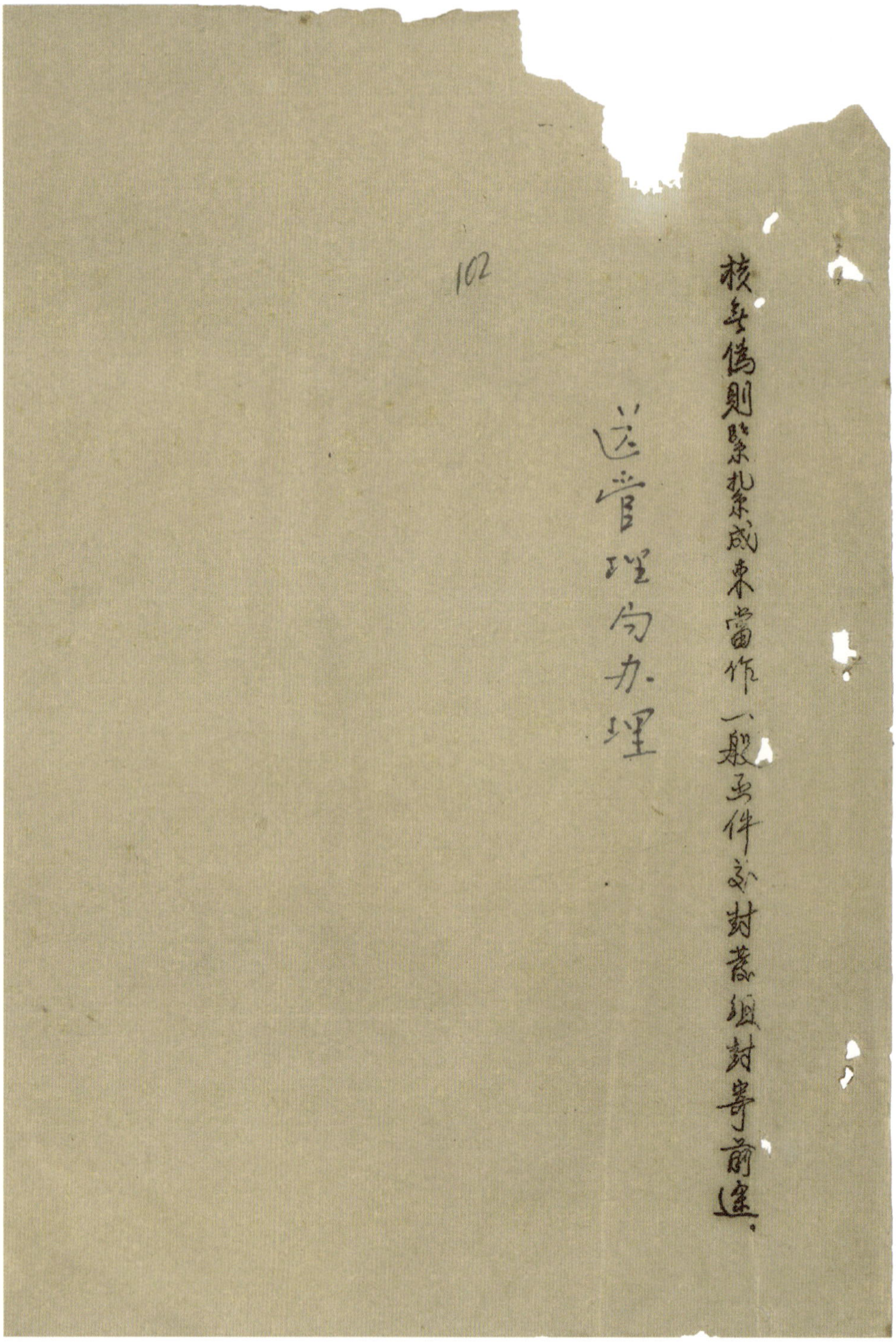
核與僑批聚扎成束當作一般函件裝封套總封寄前途。

送管理局辦理

102

華僑滙票組組織大概

(一)組織：

華僑滙票組（以下簡稱本組）現設組長一人，下分五格：(1)文書及核對格 (2)兑票格 (3)開發格 (4)封發格 (5)回批格

(二)人員支配：

本組現有員十三人：甲等部務員一人，乙等部務員一人，部務佐一人，僑滙業務員九人，什差一人。計開：（組長）嚴文博（甲員），（文書及核對格）蘇安治（乙員），（兑票格）左崇炎（部佐），（開發格）何乃荃、霍曉暁、黄景康（僑滙業務員），（封發格）沈仲良、関信池、何恭煦（僑滙業務員），（回批格）楊履文、鄺遠傳、余朝樞（僑滙業務員），（什差）謝强

附註：

(1)開發格與封發格因工作密切関係，兩格人員常需通同工作而相助理。

(2)文書及核對格、兑票格、回批格等人手均感不足，開發格與封發格人員於工作稍疏時，即需協助各格工作。

华侨汇票组组长办公细则

210

華僑匯票組組長辦公細則　第一頁

(一) 職務：除隨時督導各員工努力工作，設法增進辦理僑匯速率，以期博得僑胞信仰，發展僑匯業務外，應辦理下列公務：

(甲) 凡部局令文、密文、通令、通飭、公函、銀行來函及半公函等，均應留心閱讀，分别遵辦。如需通飭各局所者，即自行草擬通令，呈股長簽辦及局長覆核後，印發各局所。如須呈覆者，即草擬覆文，呈股長簽辦及局長覆核後，交文書組呈覆。

(乙) 收到各局所之呈文、公函及外界來函，詳細察閱後，批注應辦或應覆各點，交各相關枱辦理。如屬重要，應先行擬辦意見，呈股長核奪，然後照辦或擬覆。

(丙) 各核所擬之局所令稿或函稿，需加意詳細考核，方可繕發。考核之前，應先將相關案件查閱清楚，方行辦理。如屬需要，并需請示股長，將各稿核妥簽著後，用簽收部送僑匯股文書枱繕發。

(丁) 僑匯視察員及郵務視察員交來之查視各局所匯兑報告書，需詳加核閱。如各局所對於辦理僑匯事務有不妥善之處，應即訓令更正及改良之。

(戊) 向票款組領郵票若干元，以備預付回批格退回郵資及寄信投遞僑票與其他公件之用。回批格借郵票時，應立回借單。回批格所用以寄回批退通單及其他公件之郵票，隨時詳列一表，交來考核後，即行簽章，送回股長簽章後，交回回批格憑單向收支組領回郵票交還，即將借單取消。

(己) 辦理僑票印鑑寄各局備查。此項印鑑，由開發僑票主管人、經辦人、僑匯組組長及股長蓋章，以作印鑑。

(庚) 稽核錯誤通知單（Advice of Error）。此項錯誤通知單係由回批格編製，每次由各銀行收到之僑票匯款表如有錯誤，如匯費或回批費不符等，由回批格以錯誤通知單通知僑匯局更正，該錯誤通知單須要覆核後簽署，再送股長簽署，然後交回批格寄發。

(辛) 覆核僑票之開發總數是否與僑票開發總表（Summaries of O/Rs issued）之數相符，又覆核退票總數與相關退票相符，然後封寄上海僑匯總局匯兑處第三課。

~~218~~ 211

第二頁

(壬)辦理各種條案等式。

(癸)每年年底將全年關於各文件條案數目與上年之數目比較，將增減之百分率計出，並將原因詳細說明，然後送文書組彙齊各項編造年報呈繳總局。

(四)表冊編造：由各組編造後送考核簽章，然後送股長簽章。

华侨汇票组文书及核对柗办事细则

212

~~218~~

華僑匯票組文書及核對柗辦事細則（第一頁）

(一) 將僑票開發柗已核對一次并經發票員蓋章之華僑匯票、存根、回批、匯款人家信及銀行匯款表複核之。

(二) 核對後蓋章於僑票及存根之「主管員」欄內并在相關匯款表上加蓋印章

(三) 核對時應注意下列各點：

A. 僑票上各項節目是否與相關匯款表及匯款人家信封面所列相符。

B. 各票之兑付局名有無錯誤。

C. 僑票、存根、批信、暨相關之匯款表上，已否加蓋開發局日戳

D. 僑票及存根上，已否由發票員加蓋印章。

E. 每一號匯款表之款額總數及匯費總數亦須核算，如有錯誤須照更正并交由回批柗再行複核後以「錯誤通知單」(ADVICE OF ERROR)(U-506)通知 郵政儲金匯業局轉函原匯銀行辦理。

(四) 核對本局之「退匯清單」(ADVICE OF U.R.)及相關無法投遞僑票彙齊，每月一次將退各銀行數目，分別登列連同該清單二份，交本局賬務組報賬。

華僑匯票組文書及核對稽辦事細則（第二頁）

（五）核對各僑票分發局寄來之「退匯清單」及相關無法投遞僑票，彙齊每月一次將各銀行數目分別登列連同相關清單二份交賬務組報賬，另以一份存本組備查。

（六）核對後彙齊各銀行之退匯清單（每銀行每歸清單正副二份）及相關退票，每月統計一次，將期內退每一銀行之退票件數及匯款數目登列一表，註明入何月份賬，隨同寄發每銀行之退匯清單副張二份送交賬務組。

（七）每月一次送交賬務組之退匯清單，其相關退票應分管理局（HO）及內地局（SE）二組，核對與各該月份出賬之退匯清單所報件數及款數相符後，復將兩組之同一銀行者，合成一數，分別登列件數與款數於「呈送兌訖國內匯票單」（D-188x），單上須註明「華僑退票」字樣，免與一般兌訖匯票混亂，并於每銀行之退票面上註明銀行名稱，由本組隨同相關月份月賬表（Statement C 193）寄呈　上海郵政儲金匯業局匯兌處第三科處理。

（八）核對本局及各分發局之開發僑匯總計表（Summary of O R Lists）（僑廣卯7）及相關之銀行匯款表以兩份交賬務組報賬，餘一份連同匯款表副張俟封寄本組月賬時，寄往上海儲金匯業局匯兌處第三科處理。

（九）根據開發僑票總計表分別登記本局及各分發局每月開發之僑票數目於登記簿內。

~~223~~ 214

華僑匯票組文書及核對格辦事細則（第三頁）

（十）對於各銀行發出之追查回批單（TRACER）及查詢僑票投遞事項之查詢公函（QUERY MEMO）等分別查覆辦理。

（十一）對於郵政儲金匯業局關於查詢僑匯各事項之半公函，分別查辦。

（十二）查核本局轄下之僑匯專員視察僑匯業務報告書及行程表。

（十三）草擬關於投遞僑票及退回批等事項之令文及公函等。

（十四）編造「僑匯事務半年報」。（每年六月底及十二月底編造二份一份寄呈郵政儲金匯業局餘一份存檔備查）

（十五）造具「僑匯回批費月報」（本局及各分發局之數分別登列）以一份寄呈重慶郵政總局，餘一份存檔備查。

（十六）協助本組組長處理僑匯業務。

~~222~~

215

華僑匯票組兌票柗辦事細則

（一）將各局繳來之兌訖華僑匯票，核驗收款人蓋章簽字否及有否漏蓋兌付局日戳及有無錯誤，將存根作兌訖票寄繳等，隨即核計件數、款數是否與「呈送單」上所列數目相符，如有錯漏，需將兌票抽出，退回兌付局補辦。

（二）將核算完妥之兌票，依「匯兌局專號」之末一數字分類，放存櫃倉內（櫃倉係照1.2.3.4.5.6.7.8.9.0分間）。

（三）每月下旬，即將各局在該帳務月份內所繳并經核妥之「呈送兌訖僑票單」抽出集齊，照單結算全月份兌票總件數、款數，填列該局是月份「呈送兌訖僑票總單」。

（四）將抽出之「呈送單」存檔，并將填妥之「呈送總單」夾存相關兌票內。

（五）每月一日，即照上月份各局兌票件數、款數，順着匯兌局專號次序排列，編造「華僑匯票表匯及兌付月報清單」（甲C-193單式），關於內地各局兌付者合編一份，廣州局兌付者另編一份，前者送交會計股內審組核對各局兌票數目後再送交會計股賬務組核對，廣州局兌票數目，並向僑票數目有向文書及核對稽查閱。

（六）會計股將「華僑匯票表匯及兌付月報清單」送回時，即照該單所列正確數字，繕正「華僑匯票表匯及兌付月報清單」二份，送交相關主管人員簽章後，以一份寄呈南京郵政儲金匯業總局匯兌處，另一份連同兌訖僑票及「向來僑匯總計表」（係廣字17）并相關匯款表寄呈南京郵政儲金匯業總局匯兌處清理課收辦，餘一份存檔。

华侨汇票组开发枱办公细则

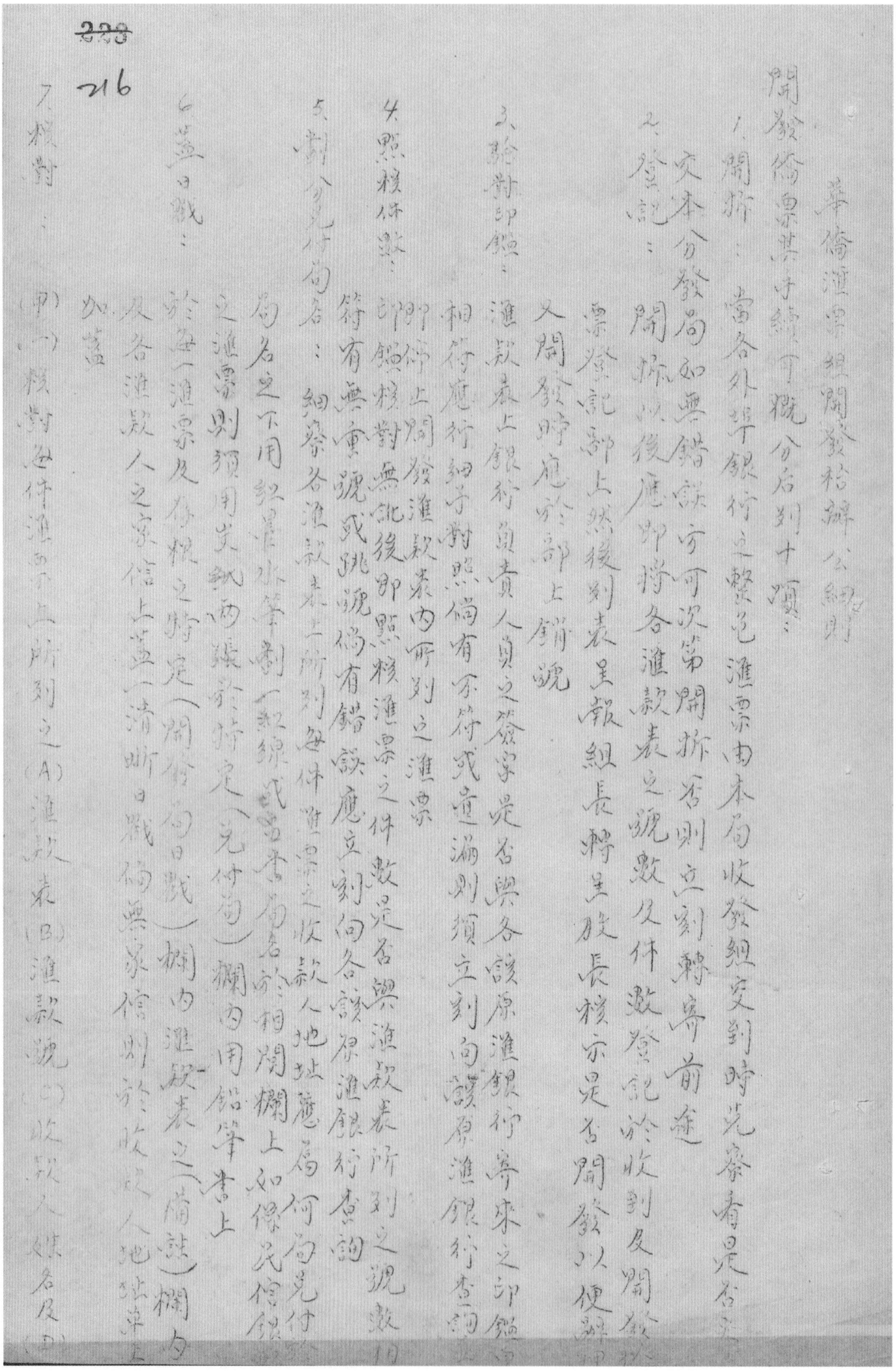
228
216

華僑滙票組開發枱辦公細則

開發僑票其手續可概分為列十項：

1、開拆：當各外埠銀行之整包滙票由本局收發組交到時先察看是否完[illegible]
交本分發局如無錯誤方可次第開拆否則立刻轉寄前途

2、登記：開拆以後應即將各滙款表之號數及件數登記於收到及開發
票登記部上然後則表呈報組長轉呈股長核示是否開發以便[illegible]
又開發時應於部上銷號

3、驗對印鑑：滙款表上銀行負責人員之簽字是否與各該原滙銀行寄來之印鑑[illegible]
相符應行細予對照倘有不符或遺漏則須立刻向該原滙銀行查詢

4、點核件數：即將上開發滙款表內所列之滙票
印鑑核對無訛後即點核滙票之件數是否與滙款表所列之號數[illegible]
符有無重號或跳號倘有錯誤應立刻向各該原滙銀行查詢

5、劃分兌付局名：細察各滙款表上所列每件滙票之收款人地址應屬何局兌付
局名之下用紅墨水筆劃（紅線或[illegible]書局名於相關欄上如係民信銀[illegible]
之滙票則須用炭紙兩張於特定（兌付局）欄內用鉛筆書上

6、蓋日戳：於每一滙票及存根之特定（開發局日戳）欄內滙款表之（備註）欄內
及各滙款人之家信上蓋一清晰日戳倘無家信則於收款人地址[illegible]上
加蓋

7、核對：（甲）一、核對每件滙票上所列之（A）滙款表（B）滙款號（C）收款人姓名及（D）

217

~~224~~

款額是否與該次匯款人家信上所列者一一相符(乙)將已對分交□□之僑票再度複核其有無錯誤(三)核明各僑票存根批信與相關匯款表上有無加蓋開發局日戳各項核對無訛後即在匯款家信上依匯款表所劃示或書明之兌付局名用顏色筆（紅或藍）劃示或另書明然後蓋上發票員於特定欄內交與主管員複核(乙)將每一匯款表詳細核對與匯款額及匯費等總數各項有無錯誤倘有不符應即另更正再由回批稽分副通知原匯銀行及儲匯局

8.更改兌付局名：開發僑票或因地址偏僻致誤寄遞該收到局所於拆收發覺後即另為轉寄前途一并發寄經轉華僑匯票詳情表通知本局本局收到該項表件後即知各相關僑票原來劃示之兌付局名實有錯誤故應立即根據該項經轉表將匯款表上劃示局名另以更正俾免他日徵查回批無着之弊並於該地區隸屬局所名稱尤應隨手登記於開發僑票地名登記部上藉免異日開發時之誤

9.查詢偏僻地址：如有偏僻或不通郵地方無法查悉隸屬何局投派為宜應即繕發「查詢地址公函」向該地附近之局所查詢以資辦理

10.補發副票：各兌付局所開或因僑票遺失焚燬或破敝等情形向本分發局呈請補發副票或副存根時須先查核清楚方可照呈補發補發時須於各該相關匯款表上註明何時補發及據何局第幾號呈或公函補發等字樣於該副票尤須特為註明隨手復將各重要事項登記於特備之登記部上以便日後稽查之用各項手續清楚後方行蓋章於副票

上述主管員組長或儲匯股長簽署後始行寄發編成匯兌表寄呈時
因相關銀行疏漏或其他原因件數致有缺少為便利公衆及開發起見
亦可補發副票俟收到原票時再將原票註銷其手續與前例同俾
由發票員及主管員甚為便妥至於本檔儲存之空白及蓋印副票均
有特部登記存額取用時尤須加以登記俾免疏漏之虞

219

~~226~~

華僑滙票組封發柗辦公細則

第一頁

封發僑票其手續可概分右列八項：

（一）分發：將已核對妥之僑票（即已經蓋有發票員與主管員印章及日戳之票）接批信面上所書之局名分置於相關分發欄內。

（二）整理：(A)將票分妥於分發欄後即將每一局之票檢驗其是否全屬該局所派僑有則局之僑票混雜在內應將該票抽出置回其相關分發欄內(B)當將某一局之僑票檢驗時應即順便點明件數以免耽延時間每足三十件則用一條膠圈套實（餘類推）隨用便條將該局名及件數書行登記。

（三）計數：(A)將某一局之僑票檢驗及點明件數後即將各票所列之款統計若干暫行登記於便條上並登記局名及件數以便於封發各局之票數不符時得以核對(B)便條上登記之數字應分别其局名及隸屬何局供應該局內以便寫撥款通知單時參照之用。

（四）結寫清單：上述各項辦妥後即取「寄發僑票清單部」將各相關僑票號碼逐一登列各票號碼字須如C或CA等切勿遺漏各銀行之簡寫英文字母如IP KL等亦應清楚列入每一清單入三十件共列多少於清單末頁結一總碼入妥後須細心翻點件數是否符合以免有重號或漏登之弊全批辦妥後即簽名及加蓋日戳於清單上并將正頁撕出與僑票一並用封套裝上。

（五）封寄：(A)封發僑票如在三十件數內可用小封套如六十件數內可用大封套超過六十件時可用紙包裹之(B)封面上所書局名單號及件數須與封內之僑票清單所書各項相同

~~22?~~ 220

第二頁

(C)照上述情形辦妥後，應逐一將其號數及件數登記於「寄發僑票簽收部」上，並將各局僑票件數統計是否與所開發件數相符，方可將封口黏回或包裹完整。倘兩數或有不符，須逐一細查，待查出後方可固封黏妥，交差送收發組寄發。(D)如僑票屬於本市投派者，須逐一填寫收款人地址及匯款人姓名於核對據上，然後登入各清單，毋須用封套裝封，但須分別緊紮成束，然後交差送匯票格投派。(E)封寄別區僑票則應將該僑票發匯銀行名稱、匯款表號數、匯款號數、款數及寄往局所名稱登列於Chit Book上，送交文書格由公函寄往。

(六)結發撥款通知單及登記本局投派票款：(A)本市僑票票款額總數須統計確切，用部登記報告出納股股長。(B)封發各局僑票款額總數須分別按其該管供應局開列「撥款通知單」，送往本局票款組。

(七)經轉僑票：僑遇其他僑票分發局轉寄由本局代轉僑票，應先審別該票經轉局名，然後列入清單寄往，並將(A)收到日期(B)開發局名(C)僑票列號(D)轉寄局名(E)寄往清單號數詳為登於「經轉僑票部」，以備查核。

(八)登記票款供應局轄下局所名稱：各票款供應局轄下局所遇有變更增減，應隨時登記以資參考。

華僑滙票組退回批及無法投遞滙票柗辦事細則

(一)

~~220~~ 221

工作要目

(一)退寄回批
(二)繕領郵票單
(三)發收到滙款表通知單
(四)覆核滙款表數目
(五)發正誤通知單
(六)發驗証通知單
(七)繕列開發僑票計算總單
(八)退無法投遞僑票
(九)發催查回批單
(十)整理滙款表歸檔

(一)退寄回批

凡由本分發局開發之僑票，經各兌付局兌妥後，即將相關回批或收據（須具有收款人簽字或盖章指模符號等）退來本局，分別將其退回各原滙銀行轉交匯款人，以資作証。

退回批程序

A開拆——凡開拆各兌付局寄來整套之回批，須核对來件內容，是否与隨來之相關

~~239~~ 222

「退寄回批清單（[illegible]）」所列者相同，如無錯誤，則以每銀行為單位，分別排列，案置於相關倉格內，倘發現有不符情事，應通知該局更正之。「退寄回批清單」應順序以每局為單位，分別存檔備查。（六）

B 銷號——1 先將各回批由倉內抽出，依匯款號碼次序疊頓。

2 檢視各回批曾否妥備下列各點：

A 有無收款人蓋章，簽字，指模或符號等

B 有無蓋兌付局日戳

C 有無附寄第三者之信函或夾附其他禁品。

3 逐件與相關匯款表所列之號碼收款人姓名及匯款額等核對

4 核對後隨即蓋日戳於相關匯款表之「回批退還日期」欄內，以示已將回批退回原銀行，及退回之日期。

C 入單——已銷號回批，應逐件將匯款號登入「退回批清單（Advice of A/p Returned）」，此項清單須繕三份：一份隨回批退原銀行，一份寄本港儲匯局，其餘一份存檔備查。但民信局銷號收據，則只二份，不須寄往本港儲匯局。如係馬頭手金行者，則多繕一份，除三份照上列辦法外，其餘一份則寄「泰國東方匯理銀行（Banque De L'Indochine Bangkok）」。

D 封發——已入單完畢之回批，須照下列辦法退寄原匯銀行：

(1) 在回批正面上並無任何特別標誌者，係用綫包寄遞。

(2) 在回批正面上有「箭」標誌者，則須逐件封口及逐件貼郵票，然後用銅釘貫

~~239~~
223

（三）

穿於左角，釘成一束，再加十字形繩牢紮，其相關清單上，須加蓋「本表回批分別貼郵票」字樣，然後另套入（C-8）封內，連同回批釘紮寄遞。

(3) 在回批上有「寄至下列英文地址轉交」標誌者，此係退寄各銀行代理之回批，須封綠色按址寄遞，惟入單時，應改用紅色清單（O-515X）此清單寄交該管銀行，不必隨回批寄交代理處。

(4) 在回批上有「寄至下列英文地址轉交」及「箭」兩標識者則照(2)項及(3)項之方法寄遞。

(5) 在回批上蓋有上述四種以內之一種標識，另加「飛机」符号者，則照上述相關某一項方法，另加納航空費，由空郵寄遞。

(6) 代退回批——兌付局每有將回批誤退往別一分發局，為節省時間計，可代為轉退原匯兌行，退寄方法與上相同，但退寄後應發「代退通知單」通知該原分發局，以憑銷號。

E. 貼票——裝封以後，除有「箭」標誌之回批逐件黏貼外，其餘則按件數，照應納郵資貼票，如係空航退者，另加航空費。

F. 登記——每次交寄之回批，應登入交寄簽收部內，如係華僑銀行者，則登入「退華僑銀行回批簽收部」如係其他銀行者，則登入其相關之交寄簽收部內。

(二) 繕領郵票單——本柜存有預備郵票　元，以便退批之需，如不敷用，得向組長請領，每次所需之數，應照登記冊繕具領回郵票單照（編號18與19）乙紙，送交本組組長及股長核簽，然後憑單向收支組領回郵票，如係航空退

（四）

寄者，則應照登記冊，繕備單照式張，一張交收支組領票，一張存稽，四張交帳務組報帳，但退馬丽年及仰光之回批費，則於年月或月底，將所用之數，繕入華僑銀行之簽收部及繕領郵票單內，領回郵票，但其他銀行，則按年月或一月結算一次。

（三）繕發收到匯款表通知單——各銀行匯款表，經開發批妥後，則交來本格，應即於「收到各行匯款表銷號部」上銷號，并分別繕發「收到匯款表通知單」（O-500X）寄交回匯銀行，表示該單經已收妥，并無遺失。

（四）覆核匯款表——將既經銷號之匯款表，核算下列之各數，是否無誤：

(1)回批費 (2)合共總數 (3)國幣折合外幣數

（五）繕發正誤通知單——覆核匯款表後，如發覺有數目不符，經更正後，即發（Advice of Error）寄交港儲匯局，其正誤通知單應備二張，一張寄交港儲匯局，一張存檔備查。

（六）繕發驗証通知單——如發覺匯款表上所列款額與匯票上所列不符或匯款表有失漏，跳號或重號等情事，即發「驗証通知單（一式）」向該相關銀行查詢，一寄星此項單式，須繕五張，二張寄原匯銀行，一張寄交港儲匯局，一張寄星加坡總行，一張存檔，如其餘各行只繕四張，不必寄往星加坡總行。

（七）繕列開發僑票計算總單——將匯款表內各數，以每一銀行為單位，分別列入總單內，每月結算一次，該項總單繕具三張，交本組核對檔覆核後，一張交帳務組隨既單式寄香港儲匯局報帳，一張連同相關銀行匯款表副張，

~~231~~ 224

~~233~~ 225

（五）

由本组寄上海储汇局清理，一俟交帐务组存档。

（八）退无法投递汇票：1、审查各退票上所批之退汇缘由是否合理

2、将无由回批逐件抽出

3、销号「与上述退回批办法同，但须加「P」字样」

4、将退汇数目，照本价率，折合外币。

5、如因情形特殊，或因邮局不能投递之件，应退回汇费，否则不退汇费。

6、将各退票之汇款号数等项，分别缮入「退汇清单（Advice of [illegible]）」内，该单缮四张，一张随各原汇款人家书及批条退回原汇款人（寄递方法与退回批同），二张连注销汇票交校对稽核，其余一张存局备查。

7、信行公司、民信局另无负东亚等退票，则不必折合外币，除华侨自行外，退回各行汇票，亦不必退回汇费。

（九）缮备查回批单——关于各局投派之侨票，如应时已久，其相关回批仍未见退返者，则应缮「备查回批单（[illegible]）」查询，经相当时期仍未见回批退返者，则应第二次再一单，经发两次单如仍无效果者，则应发「训令」，应缮空白证明书及副回批连同寄发。

（十）整理汇款表——将各银行等寄来汇款表，应分别已妥（即已退回批）未妥（未退回批）两项按各行名称整齐归档，以便于查考。

~~235~~

226

注意

1、回批封面如有匯款人地址者，須用墨塗去，

2、封裝回批，應先用繩紮，然後用質堅級之紙料包封外加繩索，捆作井字形，務使須在遠途轉運，亦不能傷及回批。

其他、如本批工作完畢，仍應勤助本組各批工作。二

（六）

汇兑组电汇及侨汇核对暨国际汇票枱办公细则

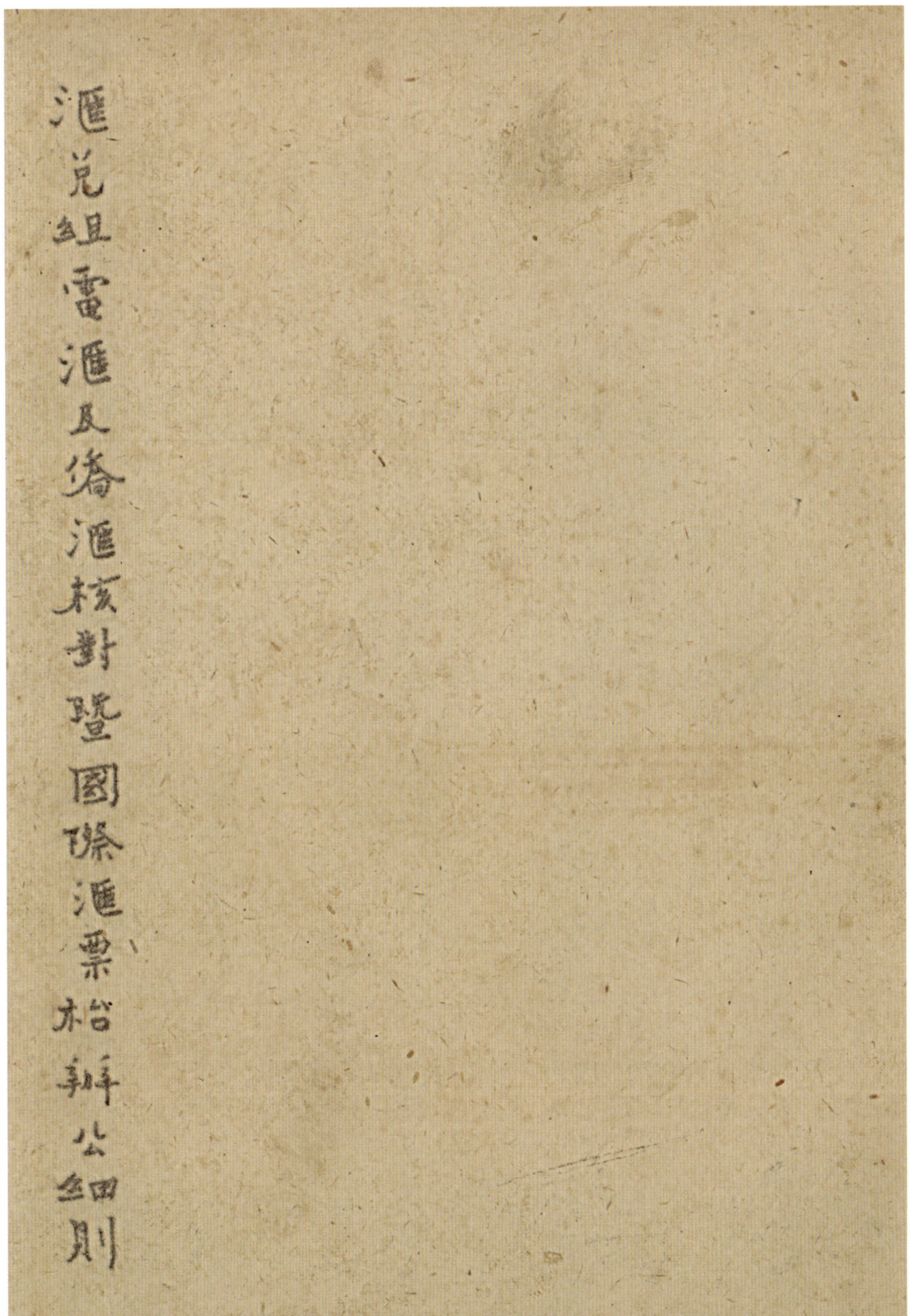

滙兑組電滙及僑滙核對暨國際滙票枱辦公細則

（二）格式：

滙兑組電滙及僑滙（暨國際滙票）核對樣辦公細則

（一）

要目

關於本局入口電報滙票
關於本局出口電報滙票
關於本局兑訖電報滙票
關於各局發滙及兑訖電報滙票
關於華僑滙票
關於滙發副張國內滙票及核對樣
關於國際滙票事項

（三）職責及工作：

（甲）關於本局入口電報滙票：

（一）凡由電報局送到電報滙票之電報後，即依據「電報滙票局專碼」（ㄈ-43. Part I）及「電報滙票密碼」於譯電報紙繙譯之。（該兩種電碼均由會計股股長保管）

（二）繙譯訖，如發現該電報内日期，電滙專號，或款額等任何一項有錯誤或不明之點，應即去電原發滙局查詢，俟接電覆更正或解釋後，方照下列各項辦法，開發滙票。

106
~~113~~

(三)經將電報繙譯，併審核該電報內之日期，電匯專號，及款額等各項均符合無訛，即將譯電報紙交本組組長暨帳務組組長簽押，然後交由會計股股長核發。

(四)隨將相關電匯專號，登列於入口電報匯票登記簿相關局所欄內，如遇此專號有誤或未到時，應電發匯局查詢。

(五)按照原電報所列節目，開發電報匯票（日-150式）。

(六)將電報匯票（日-150式）封入（日〇-150）封套內，及將相關核對標封入（日〇-33）封套內，分別由航空或快遞郵件寄至收款人及兌付局，（如係本廠之件，該核對標應送交本局匯票枱辦理）

乙、關於本局出口電報匯票：

(一)當由本局匯票枱收到「請購電報匯票單」（日-256式）及發匯內電報匯票呈報單（日-257式）時，即將發匯專號登記於出口電報匯票登記表」，根據所編號次，如遇有漏號或重號，應即向匯票粘查詢。

二）將請洋電報匯票單（甲.二五八X）所列之節目，依據「電報匯票向專碼」及「電報匯票密碼」（此兩種電碼均由會計股股長保管），分之譯電紙上譯成密碼電報，并擬就電報稿，交本組組長暨帳務組長簽押，再交由會計股股長核簽。

三）該項電報經復核及簽妥後，即送交電報局拍發。

四）隨時將「開發國內電報匯票呈報單」（甲.二五三X）連同相關「呈送發匯電報匯票單」（甲.二八八X，單式改用）經登記後，業務用封套封裝掛號寄交上海郵政儲金匯業局匯兌處第三科處理。

五）相關之「請購電報匯票單」（甲.二五八X），應連同「開發電報匯票登記簿」（甲.二五八X）由本組存檔備查。

107
~~112~~

(丙)關於本局兌託電報匯票:

(一)本局兌託電報匯票,由匯票枱每日一次或數日一次,連同「呈送兌託匯票單」(C-188號)送交本理。

(二)收到該項兌託電報匯票後,即核對張數及款額是否與「呈送單」上所列相符,然後登記於兌支電報匯票登記部內,由掛號郵班封寄 上海郵政儲金匯業局匯兌處第三科處理。

(丁)關於各局發匯及兌託電報匯票:

(一)接到各局繳來「發匯國內電報匯票呈送單」(B-203號),應即登列其發匯專號、件數及款額等於「內地各局出口電報匯票登記簿」專

（二）遵將已登記之「呈報單」，連同相關之「呈（表）單」（[illegible]），所附

余封裝，由掛號郵遞寄交 上海郵政儲金匯業局匯兌處

第三科處理。

（三）接到各局徵求兌訖電報匯票，應即登列其兌付專號、款

額及件數等於「內地各局兌交電報匯票登記簿」。

（四）隨將已登記之兌訖電報匯票，連同相關呈（表）單（[illegible]）

所封套裝載，由掛號郵遞寄交 上海郵政儲金匯業局

匯兌處第三科處理。

(戊)關於華僑滙票

(一)將僑票開發枱已核對一次，併經發票員蓋章之華僑滙票，存根，回批，滙款人家信，及銀行滙款表等件複核之。

(二)核對後，蓋章於僑票及存根之「主管員」欄內，併在相關滙款表上加蓋印章。

(三)核對時，應注意下列各點：

(A)僑票上各項節目，是否與相關滙款表及滙款人家信封面所列相符。

(B)各票之兑付局名，有無錯誤。

(C)僑票，存根，批回，暨相關之滙款表上，已否加蓋開發局日戳。

(D)僑票及存根上，已否由發票員加蓋印章。

(E)每一號滙款表之款額總數及滙費總數，亦須核算，更應核算每號滙款之滙費，是否照規定數額登列，如有多算或短欠，均須更正，并交由回批枱再行複核後，以錯誤郵政儲金滙業通知單」（advice of errors）（D-506）通知局轉函原滙銀行辦理。

（F）滙費率：由國幣一元至二百元，徵收滙費千分之五；二百元以上（除二百元照收千分之五外）徵收千分之一。

澳門民信銀號，香港信行公司發來僑票，除照上述價率徵收滙費外，另加收補水費百分之一。

香港華僑銀行發來僑票，除照上述價率徵收滙費外，另加收補水費百分之一．一二五（即1⅛%）。

109

~~110~~

五）核對本局之「退滙清單」（advice of [illegible]）及相關無法投遞僑票，彙齊每月一次，將退各銀行數目分別登列，連同該清單兩張二份，交本局賬務組報帳。

六）核對各僑票分發局寄來之「退滙清單」及相關無法投遞僑票，彙齊每月一次，將各銀行數目分別登列，連同相關清單二份交帳務組報帳，另以一份由本組存檔備查，

七、核對後彙列各銀行之退匯清單（每銀行每次清單一面）及相關退票，每月統計一次，將期內退每一銀行之退票件數及匯款數目，登列一表，註明入何月份帳，隨同寄發每銀行之退匯清單副張二份，送交帳務組，該組以一份存檔，一份隨同分局付項通知單（Branch Credit Advice）（C.163之）寄呈 郵政儲金匯業局作收款入帳（大帳DM之）。

八、每月一次送交帳務組報帳之退匯清單，其相關退票，應分「管理局（HO）」及「內地局」（SE）二組，核對與各該月份出帳之退匯清單所報件數及款數相符後，復將兩組之同一銀行者，合成一數，分別登列件數與匯款數目於「呈送兌訖國內匯票單」（C.188之），單上須註明「華僑退票」字樣，免與一般兌訖匯票混亂，每銀行之退票應備一張，并註明銀行名稱，另附於相關退票上，由本組隨同相關月份月帳表（Statement C.193）寄呈 上海郵政儲金匯業局匯兌處第三科處理。

110

~~109~~

(九)核對本局及各分發局之開發僑票總計表(Summary of O.C.R. ss S)及相關之銀行匯款表。該項總計表應備具三份，以二份呈交帳務組。該組即以一份隨「轉帳收項通知單」(Remittances and Discounts Debit advice)(C-162)寄呈 郵政儲金匯業局作繳款入帳(大帳DRA)，一份由帳務組存檔。餘一份連同相關匯款表副張 由本組隨同該月份月帳表(Statement C-193)寄呈 上海郵政儲金匯業局匯兌處第三科處理。

(十)根據開發僑票總計表 分別登記本局及各分發局每月開發之僑票數目於登記簿內。

(十一)查回批單(Tracer)。各銀行發出匯款後，逾兩月仍未有回批(或匯款)退回時，即發出「查回批單」向各分發局退查，收到該項查單後，應即依據所查之件，翻檢存檔之匯款表，如已退回批者，亦須批註明白，(儘速)將第一張退還原銀行，第二張（紅色）寄呈 郵政儲金匯業局，第三張（黃色）存檔備查，同時應檢出未退回執各件，加緊向相關兌付局催查或補副回執或兌記證明書，然後答覆原銀行。

（十二）查詢公函（Query Memo.）

(A)由銀行發出「查回執單」後，約逾兩月，未得分發局查覆，或仍未有相關回執或匯款退回時，即發「查詢公函」，繼續向相關分發局詳細查詢。收到後應即檢核各點，在原公函右方特定地位明白答覆，如未能即覆，應即函詢或令飭相關兌付局，據覆後，始函覆銀行。原公函第一張寄還原銀行，第二張寄呈 郵政儲金匯業局，第三張存檔備查。

(B)如有下列情形之時，銀行亦發出「查詢公函」向分發局查詢，收到後應分別參照(A)條辦理：

(1)匯款人收到退匯回執時，對於收款人簽字或蓋章認為非正式，或有假人冒領情事。

111

~~108~~

(2) 收款人寄還之回批，既無覆文，又無簽章，未悉曾否收妥該款。

(3) 在回批上或覆文內，收款人發收之匯款數目不符，或被經派人勒索酬金情事。

(4) 收款人地址遷移，經匯款人聲請，如匯款未兌，請求改派時，銀行即發出此種公函，寄相關分發局辦理。

(十三) 對於郵政儲金匯業局分行查詢僑票各事項之來公函，加分別查明辦理或擬覆。

(十四) 查核本局轄下僑匯專員視察僑匯業務報告書及行程表。

(十五) 草擬關於收處僑票及退回批等事項之賬令及公函等。

(十六) 編造「僑匯事務半年報」(Overseas Remittances Handled by Post Offices & Banks)

舉凡(A) 本分發局段內之華僑家族戶口總數

(B) 有款付回段內僑屬之華僑(即匯款人)所在地名

(C) 在段內經辦僑匯之銀行數目及其名稱。

(D)段内经办侨汇之邮局、代办所、及信柜各若干。

(E)在段内经办侨汇之外国银行数目。

(F)在段内经办侨汇之批信局若干。

(G)在段内各地大概每月经办侨汇若干。

等项，均于每年六月杪及十二月杪，列成一表，计二份，一份寄呈邮政储金汇业局，余一份存档备查。惟内地侨票分发局须多备一份寄呈管理局存查。

十七）造具"侨汇回批费月报（Statement of Postage on A.P. General Inward Remittances）"。本局及各分发局之数，应分别登列，以一份寄呈重庆 邮政总局，一份存档备查。

十八）本人为侨票段长，对于侨票各项事务，均应负责办理，并随时指导及监察侨票段内各人员工作。

112

~~107~~

（己）關於補發副張國內匯票及核對據

（一）補發副張國內匯票　所有本區各局如據匯款人或受款人因遺失匯票而聲請補發副票，各局均應遵照管理局三十年五月二日通令第二一六二號之規定，填具「請補副匯票聯單」（〇一〇九七）第二至第五聯寄呈本局。本裕收到後，即查察該聯單所填節目是否完備，及應否徵納補副票手續費。如所失匯票非屬郵局過失或人力難施，應遵照管理局廿年十二月廿日通令粵字第二九三號規定，黏貼手續費郵票壹元貳角捌分。如查明各項目均經妥辦，即依照該請補副票聯單上所（關）列之匯票節目，補發副張匯票。副票上須加蓋各項印章式種，及註明補副票緣由、免交受款人或兌匯款人之字樣，俾補妥後，隨即登列於補發副票登記簿，併將聯單編列號數，然後

送交組長及股長聯同簽署，即將副票隨同原存根
三至第五聯（第二聯由本治留起存檔）一併掛號逕寄兌付局
（本區及外區各局均照此方法辦理）查明辦理。惟應注意者，當填
補票聯單第三聯時，須依照第二聯所列之意義填寫，將不需
要之句語完全塗去，切勿任令留存，以免意義上之混淆，致令
付局辦理上無所適從。兌付局收到副票及聯單後，應將辦理
情形填列於第四聯，隨將第四五聯專遞發匯局，發匯局即將
辦理情形填列於第五聯，繳還本局存檔銷案。

（二）補發副張國內匯票核對據：所有本區各局如遇受款人於
票（無論本區或外區各局所發）到局兌款，惟相關核對據尚未
收到，該局應遵照　管理局三十年六月十二日通令第二一八二號及
卅一年九月廿四日通令廣聯字第八十一號辦理。併體察情形，可着
受款人先行憑保兌款。但該應即繕發驗單或公函向發匯
局追查該號核對據，如經追查無着，或經追查日久仍未

113

~~108~~

收到原核對據，方得繕具公函或呈文，叙明曾向原發匯局發出驗單或公函追查之日期，及追查之結果，并請補發副張核對據。同時該局應將呈請管理局補發副對據情形由公函達知發匯局，并請其在相關之隨發匯票登記簿內註明。如日後原核對據到達兌付局，該兌付局應即退繳本局註銷。至兌訖之匯票，可連同呈送單隨該公函或呈文繳來本局。本局收到該項請補副對據公函或呈文，應即查察該局對於請補副對據應有之手續是否完備，如已完善，可照補發副張核對據，登列簿册，送交組長及股長聯同簽署後，分別送交本組匯票清理台，或寄交兌付局辦理。如遇各局將曾經聲請補發副票或副對據之原匯票或原對據繳來註銷時，應將該票或對據照例註銷，并在補發副票或副對據之登記册加以註明，以備查考。

273

Enclosure to Circular Memo No. ~~996~~

~~255~~

件第四號

奉准參加與日本互換匯票之國際匯兑局辦事規則

甲 關於向日本開發匯票之辦法

一 幣制 所有向日本開發之匯票均須按日本幣制書寫

一 每紙匯票最高價額定為日幣四百圓匯票之數目均不得有日幣一錢以內之畸零

三 匯票應按所匯日幣數目折成本地錢幣相等之數目按左開之列表收取

銀圓五元以內	五分
銀圓十元以內	一角
銀圓二十元以內	一角五分
銀圓三十元以內	二角
銀圓四十元以內	二角五分
銀圓五十元以內	三角
銀圓六十元以內	三角五分

'274

~~256~~

銀圓九十元以内　四角
銀圓一百二十元以内　四角五分
銀圓一百五十元以内　五角
銀圓一百八十元以内　五角五分
銀圓二百十元以内　六角
銀圓二百四十元以内　六角五分
銀圓二百七十元以内　七角
銀圓三百元以内　七角五分
銀圓三百三十元以内　八角
銀圓三百六十元以内　八角五分
銀圓四百元以内　九角

例

如有購匯票一紙計日幣二百圓而購匯之價率係每日幣一圓合華幣九角

按照該匯票折成華幣相等之數約銀元一百八十一元（即係以日幣二百圓與華幣九角零五釐相乘而得之數目）其應收之匯費即為六角

275 七　六　五　~~257~~　四

回帖費　回帖費定為銀圓七分以郵票交納此項郵票應即黏連於請購匯票單上不加蓋銷惟黏貼時不得太堅以便交換局易將此項郵票移貼於國際匯票之上

匯兌價率　發匯價率應由交換局訂定並以公函通知各局所有由主管人員署名之每日發匯價率廣告應張貼於國際匯兌處左近顯明之處

匯銀人　匯銀人請購國際匯票時應於請購國際匯票單第一聯上填列所有匯款之數自應以日幣書寫如匯銀人及取銀人同為日本人或同為中國人或一方為日本人一方為中國人者其單上各項詳情應須由匯銀人用中文或日文書寫惟其款目務須用亞拉伯數目字書寫對於其他匯兌則匯票之詳情應用英文或法文書寫

如匯銀人欲向取銀人傳遞音信可將此項音信書於匯銀人通信字條之內此項字條祇可於一面書寫以其餘一面尚須黏於國際匯票之上

附註　倘遇此項字條局內用罄時匯銀人之音信可書於尋常紙條之上但此項紙條不得較字條之單式加大

發匯人員應辦之手續

276 ~~258~~

（甲）查明請購國際匯票單上所列之詳情是否均經匯款人填妥

附註 倘請購匯票單上所填之文字發匯人員不能讀悉該員應即向匯款人詢問所有匯款人及收款人之姓名住址是否均經完全填寫無遺

（乙）應將所匯日幣數目按日本價目折合本地幣後註明國際匯票（第二聯）

（丙）用不退色之紫色筆及墨印紙填備國際匯票收據及發匯國際匯票呈報單各一紙其國際匯票收據應於收到所合本地錢幣之數後即交給匯款人收執其發匯國際匯票呈報單應即呈送該局所隸管理局之會計長

附註 此項收據及呈報單應由會計長於分發之前編列挨次號碼（[illegible]）
損壞之單式應即送繳管理局會計長

（丁）於請購國際匯票單第二聯內填列該單之號數並註明[illegible]之詳情然後簽名加蓋日期戳記並將該請購匯票單之全部（第一第二第三各聯）作為掛號郵件寄往在事之交換局由該交換局開發實在之匯票寄至對方郵政之交換局所有請購匯票單之號數應與該匯票收據號數應與該匯票收據及發匯呈報單內所列之號數相同（見上[illegible]兩項）

277

如有匯銀人通信字條者應即粘連於請購匯票單上

（戊）260 所有請購匯票單內所列之詳情應即登入於請購國際匯票單登記簿內

乙 於兌付後須將日本之匯票寄還

交換局應將國際匯票不另加封作為掛號郵件寄交取銀人一面將接收國際匯票通知單寄交該國際匯票兌付銀局

如所用者不得日文或英文以致不能將國際匯票向取銀人投送者該局長應查明接收國際匯票通知單並此項通知單內所有匯票詳情之譯文及該郵局所需要之其他詳情

（甲）

兌付之手續如左

取銀人交出國際匯票兌款時應查明該匯票背面所列取銀人之收據業已由取銀人填註署名後即按照所合本地錢幣之數目將匯款兌付取銀人但於付兌款之前兌款人員務應查明所有匯票內填列之詳情是否均與收匯匯票通知單內所列之各項相符所有按本地錢幣兌付之數目及匯兌

278

~~259~~

價率是否均~~與~~於匯票單式正面上端

換算劃合
Cours du change
撥讓金額
Somme cédée

欄內書妥凡兌付國際匯票時所有關於證明其人是否本人等一切防備方法應均按照兌付國內匯票一致之辦法辦理但無論如何各該匯票之通知單未經寄到之前概不得將匯票兌付

(乙) 所有國際匯票單式背面留備之地方及接收國際匯票通知單上均應加蓋日期戳記國際郵票應與國內匯票一同呈送該管郵務管理局其接收國際匯票通知單應按兌付日期歸入兌銀局檔案之內用作兌付國際匯票登記簿如遇匯票須索回帖者一俟匯銀兌付之後應即繕備公函通知交換局

(丙) 丙

所有收發匯票之匯款及其匯費之總數與所兌匯票~~款~~項之總數相差之數目應按照情形作為每月向管理局撥解之款或作為管理局之協款歸帳

Translation of Revised Minchu Regulations

修訂挂號民信局章程

甲 掛號及發給執照

一 現有之挂號民信局雖經營信局事業者可賡續辦理惟收遞信件務在原照所登原呈指定之地址

二 現有之挂號民信局應從新向民國郵政局註冊並由民國郵政局發給與現時所用相合之新訂執照不取分文

三 每年十月各挂號民信局務須向民國郵政局註冊一次俾將執照號數從新換給或由郵務總辦于原照上畫押

四 每年一月一日以前或收到部令之後倘有民信局不願註冊者即作歇業論立將執照註銷并將其營業信局權取銷

五 凡歇業之民信局由歇業日起限一月內將原發之執照繳回民國郵政局

六 凡有民信局私將執照讓渡別人或他信局或於取銷執照後仍行營業之弊一經查

出定必送究并處以一百大元以內之罰金

乙 職業及干犯執照所列各規則之科罰

七 現有各掛號民信局不接續在執照上指定之地址收遞信件

八 掛號民信局倘查有所收信件係寄交執照上所開列各地名之外者初次

罰洋銀五十大元自後再犯定必送究并每次科以一百大元以內之罰金

九 掛号民信局如查有將信件交過埠馬或商人或船上水手寄遞之弊初次罰

洋艮五十大元自後再定必送究并每次科以一百大元以內之罰金

十 每次所罰民信局之款于罰款時隨登記在執照上倘被罰三次者將該照

扣留或註銷

十一 凡掛號民信局所收之信件須封妥後寫明民信局信包交与郵政局寄遞

此項信包只許遞交執照上所開之地之掛號民信分局或代理處

十二 掛號民信局如查有將信件除交民國郵政寄外私由別路寄遞者初次罰洋銀五十大元自該再犯定必送究並無故科以一百大元以內之罰金

十三 凡交郵政局寄遞之掛號民信局封包每包須按照重量貼足滿貲郵票

十四 凡掛號民信局交郵政寄遞之包封皆由郵政局給回該民信局收條一紙

十五 郵政局如收有別處或別國寄來滿貲信件寄交尚未設有郵政只有民信局之地方者即交該掛號民信局當代郵政局寄遞

十六 掛號民信局所有信件寄交未有民信局只設有郵政局之地方者此項信件如經照寄費清單貼足中國郵票郵政局可代其寄遞

十七 掛號民信局祗准照該開之地方收遞包封交由民國郵政局寄遞

計開

65 ~~58~~

[D.—26]

CHINESE POST OFFICE.

Certificate of Registry: No.............

This is to certify that the proprietors of an establishment opened for the carriage and transmission of private correspondence, etc., and doing business under the style of* , have duly registered at the Chinese Post Office and have been given the local number this Certificate bears.

This Certificate is issued in accordance with the provisions of the Postal Law promulgated on 20th March 1896 and for the purposes of the General Regulations put in force on 1st April 1900.

....

Commissioner,

.................................*District.*

POST OFFICE,

.........................,.........................191....

* Chinese characters.

執據

爲給發執據事照得郵政章程載明凡民局開在設有郵局處所應赴郵務管理局挂號領取執據爲憑等語現據　　字號信局呈請挂號爲此編列第　　號並發給執據收執爲憑倘該局嗣後不願復行承辦應將執據繳銷須至執據者

中華民國　　年　　月　　日

附郵政章程內關涉民局各要節列後

一凡設有郵局之處應謂爲郵局處所

二凡民局開設郵局處所應赴郵務管理局挂號領取執據爲憑無須另納規費

三倘該民局領有執據後不願復行承辦此項事件應先赴郵務管理局呈明將執據繳銷

四凡有郵局之處除挂號之民局外所有商民人等不得擅自代寄信件違者每件罰銀五十兩

五凡民局之信件途經通商口岸交輪船寄送者均須由該局將信件封固裝成總包交由郵局轉寄不得逕交輪船寄送

六凡挂號民局將封固之總包交郵局代寄該郵局應照所書寫寄交他處之郵局轉交彼處之挂號同行民局查收

七凡民局之總包交由郵局轉寄者應按往來通商口岸之章完納岸資至其輕重大小隨後酌定由各該管理局曉諭衆知

八凡由郵局處所與非郵局處所往來寄送信件或係民局將信件交由郵局轉寄抑或郵局將信件交由民局轉寄其內地遞寄之信資應由民局照舊自定自取與郵局無涉

九凡郵局接到別局或外海送來之零件信函寄赴非郵局處所者均應交付挂號之民局承寄該民局應向接收信件之人收取內地運送之資

67

~~53~~

郵務管理局特示

隨此執據備有特訂關涉民局詳細章程刋刻成帙以便隨同頒給查閱遵辦

照錄批信事務處理辦法

第一條　各批信局應於每年底攜具聲請書備同原領執照並附繳國幣五元送由主管郵局轉呈郵政總局換領新執照，前項聲請書應載明批信局名稱、開設地點、營業人姓名、年齡、籍貫與例應往來營業有分號者，其分號名稱、地點及代理人姓名、年齡、籍貫，如國內外均有分號者，並應分別註明國內外字樣，國外分號並須註明詳細地址，不得僅填省名、縣名、地名或國名。

第二條　執照如有毀損遺失，得邀同舖保二家，敘明緣由，繳納手續費國幣五元，聲請補發，但須刊登當地報紙十日聲明原領執照作廢。

第三條　批信局之分號如有增設或閉歇情事，得備同舊執照附繳手續費五元，隨時聲請分別添註或註銷。

批信局停業時應將原領執照繳由該管郵局轉呈註銷，不得私自轉讓或頂替。

第四條　巡員於查視局所途中應隨時調驗批信局執照，並於執照背面註明調驗日期以資考核。

第五條　批信及回批得用總包交寄，但寄往荷屬及法屬地方之回批須將郵票逐件貼於批件之上，寄往香港、英屬南洋群島、馬來聯邦、北婆羅洲及暹羅者得將郵票貼於總包之上，於總包外批明內裝確實數目，寄往國外之總包如已繳足掛號資費者得按掛號郵件寄遞。

第六條　批信、回批及押箱之資費如左：

一　批信

141

甲 寄往國內各地分號者按總包每重二十公分或其畸零之數收費五分

二 回批及押函

甲 由國內分號寄往總號轉發之回批得按總包每重二十公分或其畸零之數收費五分但來往國內各地之押函應依每件每重二十公分或其畸零之數收費五分

乙 寄往美屬菲列濱法屬印度支那荷屬東印度之回批及押函按每件每重二十公分或其畸零之數收費五角

丙 寄往英屬南洋羣島馬來聯邦北婆羅洲暹羅之回批及押函按每件每重二十公分或其畸零之數收費二角五分

丁 寄往香港之回批及押函按每件每重二十公分或其畸零之數收費五分

第七條 進口批信及回批經核對後加蓋日戳留待批信局派人到局於相當信件清單上蓋章領取如係掛號並須製取收據但用總包交寄者須核對所貼郵票有無短少情事

第八條 出口回批經核對郵票加蓋日戳後分別按平常或掛號郵件辦理如平常回批由國外到達局向有編列號碼之習慣者從其習慣但總包交寄之回批須不將其開折複驗以覘有無寄遞回批數目及短少郵票情事其散寄而情形可疑者亦同

第九條 往來國內各地之批信及回批其總包封袋手續依掛號郵件同例辦理之

第十條 批信局如有私運批信及回批情事者除處罰兩倍郵資外第一次處罰國幣十五元第二次三十七元五角第三次七十五元並將執照註銷但進口批信總包如有短納郵資情事按欠資例辦理

批信局及其國內分號不得兼營國內信件倘有查獲除按各該件之資例繳納兩倍

郵資外第一次處罰國幣十五元第二次處罰國幣三十七元五角第三次處罰國幣七十五元並將執照吊銷

匿報同批件數或夾帶他件者除兩倍郵資外依前項規定減半處罰但每次匿報同批件數不逾總數百分之三者准予補納郵資免予處罰

第十一條 前條罰金應以百分之七十發給拿獲人百分之二十發給告發人無告發人者發給全數但郵政人員拿獲者依告發人例給獎

第十二條 罰金應登入營業收入第五項第三目帳內獎金登列營業支出第二項第四目第七節帳內報銷

第十三條 批信局倘有私運匿報及夾帶情事經拿獲後應用D字第一九二號單式填具破獲違章郵件案由清單俟案情終結後寄給郵政管理局轉送郵政總局備核如不能於一個月內解決者在清單內註明「尚未辦結」字樣俟結束後再行補呈一份

前項清單應按次編號每年更新一次

第十四條 收寄及投遞批件之各局應依附表式樣逐日登記並按月依式造具統計四份一份寄郵政總局視察室一份寄郵政總局統計課一份作為該區月報附件一份存檔

华侨汇票兑付局办事须知

華僑滙票兌付局辦事須知

甲、概述

(一) 華僑滙票(Overseas Remittance)——係國外華僑向郵政儲金滙業局之國外代理銀行，或其分支機構交滙至國內贍家之款，每筆滙款有一僑票(Paying Order)存根(Advice)回批(A.P.)各一件(簡稱為P.A.A.)及滙款人家信一封，由分發局用針夾在一起，登入清單(D-568)寄至兌付局，由兌付局將滙款連同滙款人家信派差專行投交收款人受領。

(二) 僑滙分發局(O.R. Distributing Centre)——所有滙寄國內僑票，由儲金滙業局按照區域指定其局經轉，此項經轉局即為分發局。

(三) 僑滙兌付局(O.R. Paying Office)——凡兌付僑票各局，無論其為管理局或一二三等局，均為兌付局。

(四) 回批(Acknowledgment of Payment)——所謂回批即信封一個內附信箋一張，專為收款人簽收及寫回信之用，應由兌付局寄回分發局，再行寄回原滙銀行轉交滙款人。

99

(五) 維持僑滙信譽——為推廣僑滙業務，下列五點必須一致奉行，以符推廣本旨：

67

一、用最迅速方法投送匯款，並寄退回批。

二、不得向收款人索取佣金。

三、付款時不需具保。

四、將匯款投送收款人家中。

五、無法投遞之匯款立即寄退，切勿壓置。

乙、兑付局投送匯款手續

六、閱拆点收——凡由分發局寄到之僑票，附有清单一份，兑付局應即閱拆点數無訛後，先將收款人地址及匯款人姓名註在存根上，並在存根背面加蓋收到日戳，並填明其他節目。

七、存根——（存根背面所列各項節目，應於交專差或代辦所或交差投遞前及退回兑付局後分別填明）交專差投送時，應飭該差在相関存根上蓋章，以作經手匯款之證明，以便查考，如寄交代辦所或信櫃轉投之款，匯款則應在存根批明掛單號數，該項存根應分別回批已退及未退二類歸檔，回批已退者，存根背面應註明退回分發局日期，未退者如逾時已久，應由兑付局出单追查。

八、投送——將存根抽出存局，其餘匯款僑票回批家信按下列辦法投送（投遞）：（P.A.A.及家信要包紮）

一、管理局及內地局投遞界內，無論遠近均派專差投送。

63

二、內地局投遞界外屬代辦所或信櫃範圍內，另登掛號寄交該代辦所或信櫃派人投送。

三、僻屬郵路不通之處，匯款必須投送，如途程特別遙遠，或局內無人可派時，可專雇臨時差投送，此項雇差以需要時臨時雇用為限，無須事先呈准，相關費用作為撥管理局款項辦理。

(九)付款——付款時應請收款人在~~僑彙~~存根及回批指定地位內蓋章，如無私章，可用簽字，如不能寫字，則可由收款人捺印大指模作為收到匯款之憑證，另請其用回批內信箋立寫回信，封入回批內帶回，如寫信費時，而專差不能等候者，可暫勿交款，而將信箋留下，稍後再往取信並投送匯款。

(十)第三者轉交——匯款有時係書明第三者轉交投送，此種匯款，如第三者拒絕代收時，應盡其可能設法覓得收款人，直接投送，不得貿然批退。

(十一)郵路及局存現金關係——凡僑匯特多而郵路班期遲緩不能適應需要者相關局應即設法改善，至凡付僑匯數額較鉅各局如不能常存適額現金以備支付時，管理局應妥籌就近協濟辦法，以免付款遲緩，影響僑匯信譽，但如分發局一次寄交某局先付僑匯數額特大時，分發局當另寄通知單

69

至相關管理局促請注意、

(十二)收款人回信——回信上切勿提及利用匯款購田買地或存入銀行等語、蓋各國限制僑匯僅可用以贍家，如候書上述情形，一經查出，匯款人將受重罰，至夾寄第三者信件，亦屬違反郵章，均應勸告收款人注意。再如收款人不願寫回信，應儘量鼓勵其照寫，蓋匯款人渴望鄉音甚切，唯如收款人不能寫字，可請他人代寫。

(丙)先付局寄退回批手續

(十三)核對——僑票由專差投遞付款，經收款人收訖，並將回批帶回後，先付局應即核查收款人簽章是否無訛，然後加蓋先付局日戳，並將回批立即寄退，至先訖匯票應與國內匯票同樣辦理（參閱十八、十九、二十、各節）。

(十四)寄退回批——回批應隨時寄退分發局，不得積壓或遲寄國外銀行，寄退時應用最速郵路，其能利用航空者，無論全程或半程均應作為航空郵件寄遞。緣收款人除將回信交差帶局隨回批寄退外，有時又另寫回信報告匯款已收到，故本局必須計算回批退到之日能先於收到收款人回信，方為迅速，登單時應將每一回批上所列號碼及英文字母登入清單（D-532）計一式二份，一份存檔，一份隨回批寄交發局，此項單式各管理局請事先向總局駐滬供應處請領，分發各局備用，以免臨時需用，請領不及，影响回批寄退時日。

（五）郵票——兑付局寄至分發局之回批，其封套上無須粘貼郵票，至各回批上有時貼有郵票，係備分發局寄至國外所用，兑付局不必蓋銷。

丁、兑付局寄退無法投遞僑滙手續

（六）無法投遞——凡僑票經多方採查而實屬無法投遞者，應作為無法投遞，先在家信上粘一無法投遞小條（D-532）批明原因，並加蓋日戳，其屬代辦社或信櫃退回者，應由該社蓋戳，庶滙款人相信滙款確曾送到該處，並將家信及P.A.A.夾在一起，同樣登入（D-532）單式（另閱十四節），惟單上應批明「無法投遞」字樣，以資區別，至關進口僑滙清單（D-562）上須批明寄退日期及清單號數，以便考查。

（七）暫懸——該項無法投遞僑票，兑付局認為如稍候時日可以投送者，可暫留勿退，以便再送，惟留存時間至多以一個月為限，屆期如

71

仍未投送，應即作□法投遞辦理、

戊、光記僑票報賬手續

(十八)光付僑票—光票上應加蓋光付日戳(與回批上所蓋日期相同)並須編列光付專號。

(十九)光付局報賬—其呈繳及出賬辦法，與國內匯票相同，惟須另列僑票一項，以與國內匯票有所區別；至呈送單可借用(D-188)單式，註明華僑匯票字樣，其光付專號欄內可將各匯票號碼連同英文字母列入。

(二十)管理局出賬—管理局D.M.O.+C.O.D.33表內可另列一項，以便登入該局及各屬局光付華僑匯票數字。

己、僑匯業務之視察手續

(廿一)視察報告書—凡視察員查視局所時，遇有曾經光付僑票各局時，應填報告書三種(D-522X、D-522X、D-523X)(可向供應處請領備用)每種各填四份，一份存檔，二份呈管理局加註意見後，以一份存檔，二份轉送分發局(寄上海局僑匯組)，以便將一份呈郵政儲金匯業局，一份存備參考。

庚、其他事項

（十二）誤寄——分發局誤寄兌付局之僑票，兌付局應即轉發，在相關進口清單上批明，一面將詳細情形通函分發局查照。

（十三）收款人住址及印鑑登記表——此項單式（D-562）各局可先向供應處請領，凡第一次投送匯款時，可請該收款人填具一份，以備嗣後查考，惟如收款人不願照填，不得強迫。

（十四）僑票補副——僑票如因故遺失，兌付局應將遺失理由呈報管理局，經查明屬實後，由管理局函知分發局補副，所補副僑票，應一律由儲匯股股長蓋章簽發，方能生效，至僑票如由國外寄到分發局時，有少發情事者，得逕由分發局補就副票寄發兌付局，惟在（D-562）單式相關格內註明副張字樣。

（十五）副家信——銀行有時寄一副家信至分發局，如收到時相關匯票尚未寄至兌付局，則副信即隨同原信一併寄發兌付局投送，如收到時匯票已寄出，則分發局另備副回批一件，連同副信寄交兌付局，如屬後者，兌付局無須付款，祗將該副信照投，取回蓋章，副回

73

批登單退回分發局，如收款人拒絕蓋章，應將原票兌付詳情及

正因批退回詳情呈知分發局，以憑辦理。

（廿二）進票地址單——有時滙款人不寫家信，則通常另有一張進票地址單，書明收款人姓名及地址，分發局收到後，仍連同P.A.A.寄交兌付局，以作付款時之參考，兌付局付訖後，可將該單附存相關進口清單之備查。

（廿三）查單——（D-5-12）分發局向兌付局及兌付局向代辦所或信櫃查詢回批均用此種單式（可向供應處請領備用），各局收到此種查單，應即查明詳情填入寄退，切勿延擱。

（廿四）投派華僑滙票辦法摘要——係備各兌付局投送滙款差工閱讀，一俟本局印妥後，即可寄發各區轉發各屬局應用。

侨滙業務員沙仲良心銘 呈

8

粤管理局关于处理澳洲雪梨新南威尔斯银行开发粤省各地票汇信汇及电汇办法

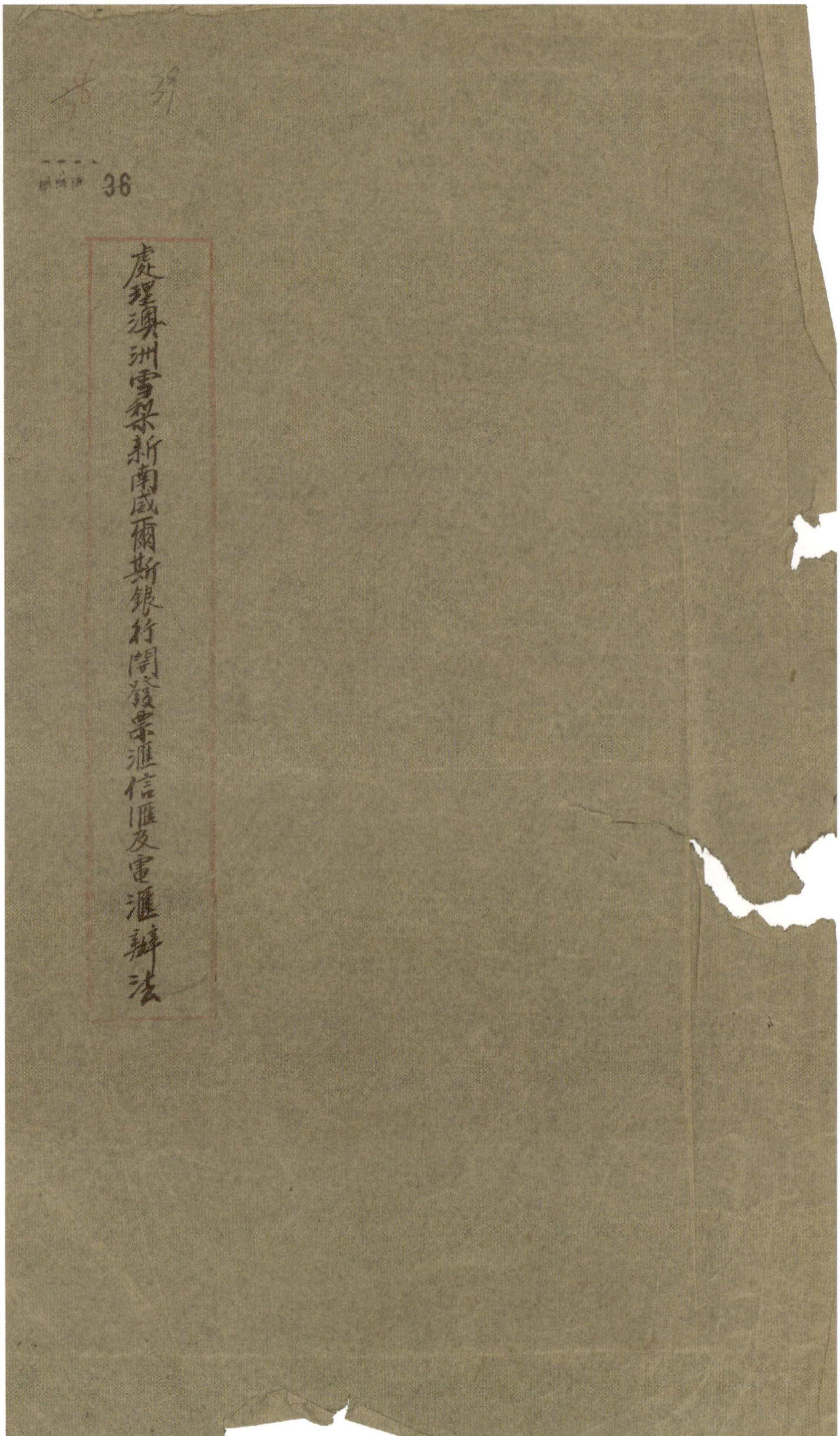
36

處理澳洲雪梨新南威爾斯銀行開發票滙信滙及電滙辦法

37 40

粵管理局處理澳洲雪梨新南威爾斯銀行開發粵省各地票匯信匯及電匯辦法

(一)澳洲雪梨新南威爾斯銀行(The Bank of New South Wales, Sydney, Australia)設開澳大利亞僑匯計分票匯(Drafts)信匯(Mail Payment Orders)及電匯(T.T.)三種其開發粵省各地者概發粵管理局轉發以期迅速

(二)後列各地總分行均得直接開發票匯信匯及電匯

Head Office

Sydney, New South Wales (N.S.W.), Australia.

Authorized Branches

Adelaide, South Aust.
Auckland, N.Z.
Brisbane, Queensland
Christchurch, N.Z.
Dunedin, New Zealand
Geelong, Victoria
Hobart, Tasmania
Invercargill, N.Z.
Launceston, Tasmania
Melbourne, Victoria
Napier, N.Z.
Newcastle, N.S.W.
Perth, West Aust.
Rockhampton, Queensland
Suva, Fiji
Timaru, N.Z.
Townsville, Queensland
Wellington, N.Z.
King & George Street, Sydney
29 Threadneedle Street, London, E.C.2. (T.T.)

(三)上開以外各地分行亦得開發票匯及信匯惟其通知單須經上開總行或分行有

41

38

權簽字人之簽証

（四）滙款金額均以英磅（British Pounds—not Australian Pounds）為計數單位，其折合辦法依滙款之種類定之

（五）滙款之兑付在設有儲滙分局或辦事處地方，應由儲滙分局或辦事處辦理，其未設儲滙分局或辦事處地方概由郵局辦理

（六）票滙處理辦法：

甲、銀行開發票滙除將滙票交付滙款人自行寄往收款人外，並另備通知單（Advice）正副兩份，由航空寄往粵管理局，但滙票經滙款人聲明由海輪寄發者，則相關通知單亦由海輪寄往粵管理局

乙、粵管理局接到銀行通知單正副份，應即驗對有權簽字人之簽字是否相符，並審核其應行記載事項是否完備，並於加蓋「驗對簽字無訛」戳記（見附樣二）編註號碼，由負責驗對人蓋章後將正份退寄付款局驗兑，前項負責驗對人之印鑑應預先或於第一次轉發通知單時同時寄往付款局存驗，其號碼應不分局所依次編列，並應每年更換一次

丙、通知單副份上應註明正份之轉發回期，然後迅速寄至本局滬營業處俾憑記帳。

丁、粵管理局應置記錄簿一冊，記載票匯通知單之總號、匯票號數、發匯銀行、日期、款數、收款人姓名、付款局及轉發日期，以備查考。

戊、付款局接到票匯通知單正份後，應即驗對粵管理局負責人之印鑑（參閱本節(乙)項），如屬相符，即存候收款人憑票兌款時驗對。

己、匯款之折合率依兌付日期外匯平衡基金委員會所定之指定銀行英匯買價計算，粵管理局應就全區劃定數分區，每分區指定一局負責將此項買價隨時通知其所轄各局，目前可利用為通知英匯買價已設置之機構一併通知。

庚、收款人持票兌款時，付款局應將匯票所載各項與通知單核對，然後折成國幣，並將該國幣款額、折合率及兌付日期註明於匯票背面，請收款人簽名蓋章，並經主管人員核明簽署後照兌，兌訖匯票及通知單均須立即加蓋「付訖」木戳，並將折成國幣款額、折合率及兌付日期同樣註明於通知單背面。兌付時其他應行注意及易地兌款事

40

43

項準用関於兌付大通銀行美金滙票之各項規定

辛、兌訖滙票應由付款局於背面註明與粵管理局在相関通知單上所編之總號隨C-188之單或寄呈粵管理局並應於月終結帳時與兌訖大通銀行票滙一併登列收支計算書2050-L項下由粵管理局轉記兌訖華僑滙款帳票滙僑滙子目内再用僑滙收項通知單彙撥滬

壬、本局兌訖滙票之銀行通知單應留存付款局備查

癸、凡收款人於銀行通知單未到前持向付款局兌款其滙款額未超过二十英磅者得援照大通銀行滙票滬保兌付辦法滬保兌付其超過二十英磅者應先呈請粵管理局核示並應陳明收款人或保家是否真實可靠由粵管理局斟酌情形指示辦理

(七) 信滙處理辦法

甲、粵管理局接到銀行信滙通知單應立將原註英磅滙額按當日指定銀行英滙即英磅買價折成國幣繕製「信滙僑滙四聯單」(即通知單收據正副份及存根見附樣二)填註(一)付款局(二)收款人姓名地址(三)滙款號數(四)滙款人姓名(五)滙款金額(英磅折成國幣額)(六)英磅原滙額

及折合率、第一聯及第四聯上並應填明繕製表日期，由繕製人、復核人及財務幫辦分別蓋章後，將第一、二、三聯迅速寄往付款局，其第四聯應留存粵管理局備查。

乙、匯款號數由粵管理局編列（不分局所，依次編列，每年年初換編新號），上加銀行原信匯號數。如原信匯號數為第21582號，則第一次匯款應列為21582/1，餘數推。

丙、繕製人及復核人之印鑑，應與驗對票匯通知單負責人之印鑑（參閱第六節乙項）同時寄往付款局存驗。

丁、信匯僑匯之原通知單應由粵管局於背面或正面適當地位填註下列各項後寄本局滬營業處：

1. 開發日期
2. 號數
3. 折合率
4. 折合國幣總額

戊、付款局接到信匯僑匯之三聯單，經驗對印鑑後，應將第二、三兩聯（即收據正副份）按照處理報值郵件辦法飭差投送收款人，第一聯則存備隨時

42 45

查閱，如發現收款人未於三日內前來領款，應即發呈准領

乙、收款人於第二、三兩聯簽名蓋章，持赴付款局兑付款項，驗明無訛後照兑，並將各聯（包括存局之第一聯）加蓋「付訖」戳記及兑付日戳，除第一聯留存付款局外，第二聯於兑訖後應即寄退粵管理局與第四聯黏附一併存查，（日後如發匯銀行查詢匯款並索取收據時，可將第二聯檢寄該行，如僅查詢而未索取收據者，則毋須檢寄）第三聯隨C-1882單式寄呈粵管理局，並於月終結帳時與兑訖本局所發其他信匯僑匯一併登列收支計算書C.050-11項下，由粵管理局記入兑訖華僑匯款帳信匯僑匯子目內，再用僑匯收項通知單彙撥滬本局

庚、粵管理局應隨時查閱第四聯（即存根）如逾相當期間，未據付款局寄退第二聯（即收據正份）應即發單追查上項相當期間，可依兩地間最快郵運速度所需之時間規定之，並隨時修正

（參照 Article 32 of O.R. Working Procedure and D.C. Circular S/O No.75 of 12.4.1948）

（11）電匯處理辦法：

甲、粵管理局接到銀行電報，應即核對 Telegraphic Test Key (Check Cypher Ke

如屬相符，即將滙款英鎊數額按當日指定銀行英滙（即英鎊買價）折成國幣，扣除國內電滙應收電報費後，將餘額開發國內電報滙票（滙費補水及其他費用免收）寄交收款人，其開發電報滙票之全額及電報費（即由英鎊折成國幣之原總額）應立即用轉帳收項通知單當日撥轉滬本局帳，切勿延誤，以便滬本局迅速出帳，上項轉帳通知單應隨附銀行原電抄本，加註下列各項：

1. 電報滙票開發日期
2. 號數
3. 折合率
4. 扣除電報費
5. 電報滙票金額：國幣……元

（甲）/A 電匯付款局如在廣州附近區域內，或就實際郵遞狀況，如按信匯處理，其所需程期較電報相差不逾二天者，此項電匯應按本局渝字第七六號信匯辦法處理，毋須開發國內電報匯票。（補充）（卅四年信字四二五五號令）

乙、電滙號數由粵管理局編列（不分局所，依次編列，每年重編一次）上加開發國內電報滙票號數（參照第七節乙項）

丙、付款局出帳手續應按處理普通國內電報滙票辦法辦理，毋須另立子目

（九）粵管理局收到銀行之電滙及信滙通知單及電滙之電報，除因特殊情形

44

(十)外埠應於當日分別辦理轉發，不得延宕。白銀行名，於可能範圍內於票匯及信匯通知單上加註收款人中文姓名及地址，俾易辨認。

(十一)粵管理局除開發電匯應歸入國內電報匯票開發帳外，對於票匯及信匯之開發應與小額僑匯同樣辦理，毋須自行出帳。

(十二)粵管理局接到銀行註銷票匯或信匯之通知單或電報，應繕製註銷通知單（見附樣三）二份，寄往付款局，由付款局填註簽押加蓋日戳，以一份寄退粵管理局，一份存查。同時對於票匯通知單及信匯三聯單上註明「註銷」二字，以免誤付。

(十三)粵管理局接到付款局退回註銷通知單後，應繕製Confirmation of Cancellation（見附樣四）三份，以一份寄銀行，一份寄本局滬營業處，一份存查。上項Confirmation of Cancellation應依次編號。

(十四)關於電匯之註銷，適用關於國內匯票退匯之規定。除銀行電文明示須退電復者，應即照復外，亦應繕製Confirmation of Cancellation三份，分別寄送銀行及滬本局並存查。

45 48

(十五)信匯遇無法接送時應即通知原銀行候接獲指示再行接送或註銷
電匯如遇無法接送時應用電報通知銀行此項電報費應由付款
行於付款時向收款人扣收

(十六)註銷匯款均應扣除百分之一之手續費電匯並應將支出之全部電報
費按同日之指定銀行英匯買價折成英鎊於退匯匯款內扣除之又每
筆註銷匯款之最低手續費應為六先令

£1 至 £30 手續費 6s
£30 手續費 6s
£30 以上 1%

附一：广东邮区信汇侨汇通知单、汇款收据正份及副份、存根

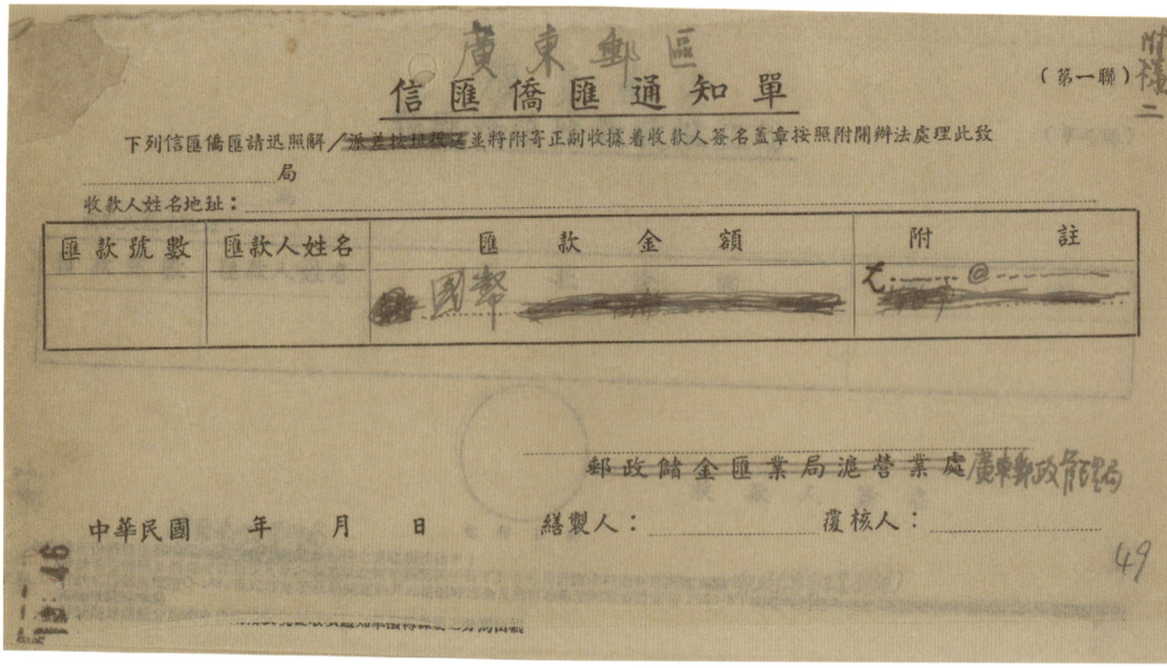

廣東郵區

（第一聯） 附檔二

信匯僑匯通知單

下列信匯僑匯請迅照解／派差按址投送並將附寄正副收據着收款人簽名蓋章按照附開辦法處理此致

……局

收款人姓名地址：

匯款號數	匯款人姓名	匯款金額	附註
		國幣[illegible]	[illegible]

郵政儲金匯業局滬營業處 廣東郵政管理局

中華民國 年 月 日 繕製人： 覆核人：

49

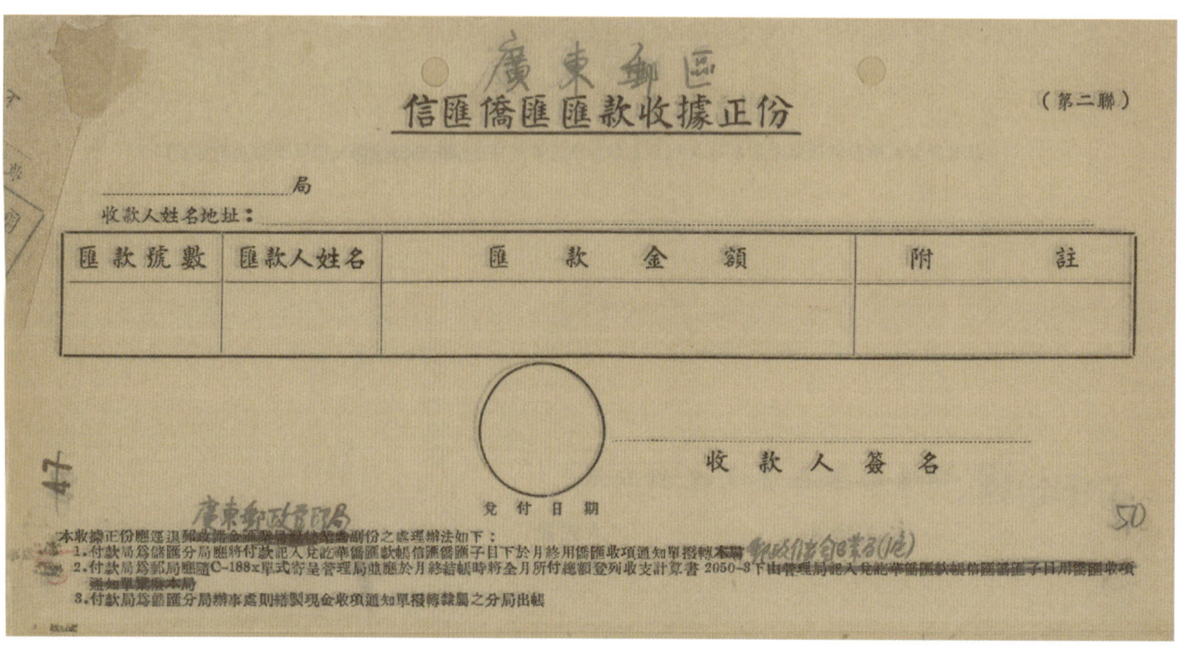

廣東郵區

（第二聯）

信匯僑匯匯款收據正份

……局

收款人姓名地址：

匯款號數	匯款人姓名	匯款金額	附註

收款人簽名

兌付日期

47 廣東郵政管理局 50

本收據正份應逕退郵政儲金匯業局[illegible]副份之處理辦法如下：
1.付款局爲儲匯分局應將付款記入兌訖華僑匯款帳信匯僑匯子目下於月終用僑匯收項通知單撥轉本局 郵政儲金匯業局（滬）
2.付款局爲郵局應隨C-188x單式寄呈管理局並應於月終結帳時將全月所付總額登列收支計算書2050-3下由管理局記入兌訖華僑匯款帳信匯僑匯子目用僑匯收項通知單撥轉本局
3.付款局爲儲匯分局辦事處則繕製現金收項通知單撥轉隸屬之分局出帳

广東郵區

信匯僑匯匯款收據副份

（第三聯）

……………………局

收款人姓名地址：……………………

匯款號數	匯款人姓名	匯　款　金　額	附　　註

兌付日期

……………………

收款人簽名

48

廣東郵政管理局

本收據正份應還退~~郵政儲金匯業局滬營業處~~副份之處理辦法如下：

1. 付款局為儲匯分局應將付款記入兌訖華僑匯款帳信匯僑匯子目下於月終用僑匯收項通知單撥轉~~本局~~ 郵政儲金匯局(滬)
2. 付款局為郵局應隨C-188x單式寄呈管理局並應於月終結帳時將全月所付總額登列收支計算書 2050-3 下~~由管理局記入兌訖華僑匯款帳信匯僑匯子目用僑匯收項通知單撥轉本局~~
3. 付款局為儲匯分局辦事處則繕製現金收項通知單撥轉隸屬之分局出帳

51

廣東郵區

信匯僑匯存根

（第四聯）

下列信匯僑匯請迅照解／[redacted]並將附寄正副收據着收款人簽名蓋章按照附開辦法處理此致

……………………局

收款人姓名地址：……………………

匯款號數	匯款人姓名	匯　款　金　額	附　　註

~~郵政儲金匯業局滬營業處~~ 廣東郵政管理局

49

中華民國　　年　　月　　日　　繕製人：……………………　覆核人：……………………

52

50

53

附樣一

編號：28	
驗對簽字無訛	

附樣二

（見信匯僑批通知單）

附二：侨汇注销通知单

附標三

51

54

第　　號

僑匯註銷通知單

下列　匯僑匯應予註銷請在相關通知單內予以註明并将本通知單副份批註寄退。此致

……局

付款通知單號碼	
開發日期	
匯票號碼	
款額	
發匯銀行	

中華民國　年　月　日

……啟

付款局批註

上列　匯僑匯已照註銷／……此致

……局

日戳

……
付款局簽署蓋章

55

No. ____________ 附样四

POST OFFICE

Canton,

CONFIRMATION OF CANCELLATION

To The Bank of New South Wales, Sydney, Australia.

We hereby confirm the cancellation of the following draft(s) in accordance with your Advice(s) of cancellation under date(s) as per last column below.

Date of Issue	Number	Amount	Branch drawn on	Drawing Bank	Date of Advice of Cancellation

We also authorize you to refund to the remitter(s) the value of the remittances cancelled as above, less as our handling charges and as the telegraphic charges incurred by us.

....
Assistant Director (Finance).

僑滙視察員工作要點

茲將郵政儲金滙業局派往各兌付局查核辦理華僑滙兌工作之視察員應執行之各種職務臚列於後以資遵循

僑滙視察員在某一分發局範圍內服務應受該分發局長管轄各視察員應將查視各兌付局之結果備文呈報該管分發局局長同時并照錄副本乙份寄由該管分發局寄呈香港告羅士打行二一零七號郵政儲金滙業局鑒核

(一)在二三等局巡視時應行注意各点

(1)將該局所有關於僑滙之檔案逐一查核如有殘缺不全或漫無秩序者應即隨時糾正并應查視其僑滙核對據有否依照下列各類分別歸檔

(A)該滙款業已兌付回批亦經退回者

(B)滙款業經預給信差鄉差或臨時雇差投遞而回批尚未退回者

159

(C)滙款業經寄交代辦所或信柜轉行投送收款人而回批尚未由該代辦所或信柜退回者

(2)依據該局存檔之僑滙核對據及其他案卷(如華僑滙票清單寄信清單本地投遞之滙票及款額登記表等)查明該滙款投遞時究竟有無遲延之弊是否隨到隨送關於此点可核閱各該檔案註明之收到發出及返局之日期及時間

(3)將該局存檔之僑滙核對据及其相關案卷查明對於寄交代辦所及信柜投遞之滙票及款項是否隨到隨發並無延擱情事

(4)將手續辦理完畢之僑滙核對据(參看上列第(1)項(A)條)逐一查視其背面所列各点有無照章填註如下

(A)收到滙票日期　(B)兌付日期

(C)回批退寄日期　(D)發出查單日期

(5)查核收到匯票及退寄回批相距之期間是否合理及各代辦所或信柜延不將回批退回者曾否繕發查詢單追究並應核閱存檔之查詢單對於各代辦所及信柜所敘述之理由是否充分

(6)查核各信差鄉差臨時雇差及代辦所或信柜退回之回批有無隨即轉退分發局

(7)查核存檔尚未辦理完畢之僑匯核對據(參看上列第(1)項(B)条)如察覺有回批尚未依時退回者應即向該經手投遞人查詢並着其速向收款人收取回批以便轉退分發局

(8)查視有無華僑匯票存放該局尚未投送者如因收款人不在家致不能投遞者應着經手投遞人速即再往投交如確無法查尋收款人者應即將無法投交情由註明於批條粘於該批信上(並加蓋日戳)退回分發局辦理雖未逾一月之期亦應隨即退回

160

(9) 查核存檔尚未辦理完畢之華僑滙票核對據(參看上列第(1)項(C)條)如察覺有回批經相當時期尚未由該代辦所或信柜退回者應着該局速即繕發查詢單向前途追查 如查詢單業經發出而該查詢單及相⊗關之回批尚未退回者應着該局再發第二次查詢單 設該事性質認為比較嚴重者該視察員應即親自前往該代辦所或信柜隨時解決之

(10) 查視該局有無存留回批尚未退回分發局者 凡回批均應隨到隨退不得積存

(11) 將存局候發之回批(即適由經手投遞人及代辦所或信柜退回者)依照下開各点逐一查核

(A) 所用之回批信封有無錯誤

(B) 信件是否裝入正確之信封內

(C) 收款人有無在回批背面簽名或蓋章及其所簽署之姓名有無錯誤

(D) 回批背面所備之空白各欄如滙款號碼滙款額數及收到滙款日期等有無依式填註

164

(E) 兌付局局長或經手投遞人有無在回批背面簽名或蓋章

(F) 回批內有無附寄除滙欵人本人以外之第三者之函件(每一回批應僅有寄滙欵人本人收之函件此外任何他人之函件均不得附夾在內)

(12) 查明所有一切滙欵是否均係備欵送至收欵人家中接交收欵人並無令收欵人到郵局領欵之情事

(13) 查視該局定額存欵是否時常足敷應付兌支華僑滙欵之需要如因存額太少以致有延遲付欵情事應即報請分發局局長酌予提高以資應付

(14) 查明該局與分發局間及該局與各代辦所或信柜間之撥欵辦法是否允妥

(15) 查明當地與各處郵運情形如有任何應行改善者應即向分發局局長建議候核

161

(16) 調查當地批信局活動情形及其處理業務之方法如認有可以採用者應即予以採用

(17) 查明該局對於寄發南洋之郵件是否比較經由分發局寄發者為快如因批由該兑付局逕退南洋華僑銀行較由分發局轉退更為快捷者應即呈報分發局局長轉呈儲滙局核辦

(18) 詳察各局局長幫辦信差鄉差或臨時僱差對於辦理華僑滙款工作是否熟悉如有不明瞭者應即詳為指導訓練設某局局長對於辦理此項業務不甚注意或管轄無方者應即呈報分發局局長

(19) 將該局存檔之華僑滙票核對據（即已兑付完畢者）選擇十數張依照所列住址前往收款人處向其查詢並驗核下列各點

(A) 查明該滙款是否投交收款人本人并無錯誤

(B) 查明收款人收到滙款日期與核對據所註之兑付日期是否相符

175

(C)查明收款人收到之滙款金額及紙幣種類與核對據所載者是否相符并無短少或以價值較低之紙幣投交情弊(如滙款係訂交國幣者改以毫券投交之類)

(D)查明經手投遞之信差鄉差等對於收款人之態度是否謙和有禮

(E)查明經手投遞之信差鄉差等有無向收款人索取任何酬金

(F)查明經手投遞人曾否予收款人以一切便利並無留難之事

(G)查明投遞滙款時除特別情形者外有無強迫收款人具保情事

(20)查明該局所雇用臨時雇差人數是否適合實際需要(即無過多及無不足之處)其所給工值是否與當地之待遇相符並無過優情事及所付工值是否確係付與實際雇用者并無虛報之情弊

162

(21) 暗中探查各信差鄉差或臨時雇差之私人生活狀況及平日行徑如察覺有嗜賭或其他不正當行為者應即報告該管局局長

(22) 查明該局對於收款人印鑑卡片有無編妥及該卡片有無發給各信差鄉差或臨時雇差備用

(二) 在代辦所及信柜

(1) 依據該代辦所或信柜存檔之寄信清單查明其對於滙款是否即到即送並無遲延不交之事

(2) 查明各回批是否即收即退並無遲誤

(3) 查明所有查詢單是否業經填註并寄回該管局及其相關之回批亦經隨即退回如察覺有延不將查詢單及回批退回者應向該代辦所或信柜詢明情由並向其警告以後不得再有同樣之情事

(4) 查明該代辦所或信柜有無存留華僑滙票尚未投交者如係因收款人不在家以致未能投遞者應着其速即再向收款人投交如確因收

欵人住址不明無法找尋以致無法投交者應即叙明緣由并加蓋日戳於批條並粘於批信之上然後將該批信及滙票連同欵項一併退回該管局辦理

(5)將所有候發之回批(即適由經手投遞人向收欵人收取者)依照上列第(一)項第(二)條所列辦法逐項查驗

(6)查明所有滙欵是否均係備欵由投遞人親自送至收欵人家中向收欵人投交并無令收欵人到該代辦所或信柜領取之事

(7)查明該代辦人及信柜經理人辦理華僑滙欵是否確有效能如察覺其對于工作尚未諳熟者應即詳予指導訓練

(8)查明各代辦人及信柜經理人是否忠誠可靠其所經營之生意是否殷實如察覺有不誠實之處或其生意將近破產者應即報告該管局局長核辦

163

(9)將往某一代辦所或信柜之前應在該管局將存檔之滙票核對據（其滙票係寄交該代辦或信柜轉行投遞者）鈔錄十數份依照所列住址前往收款人家中照上列(一)項(19)條所列各節向收款人查詢及核驗如查有錯誤應即呈報分發局核辦

(10)查明該代辦所或信柜所雇用之臨時雇差人數有無過多或不足之處其所報銷之工值有無超過當地之待遇及所付工值是否確經付與實際雇用者并無虛報之情弊

(11)查明所備之收款人印鑑卡片有無依照次序編好

(三)下列四項原則為辦理華僑滙款之要点應時常切實注意

(1)迅速：不論投遞滙款或退寄回批皆以迅速快捷為主

164

67

(2)滙款足額無扣：凡滙款皆照票面十足兌交收款人並無任何折扣投遞人亦不得向收款人索取佣金或酬勞費。

(3)滙款直接向收款人家中投送：凡滙款皆直接送至收款人家中投交不得强令收款人到郵局或其他兌付局(如代辦所及信柜等)領取

(4)應予收款人以一切便利：應隨時隨地予收款人以一切便利不得任意留難(如强令收款人具保等)對收款人尤應謙和有禮

汇兑组退华侨汇票回批枱办事细则

滙兑組退華僑滙票回批枱辦事細則

（工作要目）

（一）退寄回批
（二）繕領郵票單
（三）發收到滙款表通知單
（四）覆核滙款表數目
（五）發正誤通知單
（六）發驗証通知單
（七）繕列開發僑票計算總單
（八）退無法投遞僑票
（九）發催查回批單
（十）整理滙款表歸檔

（一）退寄回批

凡由本分發局開發之僑票經各兑付局兑妥後，即將相關回批或收據（回批或收據須具有收款人簽字或盖章指模符號等）退来本分發局，分别將其退回各原滙銀行轉交滙款人，以資作證。

1. 36

退回批程序

A 開拆——凡開拆各兑付局寄來整套之回批，須核對來件內容是否與隨來之「退寄回批清單(〥一〦〧〤)」所登者相同。如無錯誤，隨即以每銀行為單位分别排列彙置於相關倉格內。倘發現有不符情事，應通知該局更正之。「退寄回批清單」應順序以每局為單位，分别存擋備查。

B 銷號——1 先將各回批由倉內抽出，依滙欵號碼次序疊順

2 檢視各批曾否妥備下列各點：

a 有無收欵人蓋章簽字或指模符號

b 有無蓋兑付局日戳

c 有無附寄第三者之信函或夾附其他禁品。

3 逐件與相關滙欵表所列之號碼收欵人姓名及滙欵額等核對。

4 核對後隨即蓋日戳於相關滙欵表

「回批退還日期」欄內，以表示已將回批退回原銀行，及退回之日期。

C 入單——已錯號回批，應逐件將滙款號碼登入「退回批清單（Advices of A/Ps Returned）」，此項清單須繕三張，一張隨回批退原銀行，一張寄香港儲滙局 DR. S. Y. LIU 207 GLOUCESTER BUILDING HONG KONG，其餘一張，存檔備查，但如係民信銀號收據，則只繕二張，不須寄往香港儲滙局。如係退馬麗丰金行者，則繕四張，除三張照上列辦法分別退寄外，其餘一張，則寄 Banque de l'Indochine Bangkok（泰京東方滙理銀行）

D 封發——已入單回批，須照下列辦法退寄原滙銀行：

1 在回批正面上并無任何特別標誌者（如式樣A）係用總包寄遞

2 在回批正面上有「箭」標誌者（如式樣C）則須逐件封口及逐件貼郵票，然

37
3/

被用銅釘貫穿於左角，釘成一束（不用封面）再加十字形繩牢繫，其相關清單上，須加蓋「本表回批分別貼郵票字樣」，然後另套入（SC-60）封內，連同回批釘紮寄遞。

3 在回批上有「寄至下列英文地址轉交」標誌者（如式樣B）此係退寄各銀行代理之回批，須封總包按址寄遞，惟入單時，應改用紅色「退寄回批清單（B-575X）」此清單寄交該管銀行，不必隨回批寄交代理處

4 在回批上有「寄至下列英文地址轉交」及箭內標識者（如式樣D）則照（2）項及（3）項之方法寄遞

5 航空退批：在回批上蓋有上述四種以內之一種標識，另加「飛機」符號者（如式樣F·G·F·H）則照上述相關某一項之方法，另加納航空費，由空郵

寄遞

6 代退回批——先付局每有將回批誤退往別一分發局，為節省時間計，可代為轉退原匯銀行，退寄方法與上相同，但退後應發「代退通知單」通知該原分發局以憑銷號。

(E) 貼票——裝封以後，除有「箭」標誌之回批逐件黏貼外，其餘則按回批之件數，照應納郵資貼票（外埠每件五角，香港及廈門每件捌分，澳門民信銀號收據照原包重量計算，每重二十公分貼八分，多則類推）如係航空退者，另加航空費。

(F) 登記——每次交寄之回批，應登入交寄簽收簿內。如係華僑銀行者，則登入「退華僑銀行回批簽收部」，如東方匯理銀行、信行公司、民信銀號、西貢東亞、菲律賓交通銀行等，各設簽收部，如所退屬於某一行者，則登入某一行之簽收部內，惟馬麗手及仰光則另設簽收簿登記之，登記手續

38

3

1.寄發日期 2.寄交銀行名稱 3.清單號碼 4.回批件數 5.合計銀數 6.如航空退者應註明重量或包封數 7.航空費 8.合共銀數

注意：

1 回批封面如有滙款人地址者，須用墨塗去。

2 封裝回批，應先用繩紮，然後用質料堅韌之紙包封，外加繩索，綑作井字形，務使須在遠途轉運，亦不能傷及回批

3 近因交通不便，凡退各華僑銀行之回批，均由中航綫寄至仰光，以免延誤。

(二)繕領郵票單——本枱存有預備郵票壹千元，以便退批之需，如不敷用，得再向本組組長請領，每次所需之數，應照登記冊繕具領回郵票單照乙紙，送交本組組長及會計股股長核簽，然後憑單向收支組領回郵票，如係由航空寄遞，其退寄航空回批所用之郵票應照登記冊，繕備單照六張，一張交收支組領

票一張存檔，四張交帳務組報帳，但退馬麗丰及仰光之回批其回批費則於半月或月底將所用之數繕入華僑銀行之簽收部及繕領郵票單內，領回郵票但仰光及馬麗丰之航空郵費，東方滙理銀行，信行公司，民信銀號，菲律賓銀行，西貢東亞，則可按每半月或一月結算一次，繕具單照交收支組領回郵票如馬麗丰及仰光之航空郵票單，繕具六張，辦法與前相同

(三)繕發滙款表通知單——各銀行滙款表，經開發抬妥辦交來本柏後，應即於「收到各行滙款表銷號部」上銷號，并分別繕發「收到滙款表通知單」([illegible])寄回原滙銀行，表示該單已經收妥，并無遺失。

(四)覆核滙款表——將既經銷號之滙款表，核算下列之各數是否無誤：

1 回批費
2 合共總數
3 國幣折合外幣數
4 毫劵折合國幣數

39

4/

（五）繕發正誤通知單——覆核滙款表後，如發覺有數目不符，經更正後，即發「正誤通知單」(Advice of Errors)寄香港儲滙局，請其照數更正。「正誤通知單」應繕備二張，一張寄香港儲滙局，一張存檔備查。

（六）繕發驗証通知單——如發覺滙款表上所列款額與滙票上所列不符，或滙款表上所列款額與滙款人家信不符，或滙款表有失漏、跳號、或重號等情事，即發「驗証通知單」(Verification note)向該相關銀行查詢。此項單式須繕五張，二張寄原滙銀行，一張寄香港儲滙局，一張寄星架坡華僑銀行總行，一張存檔。如東方滙理銀行、信行公司、民信銀號、菲律賓交通、西貢東亞等，即非華僑銀行總行者，只繕四張，不必寄往星架坡華僑銀行總行。

（七）繕列開發僑票計算總單——將滙款表內各數，以每一銀行為單位，即華僑銀行、信行公司、民信銀號……等分別列入總單內，每月結算一次，該項總單繕具三張，交本組核對稽覆核後，一張交帳務組隨R/S單式寄香港儲滙局DR. S.Y. Liu報帳，一張連同相關銀行滙款表副張，由本組寄上海儲滙局清理，一張交帳務組存檔。

备查

八、退無法投遞滙票——

1. 審查各退票上所批之退滙緣由是否合理，

2. 將空白回批逐件抽出

3 銷號「與上述退回批辦法相同，但須加「乙」字樣

於滙款表上

4 將退滙數目照原來價率折回外幣，

5 如因情形特殊或因郵局不能投送之件，應退回

滙費，否則不退滙費，

6 將各退票之滙款表號數、滙款號數、滙款數、滙費

及折合外幣數等，分別繕入「退滙清單（Advice of [illegible]）」

內，該清單繕四張，一張隨各原滙款人家信及批

條退寄原滙銀行（寄遞方法與退回批同）二張連

註銷滙票交核對枱覆核，其餘一張存局備查，

7 信行公司、民信銀號、西貢東亞等退票則不必折

合外幣，除華僑銀行外，退回各行無法投遞票，如

因情形特殊，或因郵局不能投送，亦不必退回滙

費

（九）繕催查回批單——開發各局投派之匯票，如歷時已久其相關回批仍未見退返者，則發「催查回批單」（B-5-2A）查詢，經發「催查回批單」多時，其回批仍未見退，又無答覆退遲理由者，則發「第二次催查回批單」，經發兩次催查回批單後，如仍無效果者，則發訓令追查之，如發「第二次催查回批單」訓令，應繕空白証明書，及副回批連同寄發

（十）將各銀行寄來匯款表應分別已妥（即已退回批）未妥（未退回批）兩項按各行名稱整齊歸檔

26
3

财务股侨汇柗办事细则

名　称：侨汇柗

工作时间：每日上午八时半至十二时，下午二时至六时半，每三星期休息一次

工作内容：

一 代解中国银行侨汇

1. 查解侨汇应注事项
2. 解给侨汇应注事项
3. ~~退汇~~ 无法投递退汇
4. 月终结算委解侨汇手续费及造具月报清单
5. 侨汇试核

二 汇兑事项

1. 核对兑付汇票并分区登记之
2. 核对开发
3. 〃 外局所开发兑付汇票通知及兑票
4. 旬终编造呈报单及对其印表总结
5. 月终结报编造月报单及汇兑月报表，并兑付细表

三 登记开回帐

四 〃 兑金帐

五 办理信箱

六 计算运费

七 帮记收细帐

~~工作手续~~

下頁…

27 74

工作手续

〈一〉代解中行侨汇

〈1〉中国银行根据侨汇基金来时，凭现金收入传票，贷"代理付出款"，借"银行存款"，细目侨汇款；退回侨汇基金时，作支出传票。

〈2〉接到中行委解侨汇清单及三联收条时：

1. 应将侨汇三联收条与清单核对（如发现侨汇收条与清单数列不符，应即退回中行更正），核对后加盖本局日戳。

2. 制转账传票一份，借方贷方科目均为"代理付出款"，借方细目为"额收侨汇款"，贷方细目为"应付侨汇款"。

3. 将侨汇收条分开本埠（潮安、[illegible]、汕头[illegible]等）内地（[illegible]）或区外的。收到现金支出传票时，科目"暂付款"，细目代解侨汇，摘要栏内[illegible]侨汇××时××号，内地及区外的均应按各局分开，不能合[illegible]，贷方应写"银行存款"[illegible]。

4. 将所有委解侨汇清单、侨汇收条、传票等送给审核检核科对，并由其通知中行文案送还本科存查。

5. 审核检查来文票据：

(一) 本埠侨汇应以现金支票 ~~[illegible]~~ 向中行领款，分别封好，等待投递员领取。

(二) 内地侨汇，应填写"国内汇款申请书"连同划线支票[illegible]，将侨汇收条按[illegible]分别填开，填写侨汇清单一份，[illegible]编列[illegible]，清单填上每笔汇款号码、数目[illegible]，[illegible]连同侨汇收条，[illegible]封面写"××号侨汇[illegible]"[illegible]，填入"[illegible]"[illegible]交收。

(三) 区外侨汇，应填国内汇款申请书连同支票[illegible]，中[illegible]"[illegible]××侨汇款[illegible]，收款人[illegible]，[illegible]侨汇收条[illegible]"[illegible]，应将汇款号码填在三联单上[illegible]收款人连同侨汇收条[illegible]收款人的姓名住址，[illegible]

下頁…

6. 侨汇分发清楚后，应将原解侨汇清单一份寄呈管理局，一份留局备查。
7. 寄发各地转解侨汇，均应分别登入「拨发各地解款局侨汇备查簿」。

〈3〉接收邮运员运回解讫侨汇收条及解款局寄还解讫侨汇款"二联收条及所附呈送单二份时，应办下列手续：

1. 查核各收条是否有收款人签盖图章或签名。
2. 将收条合计收款数核对，与所附呈送单内列数目互相核对，并核侨汇及正收侨汇之回条检[illegible]呈送单，计四份：填列日期，月份，号数，汇款号码，款数。
3. 将侨汇收条逐一与清单核对，如属相符，应即注销，并在寄发侨汇清单上注销，并在收条上盖日戳。
4. 编制"解讫侨汇计数单"一份：填明每笔侨汇之解讫日期，汇款日期，种类号码，姓名，款数（人名都需逐笔填写），按汇款总数，开列"转运解讫汇款收条清单"二份：单内各该填明每种汇款之收条件数，计总数及款数，编列连续号码（每年更换一次）。
5. 制转帐传票一份，借方科目"代收侨款"，贷方科目"暂收款"，再制收入传票时，贷方科目"代收侨款"，借方"银行存款"，每制连续号码。
6. 将上列收各种单式及侨汇收条交会计股核校，核对后将计数单第一联及转帐传票等[illegible]，连同侨汇收条，送会计入帐送中[illegible]。
7. 结帐时核对各种单式，由主管人签名，第二联呈送[illegible]连同呈送单第二份寄呈管理局。第三份由解款局留存，第一份呈送单存档。
8. 各解款局寄回解讫侨汇均应分别登记入「拨发各地解款局侨汇备查簿」内注销。

〈4〉无法投交通知

如解款局遇侨汇无法解送，通知本局时，应即核对查询，如查无错误则将收款人地址通知再解，应即将通解款局知悉，如仍无法解送即行退汇办理。

下頁…

29

1. 按对解款各国汇兑收款，立整逐汇汇总，注明汇款号码，并解付汇单号码，并列及数额，此项清单应编列号码，每年更换一次
2. 整理侨信依次一份，按笔依次一览（[struck]到日期及解付日期）并整理逐笔分析
3. 每核准报告后，以第1份[illegible]附收支送交会计部，第二份寄会计部门，第三份存查。
4. 将支解清单相互一检注明「几月几日汇出」字样，并与侨汇清单同样注销，登记部的解讫一样注回。

<5> 月终结算侨汇手续费及月报清单

1. 每月终了日，按当月解付侨汇清单所列数额（包括汇出支用）编制「代解侨汇手续费结单」，单内填明每份清单之号码，数额，[struck]（人民币），[struck]手续费按每解付数额千分之二计算，
共制四份：以一、二份送中行，一份送会计部门查核，一份存查。
2. 每月月终，应编制「代解侨汇月报单」四份，清单内填明各批汇款之收数数额及手续费，同样以二份送中行，一份寄会计部门，一份存查。

<6> 侨汇试信

下頁…

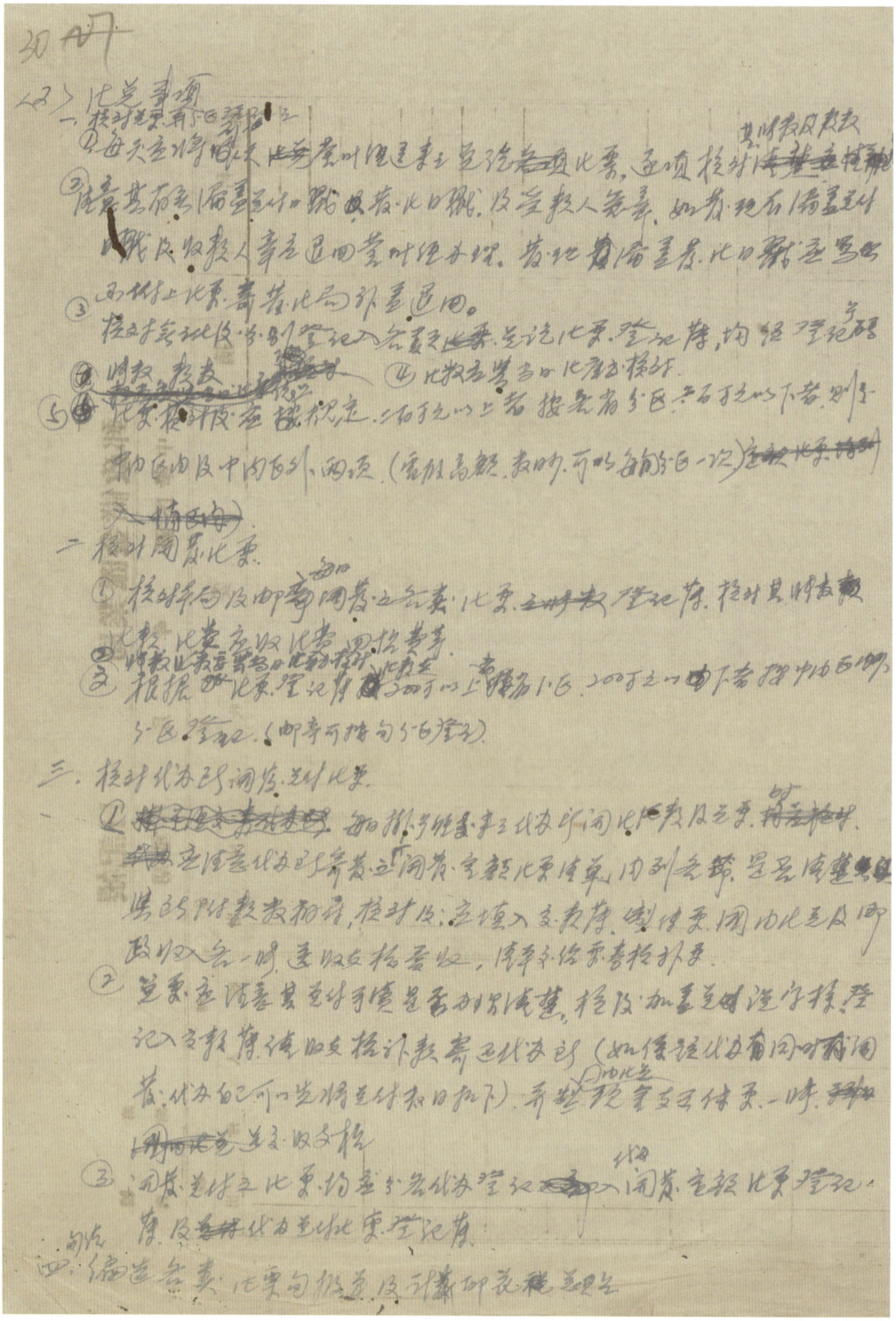

30册

（乙）比总事项

一、核对总票（有5日登记）

①每天应将营业时间送来之总付比票，逐项核对其时数及款数。

②注意其有无侨寄总付加戳及发比日戳，及收款人签章。如发现有侨寄总付加戳及收款人章者退回营业组办理。发比侨寄发比日戳者写出两份上比票，寄发比局补盖退回。

③核对无讹后，分别登记入各表之总记比票、登记簿，均须登记码、时数、款数。

④比数应当当日比清核对。

⑤比票核对后应按规定：二百万元以上者按各省分区，二百万元以下者则分中内区内及中内区外两项（营业高额，如时可以每日分区一次）。

二、核对闸发比票

①核对标局及邮寄每日闸发之各类比票登记簿，核对其时数款数、比费、应收比费、回扣费等。

③根据比票登记簿，二百万以上者按分1区，二百万元以下者按中内区内外分区登记（邮亭可按句分区登记）。

三、核对代办所闸发总付比票

①每日据分组送来之代办所闸比款及总票，应注意代办所寄来之闸发合额比票清单内列各种[illegible]，其所附款数相符，核对后，应填入各表簿，收入合一时，交收支组查收，清单交给票务组核办。

②总票应注意其总付手续是否办理清楚，核后加盖总付注字截，登记入各数簿，该收支核计数寄回代办所（如系该代办有闸发比票，代办自己可以兑将总付数目扣下），并将闸内比总现金交与付票一时，总支收支组。

③闸发总付之比票均应分各代办登记入闸发合额比票登记簿及代办总付比票登记簿。

四、编造各类（句结）比票句报表及[illegible]印表[illegible]

一、每旬结算一次，每旬应将各类登记簿小计一次

31 ① [illegible]各局应设兑付登记簿，各类汇票逐笔登记。兑付定额汇票，
定额汇票填造清单三份（邮局及代办所适用），每日兑付后填写单据，[illegible]
起讫号码、张数、金额，汇票要分类汇总，面额不同，分类填列，附
发报单，一份寄管理局，第二份存查（随每旬汇票寄管理局）。

② 经办局、邮亭及代办所开发定额汇票登记簿，制寄发定额汇票
单，分本局、邮亭、代办（可以分代办所合并填列）[illegible]：各填二份，
一份寄管理局，一份存查。

③ 制[illegible]兑付汇票旬报单，根据每日之兑付汇票，[illegible]填列，[illegible]
汇票张数、金额等数字，制二份，一份存查，一份寄管理局。

④ [illegible]
每旬应将本局、邮亭、[illegible]开发汇票登记簿（二份），兑付各项汇票之
[illegible]，编制兑付汇票旬报单，填列清单，封发寄呈管理局。

⑤ ① 每旬逢10、20、30(31)应算开发汇票印花税额，凡汇款金额在拾
元以下之汇票贴印花二分，十元以上之汇票贴印花五分，依
汇票张数填列“开发各项汇票应贴印花税款清单”三份，[illegible]
本局开发由营业股编制，邮亭及代办应由本局编
制。② 经本局及邮局代办开发汇票应贴印花税款清单，于每旬结束时
按款制“印花税汇总缴交报告书”三份，连同清单送经会计股
核对，转送税局。

二、月终结算，编造各类汇票月报单及汇兑业务月报表，汇兑业务明细表

① 每月终结算时应将各类汇票登记簿结算一次，本局、邮亭开发
汇票登记簿月结余额以备核查。

② 根据各种汇票登记簿制兑付及开发汇票月报单（格式与旬报单同），
[illegible]编列号码填“月”字

③ 汇兑月报表，应将本月中每日开发、兑付汇票分区，分别结算，
按各局及区域分别填列，[illegible]，开发汇票应按[illegible]

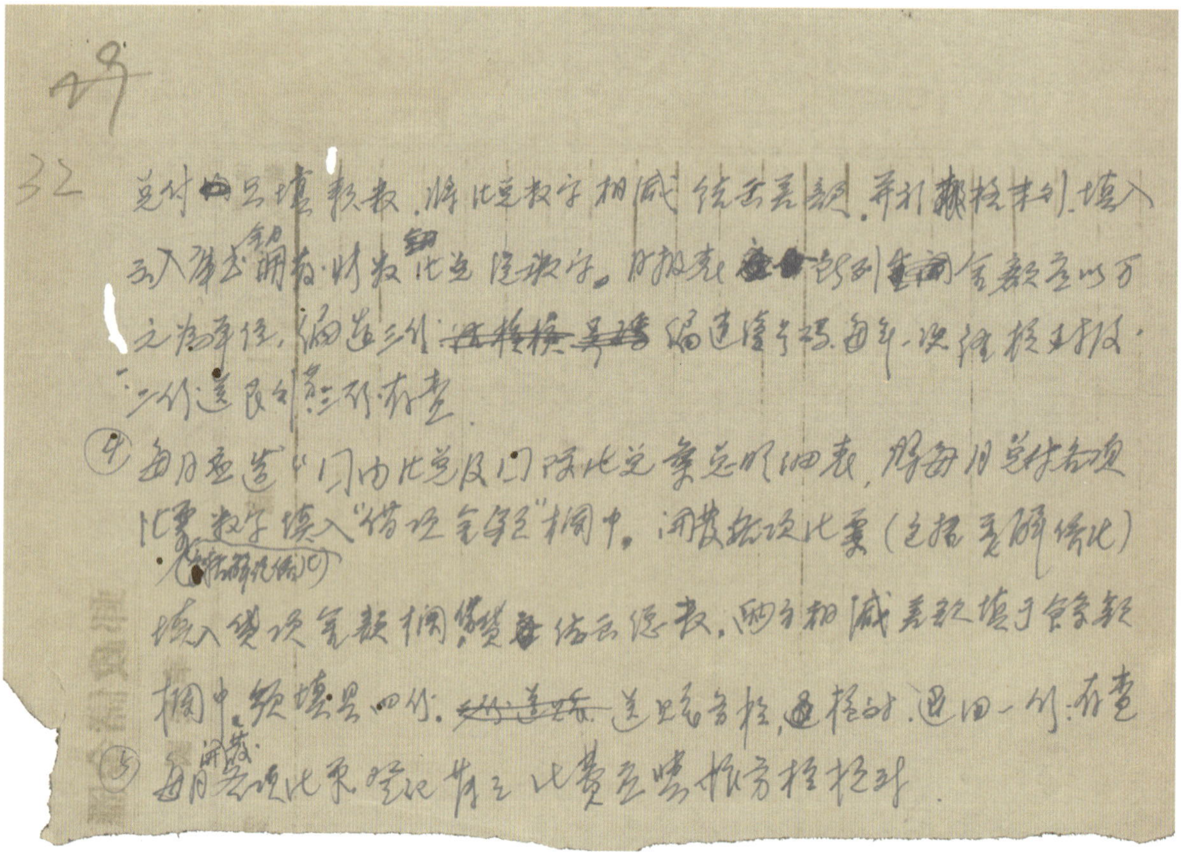
29
32
总付之单填报表，将比照数字相减结出差额，并于核对栏填入
已入帐之金额栏内，将收到比照准数字。月报表[illegible]到[illegible]全数应以万元为单位，编造三份，缮造清楚，每年一次，径报总局，一份送区局，一份存查。
④每月应造"门内比照及门外比照汇总明细表"，将每月总付各项比照数字填入"借项金额"栏中，开发款项比照（包括差额结比）填入贷项金额栏，结出总表，两方相减差款填于余额栏中，须填具四份，送总局查核，送区局，留回一份存查。
⑤每月开发各项比照结比其正比[illegible]应[illegible]旁核对

（三）登记项目之帐

① 每月开始应将各项目之计划表（参考收支计划），填入项目帐预算栏，分入转帐及转帐栏中。

② 将每日现金传票按日分类转录各项目（参考“货币收支计划转录项目之表”），凡要用支票划线者作现金计，其现金数目须填入实际现金栏内，单取转帐，须将要用划线支票应填入收入或支出之转帐栏内，转帐填入转帐栏内。以计划表减去，得之结余。如遇收入或支出超过计划表时，应写红字。

③ 项目帐当转过页时，须将本页收入或支出总数，结计写上转下页字样，并于次页首行写上“承上页”字样，将计划数，其收入、支出或结余写上。

④ 遇支出未超过计划表时，应通知经手人检查，月终应结出各项目之收入或支出总数字。

⑤ 登记以什之为单位，什以下不计。

（四）登记现金帐

① 首先登上日期，及连续号码（每日更换一次），然后按传票上之号码依次登记。

② 根据传票登记其科目及摘要，凡收入传票，库存现金、银行存款分别登入收入栏中之库存现金、银行存款，现金支出传票之库存现金、银行存款应登入支出栏中之库存现金、银行存款。

③ 每日应结出余数，首先将当日收付两方数字加上前日之累计数，收付两方相减。以收方库存现金减去付方库存现金，收方银行存款减去付方银行存款，便得出库存现金及银行存款结余，再与检查核对是否相符。

④ 每页转次页必结出其每页总数，写于末行，并于次页上写承前页。

⑤ 每日累计数字写红字，以清眉目，便利结算。

下頁…

34 2（1）

上頁……

侨汇试信：

1. 分发局接到中行寄解侨汇清单及汇款收条时，择其中款数较大者，将收款人住址抄在侨汇清单上，以备派员复查、发试信之用

2. 发试信时，择已派妥之侨汇，其中款额较大者，缮发试信（如附件）直接寄往收款人，请予答复，以资查证

3. 试信发出时，应设簿登记，收到答复时，应予销号，倘日久不复，应彻查究竟，並发函追查

4. 试信答复须盖收款人私章，可与下一次受款人的收条盖章比对证明，故答复回来的试信，应妥为保存備查

5. 寄发试信应以普通信封套，並黏贴邮票，封面不可写「试信」或公事等字样，亦不可盖有公章，以免经手人从中作弊

与他股关係、

一、每日营业解款汇（侨汇）应送交帐务股（甲）复核。

二、每月应造门内汇兑及门外汇兑票总明细表及侨汇手续费月报表送帐务股（乙）

三、营业组及邮局每旬应送本股开发汇票登记簿二份，定额汇票登记簿一份，并附该旬开发定额汇票存根

四、每逢九日、十九日、廿日（卅一日）营业组及邮局应送印花总收数字。（如缴印花日为星期日必须提前一日）

五、营业组每月应造送本股开发汇兑月报表一份。（二一15）

六、每月营业组应造送本股各线通汇邮局汇兑表并算送费

七、每月一号应填列侨汇兑业务统计资料表、汇票开发及兑付张数总数表送秘书室统计股

36 77

匯外僑批：

請收款人在郵局第××號普通批票存根及相關第××號僑批收條（計×張）上各蓋印章，俾帶往△△郵局兌領僑批款——之各該僑批收條概須交還郵局退回。

此致

×××

注意：該批款即#　僑批款項，收款人兌領時請核對及收回相關僑批收條（計×張）并作公事掛號退回本局辦理。

填於信箋背上。

（一）

财务股侨汇档案事细则：

甲　代解中国银行侨汇

（一）查解侨汇处理事项：

1. 接到中行送来侨汇三联收条、侨汇清单（每份二张）及支票时

①先将侨汇清单上合计人民币数目相加，与中行所附来之支票款数是否相符，再把侨汇收条相加与侨汇收条核对，若皆相符则在中行送来之簿收件上盖章签收。

②将侨汇收条逐单与侨汇清单核对（如发现侨汇收条与清单有不符，应即退回中行更正），核对后加盖本局日戳 [illegible]

③将侨汇收条分开本派及内地各局转派（分有 [illegible]）或 [illegible]（本外：如有天津、湖雷 [illegible] 漳州、龙岩等地）

④将本派及每一 [illegible] 之侨汇加一 [illegible] 款数及收款局数目于移交面签，后两局及本派每数相加与支票数核对，[illegible] 相符，则记明已加之数在单 [illegible]

⑤将本派侨票 [illegible] [illegible] 地名、收款人、款数逐一抄入侨汇 [illegible]，本派转 [illegible] 送邮员签收 [illegible]

由地代解之侨汇按不同之解款局 [illegible] 分别填制 [illegible] 人民银行之「内地 [illegible]」（一份二张）[illegible] 各局款数相加与 [illegible] 由地代解数 [illegible] 支票款数相符 [illegible]

⑥ [illegible] 侨汇款、[illegible] 代解侨汇款 [illegible] 代理 [illegible] 款、[illegible] 解侨汇款 [illegible] 对本科目对银行存款 [illegible]

本局 [illegible] 送款单一份（二张）[illegible] 侨汇收条 [illegible] 稽核员核对 [illegible] 支票（本派 [illegible] 支票，由地 [illegible] 支票）

2. 由稽员交来核对之侨汇 [illegible] 将支票及申请书 [illegible] 送款 [illegible] 由 [illegible] 行 [illegible] 存入 [illegible] 汇款

[D 416X]

①将各内地局代解之侨汇分别填制「华侨汇款专 [illegible]」一份二张，[illegible] 清单号码按解款局顺序编列，每 [illegible] 一次 [illegible] 号码 [illegible] 人行汇票号码 [illegible] 连同侨汇收条、汇票 [illegible] 收条 [illegible] 侨汇 [illegible] 收款 [illegible] 签收

[illegible]「侨汇清单留存」[illegible] 款 [illegible]

③由人行退回本票收条时，按每单侨汇款数分别 [illegible] 应 [illegible] 款 [illegible]

④将侨汇分 [illegible] 清楚后，交将中行交来之「查讫解付侨汇清单」一份寄呈管理局，一份留局备查。

⑤ [illegible] 各地代解之侨汇均 [illegible] 分别 [illegible] 各地解款局侨汇 [illegible]

3. [illegible] 侨汇

[illegible]

下頁…

38

[illegible]侨汇[illegible]收款人[illegible]侨汇[illegible]收到[illegible]地[illegible]（二）

1. 三联收条内要收款人盖私章[illegible]日戳
2. 副收条上应盖之「原汇出地邮局章」，[illegible]收款人用（✓）符号指出该笔汇款[illegible]
3. 查对后解讫侨汇三联收条退回[illegible]
4. ~~[illegible]~~

（二）解讫侨汇之手续：

1. 本批侨票接到邮递员交来解讫侨汇收条及各内地解款局寄来解讫侨汇副收条及[illegible]

① ~~接到邮递员交来解讫之侨票时~~，应查核每张收条是否经收款人盖私章或签名，查看副收条上之原汇出地邮局[illegible]收款人有否用（✓）符号指出。

2.

1. 接到邮递员交来本批解讫侨票时，
应查核每张收条上是否经收款人盖私章或签名，该盖私章是否与回收条上列出之相符，并查对副收条上之原汇出地邮局章，收款人有否用（✓）符号指出，如有漏（✓）者应即向该邮递员代为（✓）。
2. 将本批侨批送[illegible]用[illegible]印[illegible]注销
3. 收到内地解款局寄来解讫侨汇之副收条时，除照本批一样查核收条上收款人盖章及[illegible]外，应将收条逐计收数及款数与封附送单内所列数字互相核对，如有[illegible]
遇侨汇收条之[illegible]日期不同时，则应先将日期相同的[illegible]一起，打一[illegible]数（收数及款数）[illegible]核对。
4. 核对后，由[illegible]侨汇收条上[illegible]日戳[illegible]侨汇核对后用[illegible]印[illegible]注销
5. [illegible]各地解款局款项[illegible]冲销
① 本批[illegible]冲
② 内地[illegible]冲销
③ 冲[illegible]一次冲[illegible]
[illegible]互相核对[illegible]
6. 冲完[illegible]将本批及内地[illegible]收数及款数[illegible]本批及内地二数相加[illegible]收数及款数[illegible]
7. 本批侨票[illegible]一次 [illegible]
8. 将内地[illegible]侨汇[illegible]
[illegible]侨汇[illegible]解讫侨汇[illegible]
9. 填写解讫侨汇计数表[illegible]相加[illegible]
[illegible]本批及内地收款数核对是否相符
10. 核对相符后[illegible]解讫汇款收条计数[illegible]
11. [illegible]解侨汇[illegible]

下頁…

39

细目 代解信汇款、登账、将信汇收条、通知单、计数单等交基层日报账后交审核员审核

审核后，将该有关信汇通知单收条及计数单附件一份，按信汇局(第一行右面)和计数单第二联，一并送中行(由该行盖章后将计数单第二联退回)，同各解款局之计数单一联，并将计数单第三联寄呈管理局，留局备查。

(三) 无法接送信汇处理：

1. 遇解款局遇信汇无法解送通知时，应即将详情记明，如系该行所开地址及收款人[illegible]通知由解款局即将退解款局，如仍无法解送，应即办理退汇处理。

2. 退汇时应由局将信汇退汇清单一式三份，并顺序编列号码(每月更换一次)，按清单上各项填写，并将信汇稿件退回原行。

3. 在相关[illegible]信汇[illegible]清单上[illegible]及信汇清单[illegible]退汇，退汇人[illegible]转接[illegible]解款局款项备查冲销。

~~4. [illegible]~~

~~5. 将退汇清单~~

4. 当内地局退来已被退信汇时，查附来汇票一份交[illegible]填写送金，存入[illegible]，[illegible]借入汇票二份，借代理解款的日常解信汇款，计[illegible]存款户，贷[illegible]细目代解信汇款，计[illegible]

借退汇存款户

5. 将退汇清单、汇票、[illegible]汇之收条一并送审核员审核。

6. 审核后，应将[illegible]由中行之[illegible]退汇信汇款之支票[illegible]退汇清单[illegible]，将退汇信汇支票及退汇清单一式二份交中行，由中行退汇负责人签退第二联之[illegible]，第二联退汇清单寄呈管理局，余一份存查。

(四) 月终结算信汇手续费及报销单时，计划收款

1. 应于次月一日按中行寄解信汇清单[illegible]，填写“代解信汇手续费清单”一式四份，单内填明各该月份信汇之总笔数、号码、款数(已扣退汇者在内)，填妥后，将应登解之总数计算手续费。(手续费按应解总数5‰计)

~~2. 填写代解信汇报销清单、~~

清单内填明各类汇款之笔数、款数及手续费，一式四份

3. “代解信汇手续费清单”及代解信汇报销清单各填妥后，送交中行，二份存中行，留中行汇由中行支信汇负责人签章后退回我局，一份寄呈管理局，一份存查。

下頁…

37

40

（三）应注意事：

1. [illegible]

2. [illegible]

3. [illegible]

（二）計算运费

（1）每月之初[illegible]

1. [illegible]

2. [illegible]

3. [illegible]

4. [illegible]

（二）应注意事项：

① [illegible]

② [illegible]

③ [illegible]

④ [illegible]

⑤ [illegible]

下頁…

（六）計算運費：

1. 每月之初由運輸組收郵件總表各局交寄聯運運輸公司、建通公司或其他公司等郵件，包括交寄重量表後，算還各該公司運費

2. 算法：先查出每一交寄局至寄達局的距離，然後依據本局與各運輸公司簽訂的運費率計算，其算法是以距離乘每月交寄郵件重量，得出每噸公里數，以每噸公里數再乘運費率，其積即為應付之運費數

3. 每一郵路編製出一份運費清單，每一運費清單複寫三份（其中二份寄相關公司，一份存底）算好後交由審核員審核無錯後，將正和副的公司之信封交由投遞組投派

4. 注意事項：如與各代運公司簽訂之運費率有變更時，應詳細摘錄以為計算運費之根據。

（七）信箱處理：

1. 每月之初應查登記在月滿期之信箱登記簿，分別填寫即將到期之（信箱期滿通知書）專卦交投遞組通知租戶來交租金

2. 租戶接通知前來交租金時，先填"專用信箱租金三聯單"收據，並製收費收入傳票，總目"郵政收入"，以細科目"郵政信箱租金收入"。並立登記信箱租期簿，登列起訖日期，然後將該戶下次到期之月份登入該信箱滿期登記簿內，并註明該信箱的大小，以便將來查對，並通知該戶來再繳租金

3. 遇信箱租期屆滿，租戶不願再繼續租用時，如租戶繳回信箱鑰匙及提著收據時，可將提著退回，並在信箱登記簿上註明"期滿撤銷，應予退還"。如因租戶等隱匿等原因不再繳租，租戶不願收領時，則在登記簿加註"期滿撤銷，租金於案"等字樣，收到信箱鑰匙後交本局送交戶籍處理

4. 以上各項手續辦完後：將三聯單交付審核員審核，並填寫內收支格領取郵在貼收到信箱租金之收據，如是專以三聯計算三聯單，第一聯交給租戶，第二聯交賬房核記，第三聯存根存查

下頁…

修正侨票兑付局办事须知第七、八、九条

儲滙通函第二五號之附件

財務通令儲字第一四○號

修正僑票兌付局辦事須知第七八九條

第七條 存根—存根背面所列各項節目應於寄發代辦所或交差投遞前及退回兌付局後分別填明以便查考

第八條 投送—P.A.A.及家信暨滙款按下列辦法投送……

（餘一、二、三條辦法照舊無庸修改）

第九條 付款—付款時應請收款人在僑票存根及回批指定地位內蓋章如無私章……（餘照舊無庸修改）……補綫再往取信並投送滙款

基叁乘現行办法 國內 西區郵局

批信事務處理辦法

第一條 (一)粤閩兩省内各批信局(限民國二十三年以前開設並領有執照者)應於每年底填具聲請書兩份，檢同原領執照，並附繳手續費國幣四萬元，送由當地郵局轉呈主管管理局換發新執照。

(二)前項聲請書應載明批信局名稱、開設日期與地点及營業人姓名、年齡、籍貫，有分號者其分號名稱、開設日期與地点及代理人姓名、年齡、籍貫，如國内外均有分號者，應分别註明國内外字樣並詳细地址。

(三)所有執照經主管管理局換發後，應造具〇〇郵區換發〇〇年度批信局執照清单，列明批信局名稱、地点、新舊執照號碼、分號數目及其地点，並将分號設撤及其他变更情形於備考欄内註明。上開清单應連同聲請書一併送寄總局視察室存查。

第二條 執照如有毁損遺失，相關批信局得邀同舖保二家，具書叙明缘由，繳纳手續費國幣四萬元，聲請補發，但須先刊登當地報紙十天，聲明原領执照作廢。

第三條 郵務視察員於查視局所時，應調驗批信局执照，並於执照背面註明查驗日期，以資查考。

第四條 (一)批信局如需在國内增設分號，應先具書叙明缘由，檢同原執照，附繳手續費貳萬元，報由相關郵局轉呈管理局核示，俟奉核准，方得添設，由管理局在相關執照内予以添註。其将分號閉歇者，亦應隨時同樣具書聲請註銷。

(二)批信局在國内添設分號，以粤閩兩省内各批信局現已呈准設立分號之所在地為限(此項地名由粤閩兩管理局查明列表具報)。

(三)批信局不得在國外添設分號，其已設者暫維現狀。

(四)凡國外批信局現因時限關係未能在國内領取批信局执照開業者，此後不得变相開設，今由國内已領照之批信局委為分號，其已開設而被委充分號呈准有案者，暫維現状(此項分號

132
~~134~~

由粤閩兩管理局列表具報）

第五條（一）批信局停業時，應將原領執照繳由該管郵局轉呈註銷，不得私自轉讓或頂替。

（二）所有停業之批信局，應由管理局於造具換發批信局執照清單時，一併列報。

（三）批信局停業已逾一年者，不得聲請復業。其在規定期限內聲請復業者，須具呈理由書候核。

第六條（一）國外寄來之批信及寄往國外之回批，均得用總包交寄，但仍須逐件計費。惟寄往菲律濱、荷屬東印度及法屬印度支那等地方之回批，須將郵票逐件黏貼；至寄往香港、英屬馬來亞、北婆羅洲及暹羅者，得將郵票彙總貼於總包外面，並於包皮上批明內裝確實件數。

（二）回批如採用銀信收據式樣，無論其有無附言一欄，交寄時概按回批資例逐件納足郵費。

（三）寄往國外之回批總包，如已繳足掛號資費者，得按掛號郵件寄遞。

第七條 批信回批及押函之資費如左表

類別			批信	回批	押函
計費標準			每件每重二十公分或其畸零之數	又	又
國外與國內來往資費	來自	國外各地	按國際郵資全額納費		按國際郵資全額納費
	寄往	菲律濱、法屬印度支那、荷屬東印度		按國際郵資全額收費	又
		英屬馬來雅、北婆羅洲、暹羅		按國際郵資半額收費	又
		香港		按國內平信郵資收費	又
國內轉運資費	來自	菲律濱、法屬印度支那、荷屬東印度	按國內平信郵資双程費於轉運時一次收足	所需資費已於批信局領取批信時預先一次付足	
		英屬馬來雅、北婆羅洲、暹羅			
		香港			

第八條（一）批信總包進口時，應由相關郵局妥為核對，通知各批信局。

二

133

(二)各批信局派人到局開驗，除當地投遞者外，核明內裝應行轉往內地投遞之批信件數，隨即依前表規定分別計算逐件應貼納之國內互寄批信及回批資費，同時一次當場彙總購買郵票交局黏貼於特備收據(三聯式)二聯中間之騎縫處，再由局加蓋日戳後剪開，以一聯給批信局，一聯作黏帳之用(另一聯存查)。

(三)郵局應在該項批信及回批上逐一加蓋「國內互寄資費已納足，特准批信局專人帶遞」等字樣之戳記，發交自帶。

(四)所有當地投遞之批信免納資費。

第九條 出口回批經相關郵局核對所貼郵票，加蓋日戳後，分別按普通或掛號郵件辦理，如普通回批其國外到達局向有編列號碼之習慣者，從其習慣，但總包交寄之回批，須不時令批信局來人前拆查驗，以覘有無匿報回批數目及短貼郵票情事，其散寄而情形可疑者亦同。

第十條 (一)批信局不得私運批信及回批，如有查獲，除按件征收兩倍郵資外，應責令繳納違約金，第一次國幣十五萬元，第二次三十七萬五千元，第三次七十五萬元，並將執照吊銷，但進口批信總包如有短納郵資情事，按欠資例辦理。

(二)批信局及其國內分號不得兼帶國內信件，倘有查獲，除按件征收兩倍郵資外，亦應責令繳納違約金，第一次國幣十五萬元，第二次三十七萬五千元，第三次七十五萬元，並予銷其執照。

(三)匿報回批件數或夾帶他件者，如有查獲，除按件征收兩倍郵資外，依前項規定之違約金減半征收，但每次匿報回批件數不逾總數百分之三者，准予補繳郵資，免納違約金。

第十一條 前條違約金應以百分之七十發給查獲人，百分之三十發給告發人，無告發人者發給全數，但郵政人員查獲者發給百分之五十充獎。

第十二條 違約金應登入營業外收入四一〇科目內，獎金登列營業外支出五一六科目內報銷。

三

~~13?~~
134

第十三條　批信局倘有私運匿報及夾帶情事，經查獲後主管郵政管理局應用D字第二九二號單式造具郵件查扣報告（即拿獲郵件案由清單）寄呈郵政總局備核，如不能於一個月以內解決者可在報告內註明"尚未辦結"字樣，俟結束後再行補呈一份。

第十四條　收寄及投遞批件之各局應依附表式樣（在修改中從略）逐日登記並按月依式造具批信統計表（D-37X）二份，以一份逕寄郵政總局視察室一份存檔。

四

~~102~~